韓国の
連合政治

「接着剤モデル」からみる
金鍾泌の生存戦略

生駒智一
IKOMA Tomokazu

文理閣

目次

序章

　1988 年、大韓民国 (대한민국、大韓民國、Republic of Korea (ROK)。以下、韓国) は民主化された[1]。その後、現在に至る 30 年間に、韓国では 7 つの政権が成立している。この 7 つの政権は盧泰愚 (노태우)、金泳三 (김영삼)、金大中 (김대중) の 3 政権による前半期と、それ以降の政権による後半期に分けることが出来る。

表 1　民主化後の韓国の歴代政権一覧

政権名	期間
盧泰愚政権	1988 年～ 1993 年
金泳三政権	1993 年～ 1998 年
金大中政権	1998 年～ 2003 年
盧武鉉政権	2003 年～ 2008 年
李明博政権	2008 年～ 2013 年
朴槿恵政権	2013 年～ 2017 年
文在寅政権	2017 年～

　1988 年～ 2003 年の 15 年間に及ぶ、この前半期には上記の 3 氏に金鍾泌 (김종필) を加えた 4 氏を領袖とする 4 つの政治勢力が存在し、その 4 大勢力間の駆け引きによって韓国政治は動かされていた〔ユン・ジョンソク (2015:70-76)〕。期間を通して、増減はあったものの、国会[2]における各勢力の規模はおおむね盧泰愚派 4 割、金大中派 3 割、金泳三派 2 割、金鍾泌派 1 割であった[3]。最大派閥である盧泰愚派ですら 4 割と過半数を確保していなかったため、各政権は連合政権となった[4]。

　この時の韓国の政体は大統領制[5]であったため、政権を獲得した 3 氏は大

統領 (대통령、大統領) に就任している。

　金鍾泌は、行政府において大統領に次ぐ国務総理 (국무총리、國務總理)[6]には就任しているものの、大統領には成れずに終わっている。その一番の要因として考えられるのが彼を支える勢力の規模である。上述のように、国会において金鍾泌を支える勢力はたったの1割しかない。議院内閣制とは異なり、大統領制では行政府の長と成るために立法府からの支持は必要ではない。しかし、民主主義国では大統領も中央議会議員も同じ国民からの支持に基づいているため、結局のところ多数の支持議員を抱えている人物が大統領に成れ易いということになる。実際、主にこの4勢力の領袖によって争われた、第13代[7]大統領選挙[8]において、金鍾泌が得た得票率はたったの8.1%に過ぎなかった。韓国の大統領選挙は最多票を獲得したものが当選するため[9]、過半数の票の確保、すなわち過半数の国民からの支持は必要ないが (実際この時の選挙で当選した盧泰愚の得票率も36.6%に過ぎなかった)、この支持率では大統領に成れないのもいかんともし難いところではある。

　金鍾泌は唯一大統領に成れておらず、支持勢力も弱小であるとなると、金鍾泌は分析の必要がない人物であるように思える。しかし、表2を見るとその見方も少し変わってくる。

表2　各政権の連合構成と金鍾泌の役職

	連合構成	金鍾泌の役職
盧泰愚政権	盧泰愚派＋金泳三派＋金鍾泌派	党最高委員 (与党ナンバー3)
金泳三政権	金泳三派＋盧泰愚派 (親金泳三系)＋金鍾泌派	党代表 (与党ナンバー2)
金大中政権	金大中派＋盧泰愚派 (反金泳三系)＋金鍾泌派	国務総理 (行政府ナンバー2)

　各政権の連合構成において、大統領を輩出している勢力がそれに名を連ねているのは当然である。しかし、一度も大統領派とはなっていないにもかかわらず、金鍾泌派はすべての政権に参画し、且つ金鍾泌は常に要職に就いていることが表2から分かる。行政府は勿論であるが、この時期は与党[10]のナ

ンバー1の職も大統領が務めていたため、大統領は自身に次ぐ役職を金鍾泌に与えていたことになり、金鍾泌は非常に厚遇されていたということになる。

　これは、1割に過ぎない弱小勢力、そしてその領袖の扱いとしては明らかに異常であり、なんらかの要因があることが窺える。この金鍾泌および金鍾泌派に対する扱いの「源泉」が、どこから来ているのかということを分析することが本書の目的である。

　分析の対象期間は、4大勢力間の駆け引きによって誕生した盧泰愚、金泳三、金大中の各政権が成立していた、1988年2月から2003年2月までの15年間である。

　この分析を行う意義はどこにあるのであろうか。

　まずは比較政治学の観点からの意義である。近年、地域を限定しない比較政治の分析において、韓国が対象に加えられる事例が増えている。アレンド・レイプハルト（Arend Lijphart）が記した、比較政治学の代表的文献である *Patterns of Democracy: Government Forms and Performance in Thirty-six Countries* (Yale University Press) では、1999年に出版された初版と2012年[11]に出版された第2版はともに36カ国による比較研究となっているが、その対象国は入れ替えられている。韓国は初版では対象国には入っていなかったが、第2版で新たに加えられたうちの1カ国となっている。レイプハルトは第2版において、分析対象国の条件として「（分析期間の終了時である）2010年まで20年以上に亘って民主主義体制を継続した国」とした〔レイプハルト（2014:42）〕[12]。したがって、1988年に民主主義体制がスタートした韓国は滑り込みセーフでの採用であった。

　日本人研究者による共著『比較・選挙政治』（梅津実他、ミネルヴァ書房）では、1998年5月に出版された初版では分析の対象国はイギリス、アメリカ、ドイツ、イタリア、日本の5カ国であったが、2004年3月に出された新版では韓国が加えられ6カ国での分析となっている。同書では韓国を加えた理由として、「欧米偏重を是正するため」としているが〔梅津実他（2004: まえが

き）〕、その新たに加える非欧米国としてどうして韓国が選ばれたのかという説明はなされていない。日本人研究者が日本で出版する文献として、同じ東アジア諸国である韓国に有利に働いた可能性を排除することは出来ない。しかし、「欧米偏重」は初版の時点でも懸念されていたと予想することは難くないにもかかわらず、非欧米国が加えられることはなく、6年後になって加えられたのが韓国であるというのは、日本以外の非欧米国で比較の対象としうる国として初めて登場したのが韓国であり、且つそれが認められるようになったのが2000年代に入って以降であると捉えても大きくは外していないだろう。

　日本比較政治学会編『日本政治を比較する』（早稲田大学、2005年）では、「日本は長らくアジアにおける唯一の『先進資本主義経済＋民主主義』国であったため、西欧的経験からみて新奇な事例として、あるいは西欧に発展した理論や方法の普遍性を確認する格好の場として、比較政治の重要な研究対象となってきた」と、日本が唯一であったのが"過去形"として述べられている〔新川敏光（2005: はじめに）〕。同書では日本以外の、新たに加わった「先進資本主義経済＋民主主義」国がどこかは明示されていない。しかし、日本以外のアジア諸国として唯一OECD（Organisation for Economic Co-operation and Development、経済協力開発機構）に加盟している韓国（1996年加盟）がそこに入っていないと考えることは非常に困難である。したがって、同書に従えば、「西欧的経験からみて新奇な事例として、あるいは西欧に発展した理論や方法の普遍性を確認する格好の場として、比較政治の重要な研究対象」として韓国が扱われるようになったということになる。

　さらに、日本における代表的な韓国政治学者である浅羽祐樹、木村幹そして木宮正史は、韓国は比較政治学において、特に日本との比較対象としてもっとも興味深い国であるとしている〔浅羽祐樹、木村幹（2017:42-48）、木宮正史（2012:1）〕。実際、近年、慶應義塾大学より出版された『日韓共同研究叢書』シリーズをはじめとして、日韓の間での比較分析を行った先行研究が多数世に送り出されている。

　以上のことから、本書で行う分析は、比較政治学の観点から非常に意義深いものであると言える。

　次は時間的意義である。今から2、30年前となる分析対象時期の分析を「今」行うことの意味合いである。

　第一に、分析対象期間の3政権とその後に成立した政権との比較という意味合いである。分析対象期間の3政権の後、最初に大統領となった盧武鉉（노무현）は、最終的に憲法裁判所で棄却されたものの、在任中の2004年に国会において弾劾訴追を受けた。その次の李明博（이명박）はアメリカ産牛肉の輸入再開反対に端を発した退陣要求デモに連日さらされた。そして退任後の2018年に、横領・収賄などの容疑で逮捕された。金鍾泌の義従姉妹でもある朴槿恵（박근혜）は、就任直後こそ高い支持率を誇っていたが、2016年10月末に友人である崔順実（최순실）の国政介入疑惑、いわゆる崔順実ゲート事件が発生すると、それに怒った国民によって連日退陣要求デモが繰り広げられた。これに動かされた国会で弾劾訴追を受け、憲法裁判所の審議によって、大統領職を罷免された。罷免後、逮捕されるという、盧武鉉と李明博の両方の苦難を受けることとなった。

　韓国の憲政史上大統領が弾劾されたのは朴槿恵が唯一のケースであり、逮捕されたのも1995年に盧泰愚、全斗煥（전두환）が逮捕されて以来のことである。このため、現在の韓国では、大統領が苦難を受ける要因がどこにあったのかという研究が盛んに行われている[13]。分析対象期間の3政権は、韓国が民主化された直後の時期であり、且つ今述べた3政権の直前の時期である（表1参照）。したがって、現在の韓国政治を見つめる上でも、原点と言えるこの時期に立ち戻ることには大きな意味がある。

　第二に、金大中（2009年没）、金泳三（2015年没）、金鍾泌（2018年没）という、この時代を象徴する三巨頭が近年相次いで没したことである。本書の分析開始年となる、1988年の翌年の1989年が平成元年であり、金鍾泌が没した翌年（2019年）が平成最後の年であることを踏まえると、日本風に言えば「平

成を代表する大政治家」「平成の終わりとともに去った」ということになろう。韓国でも金鍾泌死去を報じるニュースで「彼らは歴史の中に消えていった」という表現が躍った〔朝鮮日報 (2018.06.23)〕。平成時代を終え新たに令和時代を迎えた日本では、平成を振り返る企画が目白押しとなった。そういう観点からも、今この時代の韓国政治を振り返る意義というものはあろう。

　第三に、この時代の政治家による回顧録というものは、つい先日まで金泳三、金大中の両元大統領のものぐらいしかなかった。しかし、最近この時代の政治家たちの回顧録の出版が相次いでいる。ここ数年に限っても李會昌 (2017)、高建 (2017)、李漢東 (2018)、李鍾贊 (2015) の各元国務総理、李萬燮元国会議長 (2014)、李基澤元民主党総裁 (2017) など枚挙にいとまがない。そして、金鍾泌自身の回顧録も 2016 年に出版されたばかりである。

　全斗煥元大統領の回顧録が 2017 年に出版されたが、その内容を巡って 2020 年に全斗煥が有罪判決を受けたことからも分かるように、回顧録の内容というものは必ずしも真実であるとは限らない。回顧録の内容に頼ることの危険性は、金鍾泌の回顧録の訳者あとがきにおいて木宮正史も指摘しているとおりである〔木宮正史 (2017:821)〕。しかし、回顧者がある出来事やある人物についてどのように語っているのかというものは、ある種真実以上に重要である。本書での分析に当たっては各個人の人間関係の機微が非常に重要なものとなっており、各氏の回顧録から引用が非常に大きなウェイトを占めている。したがって、各氏、特に金鍾泌自身の回顧録が出版されたということは本書での分析にとってなによりも重大な意味を持つものである。

　以上のことから、この時代の韓国政治を今行うことの意義は大きいと言える。

　最後に、金鍾泌を中心とした政治過程分析を行うことの意義である。そのような先行研究というものは非常に乏しい。例えば、韓国を代表する政治学者である崔章集が執筆した『現代韓国の政治変動—近代化と民主主義の歴史的条件』では、1990 年の三党合同に至る過程の分析において、金鍾泌派は

重要なプレーヤーではないとして、議論の俎上にすら載せてもらえていない〔崔章集（1997:247）〕。

　このような不当に低い扱いを受けている理由の一つは、既述のように金鍾泌派の勢力が１割しかなかったことであろう。しかし、一番大きな理由は、金鍾泌が要職、そしてその多くがナンバー２の職を務めながら、ついぞナンバー１である大統領に成っていないことである。これについて、「３人の大統領の誕生を扶助するキングメーカーの役割を果たし、特にそのうちの２人は軍事政権に対して民主化闘争をした方である」〔チャン・ミョンス（2015:8）〕というような肯定的な評価も存在するが、「いつもナンバー２で、頭を垂れた、不足した人物」〔イ・ダルスン（2012:はじめに）〕といった具合に、否定的な評価をされているのが一般的であろう[14]。

　常にナンバー２であることがどうして否定的に捉えられるのであろうか。例えば、日本政治研究においては、『後藤田正晴　男の美学──永遠のナンバー２』（板垣英憲、近代文芸社、1996年）という「永遠のナンバー２」であることを肯定的に捉えた文献も存在する。そのように、後藤田正晴は内閣総理大臣に成っていないが、同書を始めとして、彼に関する文献は多数存在する。

　日本の行政府において、内閣総理大臣に次ぐナンバー２の役職と言えば内閣官房長官であるが、『官房長官を見れば政権の実力がわかる』（菊池正史、PHP研究所、2013年）という文献も存在する。同書では、

　　大方針を示して人心をまとめていくのトップリーダーである内閣総理大臣の使命だ。そして、その大方針に基づいて、関係各所を調整し、状況を国民に説明し、成果につながる環境をつくりあげていくのが内閣官房長官の仕事である。
　（中略）
　　政治とは、リーダーが示した大方針の具体化であり、取捨選択や調整の過程である。マネジメントの実績が、時の政権の命運にもつながる。したがって、生の政治とは官房長官を中心に展開されるマネジメ

　ントの連続であり、蓄積なのだ。〔菊池正史 (2013:3-5)〕

　と、日本政治を見るに当たって内閣官房長官に着目することが大切だと述べられている。そのようにして同書をはじめとして、内閣官房長官に関する先行研究は数多く存在する。一方、韓国の行政府において大統領に次ぐナンバー２の役職は、上述のように国務総理がそれに当たる。しかし、韓国の国務総理は

　　国務総理は大統領の装飾品に過ぎないと言っても過言ではない。これまで国務総理は実質的な権限も無く、責任だけ負わされる役職として政権の盾役として使われてきた側面がある。〔咸成得 (2016:233)〕

　と日本の内閣官房長官とはずいぶんと扱いが異なる。この国務総理職について、２回目の同職の務めを終え、自党の朴泰俊にバトンタッチする際に、同職を務める上での心得として

　　国務総理というのは苦痛が多い役職だ。しばしば堪えなければならない。ある時には知っていることも知らない振りをし、またある時には知らないことであっても知っている振りをしなければならない、そういう役職だ。分からないのも知ったかぶりしなければならない席だ。ただ黙々と大統領を補佐しなければならない。〔李在遠 (2014:6)〕

　と話したという。こうしたこともあって、『大統領学―大統領を見れば国が見える』（チェ・ピョンギル、博英社、2007年）と日本のとは正反対のタイトルがついている文献が存在するのである。韓国の大統領に関する先行研究は数多くあるが、その中には同書のように「大統領学」という名称の文献さえ多数存在する。その一方で、国務総理に関する先行研究は少ない。
　これには、議院内閣制の日本と大統領制の韓国という政治制度の違いから

くるところもあるが、政治文化の違いからくるところの方がより大きい[15]。
アメリカにおける韓国研究者の第一人者であるグレゴリー・ヘンダーソンは
韓国の政治力学の法則を「社会のあらゆる活動的分子を、権力の中心へ吸い
上げる一つの強力な渦巻き」と例えた〔ヘンダーソン（1971:5）〕。この渦巻き
の頂点が大統領である。このため、韓国においては、「大権」と呼ばれる、大統
領の座をめぐる争いは命がけの必死の泥沼戦となったのである〔金浩鎮（2007:
3）〕。

　チャン・ミョンスが金鍾泌を評して使った「キングメーカー」という言葉
は、日本では内閣総理大臣以上の権力者の称号であったが〔浅川博忠（2002:
38）〕、韓国では自身が「キング」に成れなかった「敗残者」の称号となって
しまうのである。金鍾泌は3人も大統領を生み出せるほど長年権力の中枢に
いたにもかかわらず、自分自身は大統領に成れなかった。それはどこか欠陥
があるということであり、常にキングの前にひれ伏し続けている情けない人
物という評価になるのである。これがイ・ダルスンの言う「頭を垂れた、不
足した人物」ということなのであり、金鍾泌を中心とした政治過程分析の先
行研究が乏しい理由である。

　しかし、金鍾泌は大統領の腰巾着として平々凡々とナンバー2の立場に座
すことが出来ていたわけではなかった。ナンバー2は大統領にとって自身の
立場を脅かす最大の人物である。国務総理が無力化されているのも、そのよ
うに大統領の立場を揺るがさないためである〔大西裕（2008:139-140）〕。

　大統領の座をめぐる争いは熾烈であるが故に、敗残者には悲惨な運命が
待っていた〔金浩鎮（2007:3）〕。その代表格である金鍾泌は、当然のように時
の大統領から目の敵とされ、苦難の道を余儀なくされていた〔小谷豪治郎、
金石野（1997:8）〕。しかし、「常にナンバー2」というあだ名からも分かるよ
うに、一度ナンバー2の座から放逐されても、しばらくすると不死鳥のごと
く再びナンバー2の座に返り咲いているということでもある。さらに言うと、
ナンバー2として仕えた大統領は朴正熙（박정희）、盧泰愚、金泳三、金大中
と4人に亘っている[16]。当時の韓国政界には、旧軍部、新軍部、民主党旧派、

民主党新派という４つの勢力による系譜が存在したが、この４人はすべて異なる勢力に連なる者であった（朴正熙←旧軍部、盧泰愚←新軍部、金泳三←民主党旧派、金大中←民主党新派）。したがって、金鍾泌はすべての勢力出身大統領の下でナンバー２を務めたということになる。金鍾泌自身は旧軍部勢力に属していたため、朴正熙以外の３人は自身とは異なる勢力に属する大統領ということになるが、まさにそれが分析の対象期間中に生起した出来事である。自身と異なる勢力出身の大統領の下でナンバー２の地位に就くということ自体中々に困難なことであるが、全ての勢力出身大統領の下でナンバー２と成ったとなると、それは自勢力を率いて大統領に成ることよりも難易度は高いと言っても過言ではないだろう。

　したがって、このようなことを可能とした要因を分析することには非常に価値があると言える。韓国の大統領が「選出された皇帝」〔金浩鎮（2007:3）〕と呼ばれ、『大統領学―大統領を見れば国が見える』というような文献が存在するといっても、権威主義体制ならいざしらず、民主主義体制下において、大統領だけを見ていてもすべてを見通すことは不可能である。『官房長官を見れば政権の実力がわかる』のようにとまでは言わないにしろ、金鍾泌に着目することで初めて見えてくる韓国政治の深淵というものは存在するであろう。これが、金鍾泌を中心とした政治過程分析を行うことの意義である。

　ところで、韓国政治において、金鍾泌のように「ナンバー２の男」と呼べるような人物は他にはいなかったのであろうか。「ナンバー２」と呼べる役職を歴任した人物として高建（고건）がいる。彼は金鍾泌と同様に国務総理職を２回務めている。国務総理職を２度務めたのは白斗鎮（백두진）、張勉（장면）に金鍾泌と高建の４人しかいない。そして、白斗鎮の１回目の就任時は第一共和国[17]の時であったが、その時は副大統領（부통령、副統領）職があったため、国務総理職はナンバー３の役職であった。張勉の２回目の就任の時は第二共和国の時であったが、この時は議院内閣制であり、国務総理職はナンバー１の役職であった。したがって、ナンバー２の役職として国務総理職

を2回務めたのは金鍾泌以外では高建しかいない。

　そして、高建は金鍾泌が1度も務めていないソウル市長職も2度務めている。ソウル市長職は地方自治体における役職に過ぎない。しかし、日本において東京都知事が一地方自治体の長という枠組みを超えた存在であるのと同様、ソウル市長も特別な扱いを受けている。国務総理が野球で言うところのヘッド・コーチとするならば、ソウル市長は二軍監督とでも言えるであろう。二軍監督は次期監督の有力候補であるが、実際、選挙によって選ばれた初のソウル市長である趙淳（조순）は、1997年の大統領選挙において野党の候補者に選ばれている。趙淳の次にソウル市長となった高建も出馬はしなかったものの、2007年の大統領選挙時に有力候補として注目を集めた。この時の選挙で出馬・当選したのは李明博であるが、同氏は高建の次のソウル市長であり、その時の業績の高い評価が当選に大きな役割を果たしている。したがって、「ナンバー2」の役職を広義的に捉え、その「役職の重要性」という観点から見れば、ソウル市長職もナンバー2の役職と言っても差し支えないであろう。

　また、金鍾泌と同様、在任時の政権に着目するとどうなるであろうか。高建が国務総理職を務めたのは金泳三政権の時と盧武鉉政権の時であり、ソウル市長職を務めたのは盧泰愚政権と金大中政権の時と、すべて異なる政権の時である[18]。国務総理、ソウル市長よりも格下の役職も含めると、朴正熙政権期には江原道副知事、全羅南道知事、青瓦台政務第二首席秘書官を、崔圭夏（최규하）政権期には青瓦台政務首席秘書官を、全斗煥政権期には交通部長官、農水産部長官、内務部長官を務めており、朴正熙政権から盧武鉉政権に至る30年間に成立した7つの政権全てにおいて要職を歴任している〔高建（2017:579-582）〕。これは、要職を務めたのが4政権に過ぎない金鍾泌をはるかに凌ぐものである。この点から見ると、金鍾泌よりも高建こそが「ナンバー2の男」という異名を受けてしかるべきであるはずである。しかし、高建に対してそのように呼ぶことはない。

　よく見ると、高建が務めてきたのは行政府の役職ばかりである。金鍾泌は

国務総理という行政府の役職も務めてはいるものの、1回目の時も2回目の時も党の役職も務めている。一方、高建は国会議員としては1985年から1988年の第12代国会議員を1期務めただけであり、党の要職に就いた経験はない。韓国の憲政史上最多となる、9回に及ぶ当選回数を誇り、迫害を受けていた時期を除いては常に党の要職を務めていた金鍾泌とは比較にならない。ここに着目すると、金鍾泌と高建の違いが見えてくる。

「迫害」を受けるというのは、それだけ政治的な有力者であるからである。高建は金鍾泌のように迫害を受けることはなかった。多くの政権で役職を務め続けることが出来たのは、政治的な有力者ではなかったからである。例えば、全斗煥が軍事クーデターを起こしたことを知った際、軍政には賛同出来ないとして、政務首席秘書官の職を辞している〔高建（2017:280）〕。しかし、全斗煥による新政権において閣僚への要請が届くと、「在野で反政府闘争をしてきた人間ではない。公務員として国民のために奉仕することを天職としてきた専門行政人だ」として、その要請を受け入れている〔高建（2017:286）〕。

高建が「ナンバー2」としての候補として取り上げた根拠である、国務総理職は確かに憲法上は韓国の行政府ナンバー2の役職である。しかし、上記の通り、自身の立場を脅かすことを恐れた大統領はそのような恐れのない人物を国務総理につけるケースが多く、政治的な実力を持っていた金鍾泌が国務総理職に就いていたことの方が異例であった〔大西裕（2008:139-141）〕。高建が金泳三政権で国務総理に起用されたのも、選挙管理内閣の首班としてであり、彼が政治的な有力者ではない、なによりの証拠となっている。

高建は政治家ではなく、行政家であった。大統領は彼の豊富な行政経験を見込んで重責を任せてきたに過ぎなかった。したがって、高建が金鍾泌よりも多くの政権で要職を務めたといっても、大統領にとって自身の立場を脅かす存在でありながらも起用せざるを得なかった金鍾泌とはその価値は全く違うのである。高建が「ナンバー2の男」と呼ばれることがないのもそのためである。

　では、「政治家」として金鍾泌と比類出来る人物は誰がいるであろうか。金大中、金泳三の両金の名が筆頭に挙げられるのは勿論である。しかし、両名は大統領に成っている。金鍾泌のように、金大中、金泳三とある時は対立し、またある時は協力し、果たせはしなかったものの大統領職に挑戦するところまでいった有力な政治家としてならば誰がいるであろうか。これにはまず李基澤（이기택）の名が挙がる。李基澤は国会議員として当選回数７回を数え、民主化勢力の中では金大中、金泳三に次ぐ３番手であった〔趙甲済（1990：62）〕。韓国が民主化時代を迎えたとき、李基澤は金泳三の統一民主党においてナンバー２である副総裁の地位にあった。しかし、盧泰愚の民主正義党や金鍾泌の新民主共和党との合併を決断した金泳三に追従せず、盧武鉉など思いを同じくする同志とともに 1990 年６月、新党を結党した。ところが、李基澤側に与すると思われていた党の重鎮の歴々が土壇場で金泳三側についたため、新党は 20 人の議員を必要とする院内交渉団体（원내교섭단체、院内交渉團體）[19]にはるかに満たない７人という弱小勢力に留まった〔趙甲済（1990：64）〕。同じく民主化勢力であり野党第一党であった、金大中の新民主連合党への合流は、支持基盤の違いから二の足を踏んでいたものの、勢力の小ささは如何ともし難かった。結局、1991 年９月に同党と合併し、金大中とともに共同代表の座に納まることとなった。そして、1992 年の大統領選の敗北で金大中が引退すると、単独代表となった。こうして李基澤は野党第一党の党首となったが、1995 年に金大中が政界に復帰すると、金大中系の所属議員は皆金大中が設立した新党・国民会議に移ってしまい、再び弱小勢力に戻ってしまう。1997 年に彼の所属党が金泳三系の新韓国党に吸収合併されたことによって、李基澤は初めて与党の一員となったが、それもつかの間のことであった。同党所属議員として初めて迎えるはずだった 2000 年の第 16 代総選挙を前にして、党からの公認を得られず、同じ境遇の人士たちと立ち上げた新党からの出馬を余儀なくされた。すなわち、またしても弱小勢力に戻ってしまったのである。

　金泳三、金大中とある時は協力し、ある時は対立して新党を結党したりし

た有力な政治家としては李基澤の他にも李鍾贊（이종찬）、李仁濟（이인제）、朴哲彦（박철언）、李漢東（이한동）など、多くの名を挙げることが可能である。しかし、そのほとんどはこの李基澤のように、政界に影響力を及ぼせるような独自勢力を持つことは出来なかったのである。

　その中にあって、李會昌（이회창）と鄭周永（정주영）は各々ハンナラ党（後には自由先進党も）と統一国民党を率い、大統領選挙にも出馬している。大統領選挙では、両名とも当選を果たすことは出来なかったが、泡沫候補ではなく、十分に当選の可能性のある有力候補であった。また、李會昌は国務総理職も務めており、その点では金鍾泌とも比類しうる政治家である。しかし、両名とも連合可能性のある政党を率いながらも、他党と連合を組んで政権入りを果たすことは出来なかった。

　結局のところ、連合可能性のある政党を率い、そして実際に連合を組んで政権入りし、要職を務めたのは金鍾泌しかいないのである。

　金鍾泌が連合に参画し、要職を歴任した要因を分析するために、まず第一章で政治学における一般的な連合モデルをもって説明を試みる。そこで用いた連合モデルは西欧での経験に基づいたものである。そこで第二章と第三章では韓国政治の実態に即したモデルとして、それぞれ「人間関係ネットワークによる連合モデル」と「地域連合モデル」でもって説明を試みる。その上で、第四章において本書で用いる「接着剤モデル」の説明を行う。

　分析の対象期間は1988年からである。しかし、人の人生はいきなりそこから始まるわけではない。そこで、第五章では金鍾泌がそこに至るまでに周りの人々と築き上げていった人間関係を見つめる。

　分析の対象期間において、連合は二度形成されている。一度目は盧泰愚政権と金泳三政権期に成立した「三党合同連合」である。これを第六章で分析する。「三党合同連合」が成立するまで金鍾泌派、盧泰愚派、金大中派、金泳三派の４派はすべて個別の政党を構えていたため、連合の組み合わせ数は最も多かった。実際、各勢力間で様々な駆け引きがあった。その駆け引きを

経て連合が成立する過程を分析する。この連合は金泳三政権でもそのまま引き継がれた。そのまま続いていくかとも思われたが、金鍾泌が離脱したことによって、連合はあっけなく終焉を迎えた。この瓦解に至る過程も分析を行う。

　第七章では、分析対象期間中において最後に成立した金大中政権について述べる。金鍾泌は金大中と連合を組むことによって再び政治の中心に舞い戻ってきた。しかし、最終的に、金鍾泌はこの時も自ら連合を離脱し、連合を瓦解させた。このときは金大中派の勢力の小ささ故に、金鍾泌への依存度は高かった。このため、金鍾泌の発言力は大きく、金鍾泌の政治権力は期間中でもっとも大きくなったように思われた。にもかかわらず、金鍾泌が自らその立場を放棄するに至った過程を分析する。

註

1) 一般的に韓国の民主化は 1987 年とされている（例えば、崔章集 (2012:4)）。サミュエル・P・ハンチントンの『第三の波』においても韓国の民主化は 1987 年であるとされている〔ハンチントン (1995:67,72)〕。これは、1987 年 6 月 29 日に盧泰愚与党大統領候補が民主化宣言を行ったからである。しかし、民主化時代に向けて新たに制定された憲法の施行は 1988 年 2 月 25 日のことであり、同憲法に基づいて選出された大統領が就任したのも同日である。また、同じく同憲法に基づいて選出された議員によって初めて議会が開かれたのも 1988 年の 5 月 28 日のことである。このように、実際に民主主義体制が動き出したのは 1988 年のことであり、レイプハルト (2014:43) でも 1988 年を韓国の民主主義体制の開始年としている。このため、本書では韓国の民主化の起点を 1988 年に置く。

2) 韓国における立法府の名称は、日本と同じ「国会」である。なお、以下に条文を記載するが、以降特に断りが無い場合は現行の条文である。また、抜粋であるため、断り無く一部のみの抜き出しである。括弧内は用いた日本語訳の出典元である。
　　【大韓民国憲法　第四十条】（『現行韓国六法』訳）
　　　立法権は、国会に属する。

3) 詳しくは第二章第一節で説明するように、実際には、それぞれの勢力によって構成されている政党が存在する。しかし、政党は頻繁に改変されている。また複数の勢力によって 1 つの政党が構成されているケースもある。このため、全体を通しての名称としては使いにくい。一方、期間を通して変わらないのが、各領袖を中心とした勢力で

あるということである。このため、本書では、具体的な政党名を明記したい場合を除いて、領袖の名を冠した勢力名で記述する。

なお、金鍾泌派は、「新民主共和党 (신민주공화당)」からスタートし、1990年2月の三党合同連合の結成により「民主自由党 (민주자유당)」内の一派閥となった。そして、1995年に金泳三との勢力争いから同党を離党し、「自由民主連合 (자유민주연합)」を立ち上げた。金泳三派は「統一民主党 (통일민주당)」からスタートし、やはり三党合同連合の結成により「民主自由党」内の一派閥となった。金鍾泌派と異なり、金泳三派は同党から離脱することは無かったが、「民主自由党」は党名を「新韓国党 (신한국당)」(1995年12月)、「ハンナラ党 (한나라당)」(1997年11月) と変えた。

盧泰愚派は、「民主正義党 (민주정의당)」からスタートし、上記2派と同様三党合同連合の結成により「民主自由党」の一派閥となった。盧泰愚が大統領の任期を終え引退した後は、後任大統領である金泳三を支持する親金泳三系と、支持しない反金泳三系とに分裂した。反金泳三系は金鍾泌の新党「自由民主連合」に合流した。親金泳三系は「民主自由党」に留まり、金泳三派と一体化した。

金大中派は、「平和民主党 (평화민주당)」からスタートし、「新民主連合党 (신민주연합당)」(1991年4月)、「民主党 (민주당)」(1991年9月)、「新政治国民会議 (새정치국민회의)」(1995年9月)、「新千年民主党 (새천년민주당)」(2000年1月) となった〔木宮正史 (2003:126-131)〕。

4) 「連合政権」と言うと、一般的には複数の政党から成る政権を指す。盧泰愚及び金泳三政権における与党は民主自由党1党だけであるため、そこからすると連合政権とは呼べない。しかし、民主自由党は合併前の旧政党による派閥関係が維持されていたため、本書では連合政権として取り扱う。詳しくは第一章第一節を参照。

5) この時の韓国の政体を半大統領制であるとする先行研究もあるが〔Elgie (2007) やKim (2014:8)〕、一般的には大統領制に分類されている〔Shugart (2005)〕。

【大韓民国憲法　第六十六条】(『現行韓国六法』訳)
　第一項　大統領は、国の元首であり、外国に対して国家を代表する。
　第四項　行政権は、大統領を首班とする政府に属する。

6) この時期、韓国には副大統領職は無かった。このため、「首相」とも呼ばれる国務総理が行政府のナンバー2の職である。

【大韓民国憲法　第八十六条】(『現行韓国六法』訳)
　第二項　国務総理は、大統領を補佐し、行政に関して大統領の命を受けて行政各部を統轄する。

7) 韓国の大統領の選出制度は頻繁に変更されている。しかし、それに因らず、1948年7月20日に行われた初代大統領選挙以降、通算して「第○代大統領選挙」と呼ぶ。

8) 韓国では「大統領選挙」のことを略して「大選」と呼ぶことが多いが、日本では一般的な略称ではないため、本書では用いない。

9) 【公職選挙及び選挙不正防止法　第百八十七条】(韓国Web六法訳)

　　　第一項　大統領選挙においては、中央選挙管理委員会が有効投票の多数を得た者を
　　　　当選人と決定し、これを国会議長に通知しなければならない。ただし、候補者が
　　　　1人のときは、その得票数が選挙権者総数の3分の1以上に達しなければ当選人
　　　　として決定することができない。

10) 「与党」「野党」という表現は日本はもとより韓国でも一般的である。しかし、それは
　　　日本からの借用語であるためである。議院内閣制を採る日本での用語を大統領制であ
　　　る韓国においてそのまま用いることは不適切であり、混乱を引き起こすとして、「与
　　　党」の代わりに「大統領所属党」とすべきであるとの指摘もある〔金容浩（2001:97）〕。
　　　しかし、日本においては自国のみならず、アメリカのように大統領制を採る国に対し
　　　ても政権を掌握している政党を「与党」と呼んでいるため、混乱を引き起こす可能性
　　　は低い。また、冒頭でも述べたように現地韓国においても「与党」という呼称は一般
　　　的である。加えて、金大中政権において、金鍾泌の自由民主連合は「大統領所属党」
　　　ではなかったが、「与党」と呼ばれる立場にあった。このため、本書では「政権を掌握
　　　している政党」を「与党」と呼び、そうではない政党を「野党」と呼ぶ。

11) それぞれ原著の出版年である。

12) 初版では「（分析期間の終了時である）1996年まで19年以上民主主義体制を継続した
　　　国」であった〔レイプハルト（2005:39）〕。韓国は1996年の時点では既に民主化され
　　　た後であったが、その期間は10年にも満たなかった。

13) 例えば、韓国における大統領研究の第一人者、咸成得・高麗大学教授による『帝王的
　　　大統領の終焉―韓国の大統領はなぜ失敗を繰り返すのか』（ソムエンソム、2017）。

14) ちなみに、金鍾泌はこのように自身が「ナンバー2の男」と評されていることをどの
　　　ように思っていたのであろうか。金鍾泌は自身の回顧録の中で、本書の分析対象期間
　　　でもある盧泰愚政権、金泳三政権の時期について主に関して叙述している部のタイト
　　　ルを「ナンバー・ツー政治の第2幕（原著での表記は「2인자 정치의 제2막」）」として
　　　いる〔金鍾泌（2017）〕。さらにその部の最初で、漠然と「先輩として（선배로서）」のア
　　　ドバイスを求めた盧泰愚に対して、それを「ナンバー2」の先輩として捉え、その文
　　　脈でのアドバイスを送っている〔金鍾泌（2017:530-531）〕。このようなことから自身
　　　が長らくナンバー2を務めているという自覚はあり、またそれを肯定的に捉えている
　　　ことが分かる。
　　　そして、それに続けて、朴正熙政権においてナンバー2の座を占めていた多くの者が
　　　その維持に失敗したと述べている（「ナンバー・ツーの身の処し方はこのように難し
　　　いのだ」〔金鍾泌（2017:533）〕）。彼らが「舞台から消え去った」〔金鍾泌（2017:533）〕
　　　のに対し、自身は舞台に留まり続け、新たにナンバー2となった者に対して「ナンバー
　　　2の先輩」としてアドバイスまで送っているのであるから、自身を「ナンバー2の成
　　　功者」として捉えていると見なすことが出来る。
　　　ところで、この時盧泰愚は全斗煥に対するナンバー2であったわけであるが、その後
　　　彼自身が大統領に成った際には朴哲彦というナンバー2がいた。趙甲済（1990:41-42）

は、ナンバー1に成るためにはナンバー2が必要とし、金鍾泌がナンバー1に成れなかった理由として、その下のナンバー2の不在を挙げている。

15) 例えば、橋本五郎 (2018) では、韓国との比較は行われていないが、大統領制であるアメリカのみならず、日本と同じ議院内閣制を採るイギリス、ドイツとも比較した上で、日本の官房長官の立場はかなり強いとしている〔橋本五郎 (2018:160)〕。

16) 厳密にいうと、盧泰愚大統領の下ではナンバー3である。

17) 韓国の政体を表す表現。現在の第六共和国まで6つが存在する。

18) 公選以降のソウル市長は大統領や国会議員とは全く個別の選挙で選ばれており、時の大統領の勢力とは無関係である可能性もある。しかし、1回目の盧泰愚政権時には政府からの官選であり、2回目の金大中政権時には大統領である金大中が率いる新政治国民会議の公認候補としての出馬・当選であった。

19) 単に「交渉団体」とも言う。国会において、議事進行に関する重要な案件を協議するために、一定数以上の議員で構成された議員の団体のこと。現在の国会法では、この定数を20人としている。院内交渉団体となると、様々な特典が与えられるため、小規模政党はこの20人のボーダーを超えられるかどうかが一つの焦点となる。院内交渉団体は1つの政党の所属議員だけで構成するのが基本であるが、ボーダーを超えるために、複数の政党や無所属議員が連合して構成することもある。

【国会法　第三十三条】(『現行韓国六法』訳)

第一項　国会に20人以上の所属議員を有する政党は、一つの交渉団体となる。ただし、他の交渉団体に属しない20人以上の議員で別に交渉団体を構成することができる。

第一章

分析モデルの検討. 1

政治学による連合モデル

　金鍾泌が連合に参画し、要職を歴任した要因を分析するに当たって、まず本章では連合政権理論によるモデルをはじめとし、2.5政党制モデルやかなめの党モデルなど、政治学における一般的な連合モデルでもって説明を試みる。

第一節　２つの連合

　政治勢力（プレーヤー）間の相互作用および採りうる政権のパターンの数は、政治勢力の数をnとした場合、それぞれ$\frac{n(n-1)}{2}$、$2n-1$として表すことが出来る。

　例えば、政治勢力の数が２つ（A、B）の時は、勢力間の相互作用の数はA－Bの１つだけで、採りうる政権のパターンもA、B、ABの３つしかないが、勢力数が３つ（A、B、C）になると、相互作用の数はA－B、A－C、B－Cの３つになり、採りうる政権のパターンもA、B、C、AB、AC、BC、ABC

表３　政治勢力が４つの場合の相互作用の組み合わせ

| A － B、A － C、A － D |
| B － C、B － D |
| C － D |

出所：岡沢憲芙（1997:142）をもとに筆者作成。

表4　政治勢力が4つの場合の政権のパターン

単独政権
A、B、C、D
二派連合政権
AB、AC、AD、
BC、BD
CD
三派連合政権
ABC、ABD、ACD
BCD
四派連合政権（挙国一致政権）
ABCD

出所：岡沢憲芙（1997:142）をもとに筆者作成。

の7つになる。そして、勢力の数が4つ（A、B、C、D）にもなると、相互作用の数は6つ、採りうる政権のパターンも15となる〔岡沢憲芙（1997:138-141）〕。具体的には表3および表4の通りである。

　このように、各勢力間に何らかの相互作用が働いたことで分析対象期間の韓国においても連合が成立したのである。ここで、そのようにして成立した連合について確認しておく。

　分析対象期間中に成立した連合は、1990年に成立した「三党合同連合」と、1997年に成立した「DJT連合」の2つである。既述の通り、分析対象期間中には3つの政権が成立しているが、最初の2つの政権である盧泰愚政権と金泳三政権は共に「三党合同連合」による政権である。そして、最後に成立した金大中政権が「DJT連合」による政権である。これを表したのが表5である。

表5　三党合同連合とDJT連合

	成立	解消	連合構成	政権
三党合同連合	1990年2月	1995年1月	民主自由党（金鍾泌派、盧泰愚派、金泳三派）	盧泰愚政権、金泳三政権
DJT連合	1997年3月	2001年9月	自由民主連合（金鍾泌派、盧泰愚派）＋新政治国民会議（金大中派）	金大中政権

　表5では2つの連合を同列に扱っているが、果たしてそのような扱いで良いのかということについては疑問を差し挟む余地がある。それについてまず確認をしておく。

　それは、DJT連合は「自由民主連合」と「新政治国民会議」という2つの政党による連合であるのに対し、三党合同連合はその名の通り、「新民主共和党」、「民主正義党」と「統一民主党」という3つの政党が「民主自由党」という単一の政党に合併したことによって成立した連合であることについてである。つまり、政党が1つしかないので、そもそも「連合」と呼称して良いのかどうかいうことである。実際、レイプハルトの『民主主義対民主主義—多数決型とコンセンサス型の36カ国比較研究（原著第2版）』でも三党合同連合を「連合」とは扱っていない〔レイプハルト（2014:82）〕。

　ここで、「民主自由党」という政党について少し詳しく見ることにする。民主自由党における党の役職としては、党首である「総裁」[20]の下に「最高委員」[21]という役職が設けられ、総裁は最高委員と協議の上で党務を統括することとなっていた[22]。この「最高委員」は3つの旧政党から1人ずつ選ばれていた[23]。総裁はその各旧政党の代表者との協議によって党務を統括するというわけであり、旧政党の影響力が色濃く残っていることが分かる。

　これはあくまでも党組織上での話であるが、実際に民主自由党の党内政治について語る際は、旧政党名に因んだ「○○系」という記載を行うのが常である。そこからも分かるように、出身政党間での勢力争いは激しく、金泳三体制下で金鍾泌派と反金泳三系盧泰愚派が脱落し〔尹昶重（1995:22）〕、その後を継いだ李會昌体制下で親金泳三系盧泰愚派が脱落するまで続いた。この時には金泳三もおらず、李會昌は金泳三派を引き継いでいるとも言えないため、3勢力すべてが党内からいなくなってしまったとも言える。外形的にも最初の勢力脱落時期に政党名は民主自由党から新韓国党へと変わり、二回目の時にはさらにハンナラ党と変わってしまっており、三党合同時とは大きく姿を変えてしまっていた。そうなるまで続いたということからも、その勢力

争いの熾烈さを窺い知ることが出来る。これについて金鍾泌は以下のように述べている。

> 1990年1月22日、盧泰愚、金泳三と私は「党派的な利害によって分裂、対決する政治に終止符を打つ」と宣言し、民主自由党を立党した。しかし、党派的な分裂は易々と解消されることではなかった。「ひとつ屋根の下に3家族」という言葉が実感されるほどに、相互に疑い、牽制した。〔金鍾泌（2017:571）〕

　先に挙げたレイプハルトの『民主主義対民主主義—多数決型とコンセンサス型の36カ国比較研究（原著第2版）』では「派閥化した政党」という節で、日本の自由民主党、イタリアのキリスト教民主党、インドの国民会議派などを「派閥自体が1つの政党とほぼ同じであるとみなされることの多い」事例として採り上げている〔レイプハルト（2014:61）〕。

　韓国の民主自由党はここでは採り上げられていないが、以上のことを踏まえるとこれらの政党と同様、韓国の民主自由党も「各派閥が1つの政党とほぼ同じ」と見なして差し支えなく、民主自由党は連合体と見なすことが出来る。

　また、DJT連合の方も、新政治国民会議と自由民主連合という2つの政党によって構成されてはいるが、自由民主連合は金鍾泌派と盧泰愚派という2つの勢力から構成されており、「派閥化した政党」によって構成された連合という点ではなんら変わりが無い。

　詳しくは第二章第一節で述べるが、この頃の各政党は大統領を目指す「ボス」とそれを支持する「家臣」によって構成されている「ボス政党」であり、家臣がボスに逆らうのは容易なことでは無かった。しかし、1999年の選挙法改革の際には、自由民主連合内の盧泰愚派の人士は改革案に不満を唱え、自民連を集団離党し、新党の立ち上げも示唆した〔Kim（2014:114）〕。金鍾泌が金大中との連合を解消しようとした際、国務総理であった李漢東は金鍾泌の自由民主連合所属議員であったが、金鍾泌の意向に従わず政権内に留まり

続けた。こういったことが可能だったのも、金鍾泌の政党の所属議員とはいいながらも彼らが勢力としては金鍾泌派ではなく、その影響の届かない盧泰愚派の議員だったからである。

金鍾泌派の領袖である金鍾泌は自身の政党である自由民主連合の党首職である総裁[24]であったが、盧泰愚派の朴泰俊が同党に入党すると総裁職を朴泰俊に譲り、自身は名誉総裁[25]に退いた。総裁は名誉総裁との協議によって党務を行うことになっていたため、この自由民主連合における総裁と名誉総裁との関係は、27ページで述べた民主自由党における総裁と最高委員との関係と同一のものと見なすことが出来よう。詳しくは第二章第一節で述べるが、そもそも「DJT連合」というのは、金大中 (D)、金鍾泌 (J) に加え、朴泰俊 (T) の頭文字から採られた名称である。「DJT連合」が自由民主連合と新政治国民会議という2つの政党による連合なのであれば、このような名称にはならないはずである。

したがって、外形上は、三党合同連合は民主自由党という単一の政党、DJT連合は自由民主連合と新政治国民会議という2つの政党というように見えるが、その実態は前者は金鍾泌派＋盧泰愚派＋金泳三派、後者は金鍾泌派＋盧泰愚派＋金大中派という、どちらも3つの勢力による連合体であり、完全に同列のものと見なすことが出来る[26]。実際、韓国の連合政治に関する先行研究であるKim (2014) では、この2つの連合は同列に扱われている。

このように政党を基準にすると分析対象時期の韓国政治の実態を見誤ることになるため、本書では政党名ではなく勢力名による名称を基本とする（そして、詳しくは後述するが、勢力名が領袖の名に因んでいるのは、上記の通りボス政党だからである）。

あえてこの2つの連合の違いを指摘するならば、DJT連合は来る選挙での政権獲得を目指すという選挙連合なのに対し、三党合同連合は既に成立している盧泰愚政権への参加という点である〔Kim (2014:46)〕。しかし、三党合同連合も盧泰愚の次の大統領をにらんでの連合という側面も多分にあり、そ

う考えるとこの点でも差異はないとも言える〔チョン・ビョンギ (2018:81)〕。

　さて、このように分析対象期間中に成立した２つの連合が同列のものであることが確認された。この２つの連合は本節の冒頭で紹介した表３のような、各勢力間の何らかの「相互作用」の結果生み出された連合なわけである。この「相互作用」がいかなるものなのかを政治学における一般的な連合モデルで上手く説明することが出来るかどうかを次節以降で試していくことにする。

第二節　サイズによる連合政権理論モデル

　連合政権理論の中でもっとも基本的で代表的なモデルが Riker (1962) の「最小勝利連合 (minimal winning coalitions)」である。これは「余分な政党を含まず、どの政党が抜けても過半数を確保出来ない」というものである。例えば、議会の30％の議席を持つ A 党と15％の B 党と10％の C 党による連合では、A 党は勿論であるが、B 党も C 党もいずれの政党が外れても過半数を維持出来ない。もしも、このうちのいずれかの政党が外れた場合、「過小規模連合 (undersized coalition)」となる。逆に、A、B、C の３党に６％の議席を持つ D 党が加わった連合が形成された場合、C 党あるいは D 党を外しても過半数を確保出来るため、最小勝利連合の要件は満たさなくなり、「過大規模連合 (oversized coalition)」となる。

　連合を組むのは、議会で政府による法案や予算案を成立させ易くするためである。にもかかわらず、過小規模連合のように、それらの多くの成立要件である過半数を確保していないのでは、連合を組むメリットが薄くなってしまう。過大規模連合ではそれらの成立には余裕を持つことが出来るが、閣僚ポストなど、与党として得られる「分け前」の「取り分」が目減りしてしまうというデメリットがあり、与党入りするメリットが薄くなってしまう。このため、合理的なプレーヤーたちによる連合形成では「最小勝利連合」とな

る組み合わせがもっとも成立しやすいというのがRikerによるモデルである。

　「過大規模連合」が成立しにくい理由として挙げた「分け前の減少」を逆に言うと、各政党は自らの分け前を最大化出来る組み合わせを目指すはずである。その観点からは「最小勝利連合モデル」で挙げた、A、B、C党による合計55％の議席確保という組み合わせよりも、A、B、D党による合計51％の議席確保という組み合わせの方がより実現しやすいという考えに行きつく。これが「最低規模連合（minimum size coalition）」である。

　しかし、それではどうして政党が異なるのかという原点に立ち返ると、それはそれぞれの政党で政策などの点で志向しているものが異なるからである。そうすると、連合に加わる政党の数が増えれば増えるほどその志向のすり合わせに難航を余儀なくされる。その観点からはギリギリ過半数となるところを極限まで追求するよりも、参加する政党の数が少ない方が実現しやすいという考えに行きつく（例えば、上記のA、B、Dの3党による51％の連合よりも、30％のA党に25％のE党を加えた2党による55％の連合の方が成立しやすいとする）。これがLeiserson（1970）による「最小政党数連合（coalition with the smallest number of parties）」である。

　では、このRikerおよびM.Leisersonによる、サイズによる連合モデルで、韓国の連合政権が説明出来るかどうかを検証する。

表6　各勢力の議席数比率と連合モデルの適合性

	与党	野党	最小勝利連合	最低規模連合	最小政党数連合
盧泰愚政権	盧泰愚派（43）＋金泳三派（18）＋金鍾泌派（12）	金大中（23）	×（過大規模）	×	×
金泳三政権	金泳三派（9）＋盧泰愚派（42）＋金鍾泌派（4）	金大中（32）、鄭周永（7）	×（過大規模）	×	×
金大中政権	金大中派（27）＋盧泰愚派B（4）＋金鍾泌派（13）	金泳三＋盧泰愚A（55）	×（過小規模）	×	×

出所：奥村牧人（2009:119-125）をもとに筆者作成。

　表6は各政権における各政党のおおよその勢力構成を表している。盧泰愚政権は1990年2月における三党合同連合結成時のものであり、金泳三政権と金大中政権は政権成立時のものである。括弧内の数字は国会における各党のおおよその議席比率を表しており、金大中政権における「盧泰愚B」「盧泰愚A」はそれぞれ反金泳三系盧泰愚派と親金泳三系盧泰愚派を示している。

　盧泰愚政権期には、盧泰愚派と金鍾泌派のみで過半数を満たし、不要な金泳三派が連合に加わっているため、「過大規模連合」である。前提である「最小勝利連合」となっていないため、当然「最低規模連合」と「最小政党数連合」の要件は満たしていない。

　金泳三政権は新たに連合を組んだわけではないので、盧泰愚政権と金大中政権時と同列に論じるのは不適当ではあるが、あえて検証を試みる。金泳三政権は政権成立前年の1992年にあった第14代[27]総選挙[28]において与党・民主自由党は大敗し、過半数を割り込んだものの、政権成立時には無所属議員や野党議員の取り込みにより、過半数を回復していた。その回復具合によって、政権成立時には金鍾泌派なしでも過半数を確保していたため、一応「過大規模連合」ということになり、「最低規模連合」と「最小政党数連合」の要件は満たしていなかった。

　金大中政権は、金泳三派との連合から離脱した金鍾泌派や盧泰愚派の一部が金大中派と連合を組んで成立した政権である。韓国は大統領選挙と国会の総選挙の時期が一致しておらず、出身政党の異なる大統領が当選し、政権が交代しても国会の勢力図は前政権時のものが引き継がれる〔浅羽祐樹、大西裕、春木育美 (2010)〕。この金大中政権が成立時には、前の金泳三政権期における与党であったハンナラ党（金泳三派＋親金泳三系盧泰愚派）が過半数を抑えており、金大中政権は少数与党、すなわち「過小規模連合」での出発となった。こちらも「最小勝利連合」とはなっていないため、「最低規模連合」と「最小政党数連合」の要件は満たしていない。したがって、いずれの政権においてもこのモデルによって連合形成を説明することは出来ないということになる。

第三節　イデオロギーによる連合政権理論モデル

　政党が連合を組む際に考慮するのは、単純な数合わせだけではない。各政党は各々の持つ政策の実現性を踏まえつつ、連合形成に取り組むはずである。こうして、イデオロギーも考慮した連合モデルが提唱されるようになった。この場合、「最小勝利連合モデル」を基本としながらもイデオロギーを考慮するため、「最低規模連合」と「最小政党数連合」はもとより、必ずしも「最小勝利連合」とはならない。このため、3政権とも「最小勝利連合」とはならず、前節のモデルで説明出来なかった韓国における連合形成も本節におけるモデルによって説明出来る可能性がある。

　Axelrod（1970）は左右のイデオロギー軸で政党を順番に並べ、隣接する政党を順番に加えて行って、過半数となったところでの組み合わせで連合が形成されるという「隣接最小連合（minimal connected winning coalition）モデル」を提起した。このモデルだと例えば、X党とZ党の2党だけで過半数になったとしても、イデオロギー的にその中間に位置するY党なくして連合は成立せず、X、Y、Z党の3党による過大規模連合が成立しやすいということになる。

　De Swann（1973）も政策面を重視したモデルを提唱したが、連合を組む際に隣接する政党間ではなく、連合全体としてのイデオロギー距離が最小となる組み合わせが重視されるという、「最小距離連合（closed minimal range coalition）モデル」を提唱した。

　では、このイデオロギーによる連合モデルで、韓国の連合政権が説明出来るかどうかを検証する。ただし、大前提として、この時期の韓国の国会における各政党はすべて保守政党であった〔康元澤（2012:176）〕。

　この時期における有力政治家に李仁済という人物がいる。彼は韓国の憲政史上最多当選回数である9回を誇る金鍾泌、金泳三には及ばないものの、金

大中に並ぶ当選回数6回を誇るベテラン議員である。彼は1988年の第13代
総選挙で初当選を果たすが、この際の所属政党は金泳三派である統一民主党
であった。そして、金泳三の金鍾泌、盧泰愚両派との党合併方針に従って、
1990年には所属党を民主自由党とした。1997年には同党の流れを汲む新韓
国党の大統領候補予備選に出馬するが李會昌に敗北し、同党を離党した。翌
1998年に金大中政権が成立すると、金大中派である新政治国民会議に加わっ
た。こちらでも大統領候補予備選に出馬するが、この際も盧武鉉に敗北した。
その後2002年には金鍾泌派である自由民主連合に加わるが、さらに2007年
に金大中派の民主党、2012年には金泳三派のセヌリ党へと移った。すなわ
ち4勢力すべての政党に所属した経験を持っているというわけである。ここ
まで頻繁に渡り歩く人はさすがに珍しいが、異なる勢力間で所属を変える例
は珍しいことではなく、またその移動する勢力の組み合わせも多種多様で
あった。このようなことが可能だったのも政党間にイデオロギー的障壁がな
かったことの証拠でもある。

　しかし、政党間にイデオロギー的差異が全くなかったわけでもなかった。
例えば、1990年の三党合同連合は「保守大連合」とも呼ばれたが〔盧泰愚
(2011:482)〕、これは相対的には金大中派がもっとも進歩寄りだったからで
ある。

　金鍾泌はDJT連合においてその金大中派と連合を組んだわけであるが、
金鍾泌は回顧録の中で「DJ[29]は共産主義者か?」という章を設け、

　　DJの手を握り、彼を大統領にするのに先頭に立った私の選択に、
　疑問と不満を提起する人も多かった。相手候補の陣営のみならず、私
　の伝統的な支持層も、失望と落胆を露わにした。彼らの激しく険しい
　問題提起をひと言で要約するならば「共産主義者金大中をなぜ手助け
　したのか」ということであった。DJは十数年前、大統領職を離れ、
　すでに故人になったが、今も私にはよくこのような質問がついて回る。
　　私はこのように問い返そう。私が親北共産勢力や従北主義者と手を

結ぶ人間に見えるか？　私は朝鮮戦争の南侵の際、陸軍情報局の北朝鮮班長、野戦中隊長として共産軍に対抗して戦った参戦軍人である。「反共を国是の第一義とする」という公約を掲げ、命をかけた革命を起こした。北朝鮮の共産政権に勝つ実力を培おうとして、祖国の近代化に18年間邁進してきた。私は共産主義者の属性を誰にも負けずよく見抜いている。マスコミではDJP連合について「JP[30]がDJの思想を保証した」と表現したが、私は誰彼構わず保証はしない。私がDJを手助けすることにしたのは、すでに彼の思想に対してこのように結論を下していたからである。

　　「DJは本当の共産主義者ではない。彼は本質的に共産主義者になることのできない人である」〔金鍾泌（2017:626-627）〕

と釈明を行っている。文中にもあるように、金鍾泌と金大中との連合は、進歩寄りな金大中が政権を取ることを危ぶんだ市井の人々にとって、金鍾泌の存在は安心材料となった一方、金鍾泌の岩盤支持層には動揺が走る出来事であったわけである。一方、逆に金大中にとっては金鍾泌との連合によって、自身には無い保守層の取り込み戦略を展開していた〔金玉斗（1999:168-170）〕。

　また、金大中政権での主要政策と言えばなによりも太陽政策であるが、金鍾泌は回顧録の中で

　　私はDJ政権の初代国務総理であった。しかし、DJの太陽政策は多くの部分で私の同意を求めたことがなく、また同意を求められたとしても同意することが出来なかった。〔金鍾泌（2017:640）〕

と述べている[31]。そして、その金大中との連合が瓦解した直接的な原因は、その太陽政策の中心人物であった林東源（임동원）統一部長官に対する解任決議に、金鍾泌派が賛成したことが原因である。このため、韓国の一般市民においても、また政界内においても勢力間にイデオロギー的差異が存在する

ことは認識されていたことが分かる。

　しかし、そういった問題はありながらも、金鍾泌と金大中との連合は成立したわけであり、乗り越えることが可能な範囲での差異であったと言える〔姜熙渟（2014:281）〕。金鍾泌は、上記の太陽政策についても

> 　金大中総裁の対北朝鮮政策に一部異議があるが、白か黒かという論理にとらわれすぎる必要はない。2人が互いに協力できない理由がない〔金鍾泌（2017:628-629）〕

とも述べており、連合形成に当たって支障とはならないとした。

　金大中派がもっとも進歩寄りであるのと反対にもっとも保守寄りだったのは金鍾泌派であった〔大西裕（2004:200）〕。その両派の間で連合が成立しているのであるから、他派の間の連合においてもイデオロギーは問題とはならないはずであるが、念のために確認しておく。金大中派と盧泰愚派とはDJT連合で連合を組んでいるし、成立はしなかったものの、盧泰愚政権時にも盧泰愚が金大中に連合を持ちかけている。金大中派と金泳三派は、分析対象期間中には連合は成立していないが、共に同じ民主党の流れを汲む勢力であり、全斗煥政権期までは両者は協力関係にあった。袂を分かって新党を立ち上げるまで金大中は金泳三の統一民主党の常任顧問を務めていた。

　そして、金大中派以外の3勢力間に関しても上記の通り、「保守大連合」と呼ばれた三党合同で連合を組んでいるため、やはりイデオロギーは問題とはならない。

　以上のことから、勢力間にイデオロギー的差異は存在したものの、連合の形成過程において絶対的な影響を及ぼす要素で無かったことが分かる。このため、イデオロギーによる連合モデルでは、韓国の連合政権を説明することは困難であると結論づけざるを得ない。

第四節　修正版イデオロギーによる連合政権理論モデル

　前節で見たように、保守－進歩という対立軸では連合形成過程を検証することは困難であることが分かった。しかし、分析の対象時期は民主化された直後の時期である。各勢力は直前の時期まで軍事独裁政権とそれに反抗する民主化勢力という対立関係にあった。このため、保守－進歩という対立軸では大きな差異を認めることは出来なかったが、軍事勢力[32]－民主化勢力という対立軸では大きな差異が見受けられる。

　例えば、前節で採り上げた金鍾泌の回顧録の「DJ は共産主義者か？」では、実際に金大中が共産主義者かどうか述べているのは同章の全7ページのうちの半分でしかない。残り半分は朴正熙と金大中の関係についてであった。

　　DJ は朴正熙大統領に対抗して戦った政敵であった。ある者は彼と手を結ぶことが朴大統領に対する裏切りではないのかとも言う。私がDJ との連帯を決心した際、最も大きく思い浮かべたことは彼の拉致事件の時の姿であった。（中略）私は胸の中深く残っている彼の傷を癒やしてあげようとした。それが朴大統領のためだと考えた。

　　私は、それまで、亡くなった朴正熙大統領に対する DJ の態度を注意深く観察してきた。1992 年の大統領選挙の直前に DJ は銅雀洞の国立墓地で朴大統領の墓所に参拝した。その際、彼はこのように言った。「ひとつの宿題を終えた気持ちだ。これからは過去を心にしまい、功績だけを考える」

　　得票のための計算が隠されていたであろうが、軽い気持ちで言った言葉ではないように思えた。

　（中略）

　　朴大統領の統治下で迫害を受けた DJ としては最大限に朴大統領の功績を認めたものであった。場所と聴衆によって朴大統領に対する彼

の発言内容と程度に差はあったが、私は大局的な見地から肯定的に受け取った。〔金鍾泌（2017:629-631）〕

ここで金鍾泌が気にしている、朴正熙と金大中との関係というものは、上記の通り「軍事独裁政権とそれに反抗する民主化勢力」である。そして、金鍾泌派が朴正熙の精神を引き継いだものである以上〔金鍾泌（2017:549）〕、朴正熙と金大中との関係というものはすなわち自身と金大中との関係に他ならない。「DJは共産主義者か?」という章題とは裏腹に、金鍾泌にとって金大中との連合は、そういうイデオロギー的なものよりも「軍事独裁政権とそれに反抗する民主化勢力」という視点からのものが重要であると考えていることが分かる。

このようなことから、軍事勢力－民主化勢力という対立軸を用いれば、韓国の分析対象期間における連合形成を解き明かせる可能性がある。

分析対象期間に存在した、4勢力は大枠として見ると、盧泰愚派と金鍾泌派が軍事勢力、金大中派と金泳三派が民主化勢力ということになる。軍事勢力のうち、盧泰愚派は直前まで軍事政権を担っていた一派であるのに対し、金鍾泌派は朴正熙が暗殺された後の1980年のソウルの春の際に金大中や金泳三と共に民主化を志向していたため、盧泰愚派よりは民主化勢力としての傾向を持っていたと言える[33]。民主化勢力のうち、金大中派が領袖に頂く金大中は民主化勢力の一番手であり、数多くの迫害を受けていたため、先鋭化

図1　各勢力の相対的軍事勢力－民主化勢力傾向

せざるを得なかった。一方の金泳三は二番手であり、金大中ほどには迫害を受けなかったため、金泳三派は金大中派よりは中道寄りであった[34]。

　これを図に示したのが、図1である。金大中政権のDJT連合では、金泳三派を飛ばして、金大中派と金鍾泌派、盧泰愚派が連合しているため、このモデルでは説明出来ない。しかし、盧泰愚政権および金泳三政権では盧泰愚派、金鍾泌派、金泳三派による連合であるため、本モデルで説明出来るかもしれない。

　註5でも説明したように、分析対象時期の韓国は大統領制であるため、連合政権には必ず大統領所属勢力が含まれる。したがって、盧泰愚政権には必ず盧泰愚派が含まれる。そこからスタートした場合、すぐ隣にいる同じ軍事勢力である金鍾泌派との連合のみで過半数を確保出来る。にもかかわらず、この2派による連合とはならなかったのである。

　上で説明したように、盧泰愚派と金鍾泌派は軍事勢力なのに対し、金泳三派と金大中派は民主化勢力である。したがって、図1では等間隔で描いたが、金鍾泌派と金泳三派の間の距離は他よりもかなり広くなる。

　したがって、盧泰愚政権では、金鍾泌派との2派連合で過半数を確保出来るにもかかわらず、はるかに遠い金泳三派を加えて連合を組んだことになる。

　盧泰愚政権の次に成立した金泳三政権は既述の通り、新しく連合を形成して成立した政権ではないため、他政権と同列に述べることは不適当ではある。盧泰愚政権で連合に加わったのは、直ぐ上で述べたように盧泰愚が既に大統領に成っているため、政権に加わるために"やむを得ず"軍事勢力と手

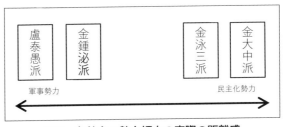

図2　各勢力の勢力傾向の実際の距離感

を結んだのかもしれない。しかし、今は自分が大統領となったのである。"やむを得ず"軍事勢力と手を結んでいたのであれば、軍事勢力である盧泰愚、金鍾泌両派との連合を解消して、より近い距離にあり、且つ過半数に到達する金大中派との連合に組み直すということも可能であったはずである。金泳三は自政権を「文民政府」[35]と自称していたのでそれは尚更のことであった。しかし、そのような試みは行われはしなかった。

　これは金大中政権でも言えた。金泳三政権の場合、民主化勢力内で連合を組むためには、既に組んでいる連合をわざわざ破棄しなければならなかった。しかし、金大中政権の場合、政権獲得に向けて新たに連合を組んだのである。本モデルに従えば、金泳三派と組むのが自然なはずである。しかし、実際に成立したのは、それとは逆にその金泳三派を除いた金鍾泌派、金大中派との連合であった。

　本節では、分析の対象期間の韓国には適用しづらい保守－進歩という対立軸を修正して、軍事勢力－民主化勢力という対立軸でもって分析を試みた。しかしながら、このようにして、金大中政権による連合はもとより、盧泰愚政権や金泳三政権による連合もうまく説明を行うことは出来なかった。

第五節　2.5政党制モデル

　次に取り上げる分析モデルは、「2.5政党制モデル」である。このモデルは、政党の規模として劣る中小政党が大政党の狭間で立ち回り、連合政権に加わるというものである。したがって、本モデルによって弱小勢力に過ぎなかった金鍾泌派が政権入りし続けていた要因を解き明かせる可能性がある。

　2.5政党制を説明する前に、最初に政党システムについて述べる。吉野孝（2001:84）は政党システムを「選挙において競争し、政権担当において協力する相互作用の構造全体」とした。この政党システムの分類・類型として最

初に挙げられるのが、デュベルジェ（1970）である。彼は政党システムを、政党数を基準に、「一党制」「二党制」「多党制」の３つに分類した。「一党制」は１つの政党が突出しているため、競争政党が存在せず、政権交代が行われない政党システムである。「二党制」は有力な２つの政党が存在し、両党が競争を行うことによって政権交代が起こる政党システムである。「多党制」は一般的に政党数が多く、単独で過半数を獲得することが難しく、連合政権と成ることが多い政党システムである。

　このデュベルジェによる分類は、長らく用いられてきたが、現在ではサルトーリ（2000）の分類に取って代わられている。サルトーリはまず最初に、政党間の競合性の有無によって「非競合的政党システム」と「競合的政党制」とに大別した。「非競合的政党制」とは選挙で政党間の競合が起きない政党システムであり「一党制」と「ヘゲモニー政党制」とに分けられる。「一党制」は、たった１つの政党だけが存在し、存在することを許されている政党制である。「ヘゲモニー政党制」は、ヘゲモニー政党以外の政党も存在することは許されるが、同党に敵対したり、競合することは許されていない。

　「競合的政党制」とは、「非競合的政党システム」の逆で、選挙で政党間の競合が起こる政党システムであり、「一党優位政党制」「二党制」「穏健な多党制」「分極的多党制」「原子的政党制」の５つに分けられている。「一党優位政党制」は複数の政党が存在するものの、そのうちの１つの政党が他を圧倒している政党制である。外形上は先に挙げた「ヘゲモニー政党制」と類似しているが、「ヘゲモニー政党制」が競合が許されていない政党制であるのに対し、「一党優位政党制」は一党の力が強すぎて損なわれてはいるものの、競合そのものは許されている政党制である。「二党制」は２つの大きな政党が中心をなしており、政権交代の可能性を持つものである。

　次からの３つはデュベルジェが「多党制」として一括りにしていた政党制を細分化したものである。「穏健な多党制」は、主な政党の数が３〜５ほどであり且つ政党間のイデオロギーの相違が大きくない政党制である。この政党制では、すべての政党が政権を担当する可能性を持っている。「分極的多

党制」は主な政党の数が6つ以上存在し且つ政党間のイデオロギーの相違が大きい政党制である。この政党制では周辺化された政党が存在し、そのような政党は政権に加わる可能性が失われている。「原子的政党制」は無数の政党が乱立し、政党の相違も大きい政党制である。

　サルトーリは、政党を数える際に、例えば5%といった任意の境界線を設け、政党の規模で足きりを行うのではなく、「連合形成可能性」または「威嚇・脅迫可能性」を持つ政党を有意性を持った政党として数えるべきであるとした。しかし、サルトーリはその条件に合う政党は一律で"1"とカウントしたため、連合を形成するに当たっての貢献度を正確に測れない〔レイプハルト（2014:55-56）〕。政党の数と相対的な規模を考慮した分類モデルを作ったのがBlondel（1968, 1978）である。Blondelによる政党システムの分類は「二大政党制」「2.5政党制」「優位政党のある多党制」「優位政党のない多党制」の4つである。ここで注目すべきは、2つの大政党に加えて、連合可能性または政治的に重要な役割を果たす政党が存在するという、「2.5政党制」を「二大政党制」と「多党制」の間に個別に設けたことである。Blondel（1968）の分類を元にレイプハルトが作成したのが表7である。

表7　Blondelによる政党システムの分類

政党制	仮定の議席割合	有効政党数
二大政党制	55 - 45	2.0
2.5政党制	45 - 40 - 15	2.6
優位政党のある多党制	45 - 20 - 15 - 10 - 10	3.5
優位政党のない多党制	25 - 25 - 25 - 15 - 10	4.5

出所：レイプハルト（2014:57）。

　この「2.5政党制」において、「"0.5"政党」に焦点を当てて分析を行ったのがSiaroff（2003）である。それによると、「二党制」では第一党と第二党の議席の合計が95%以上なのに対し、「多党制」ではそれが80%未満である。その間に位置する、「2.5政党制」では第一党と第二党の議席の合計が80%

以上 95 未満であり、且つ第二党と第三党の議席の比率が 2.5 以上の場合とされている。

　そして、Siaroff は「"0.5" 政党」を類型化し、その中で、ドイツの自由民主党（FDP: Freie Demokratische Partei）を事例として、「"0.5" 政党」が連合を組むパートナーを変えつつ、与党であり続けるモデルを示した。

　では、金鍾泌派はその「2.5 政党制」における「"0.5" 政党」となり得るのであろうか。上でも述べたように、「2.5 政党制」は "1" とカウントしてもらえないような中小政党が連合を組むパートナーを変えつつ、与党であり続ける可能性を示したものである。そのため、本モデルを用いることによって、少数勢力に過ぎなかった金鍾泌派が連合入りし続けた要因を説明が出来る可能性がある。

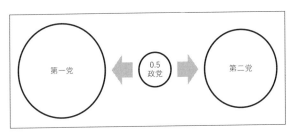

図 3　2.5 政党制の例

　「2.5 政党制」によるモデル図を図 3 に示した。このように、「2.5 政党制」では、「"0.5" 政党」は二大政党を天秤にかけ、「主動的」により自身にとって利益の大きい方と連合を組んでいる。しかし、詳しくは第六章以降で述べるが、金鍾泌派はどちらかというと「受動的」な動きをしており、「"0.5" 政党」の動きと合致しない。

　そしてなにより、「2.5 政党制」はその名の通り、「連合形成可能性」を持つ政党が "3つ" の政党制である。それが "4つ" 存在した分析対象期間における韓国の状況とは合致しない。Blondel の分類に従えば、韓国の状況は「2.5

政党制」ではなく、「優位政党のある多党制」に合致することになる。

　本モデルは、弱小勢力が巨大勢力の間を上手く立ち回り、与党入りし続けることを可能とするモデルである。したがって、弱小勢力に過ぎなかった金鍾泌派が与党入りし続けているという、外形的には同一の韓国の連合形成を上手く説明出来ることが期待された。しかし、内面的には韓国の状況に合致せず、残念ながらこのモデルで説明することは出来ない。

　　第六節　　かなめの党モデル

　連合政権が成立する際には、「かなめの党（pivotal party）」と呼ばれる政党が登場することがある。例えば、「接着剤モデル」の実例として取り上げている、新党さきがけをかなめの党であるという先行研究が存在する。そうすると、金鍾泌派も「かなめの党モデル」で説明が出来る可能性がある。ここでは、金鍾泌派を「かなめの党モデル」で説明が出来るかどうかを確認する。
　「かなめの党」は「かなめ党」や「かなめ政党」と呼ばれることもある。河野勝（2004）によれば、イデオロギー順に並べられたA〜E党の５つの政党が存在するモデルにおいて、C党がかなめの党となるという。これは、左派政権が成立するにしろ、右派政権が成立するにしろ、C党の参加がキーになるからである。

表8　かなめの党モデル

A党	B党	C党	D党	E党
15%	30%	8%	40%	7%

出所：河野勝（2004）。

　かなめの党の条件として、第一にどちら側からの連合においても、ちょうど過半数を上回ることが出来るにたる、適正規模であることである。この例

では、C党はA、B、C党による連合でも、C、D、E党による連合でもちょうど過半数を上回ることが出来る。しかし、C党の議席が5%以下の場合、A、B、C党連合は過半数を確保出来ないため、C党は「かなめの党」とは成らない。第二に、イデオロギー的に中道であることである。このため、E党は「かなめの党」とは成り得ない。

　では、この「かなめの党モデル」は分析対象の2つの連合の形成に適合するのであろうか。実のところ、「かなめの党」とは「2.5政党制」の「"0.5"政党」に近いモデルである。2.5政党制のように必ずしも「連合形成可能性」を持つ政党が3つと限定されていないだけである。実際、「"0.5"政党」の実例として登場したドイツの自由民主は「かなめの党」の実例としてもよく登場する〔河野勝（2004:193）、渡辺重範（1992:69）〕。

　そうすると、前節で「2.5政党制モデル」で説明が出来なかったため、「かなめの党モデル」でも説明が出来ないように思われる。しかし、「2.5政党制モデル」で説明が出来なかった大きなポイントは、根本的に韓国が「2.5政党制」に合致していなかったからである。「かなめの党モデル」では、「連合形成可能性」を持つ政党が3つと限定されていない分、2.5政党制では果たせなかった分析対象の2つの連合の形成に適合する可能性がある。

　ところで、「かなめの党モデル」は、イデオロギー順によって並べているため、「イデオロギーによる連合モデル」とも類似したモデルである。この場合、第三節で述べたように、金鍾泌派はもっとも保守寄りな勢力であった〔大西裕（2004:200）〕。すなわち、たった今「『かなめの党』とは成り得ない」と言った、表8でいうところのE党が金鍾泌派ということになってしまう。逆に金大中派はもっとも進歩よりな勢力であり、表8でいうA党になる。この両党による連合というのは「かなめの党モデル」では成立し得ないはずの組み合わせであり、話が破綻してしまう。

　しかし、そもそも第三節で述べたように「イデオロギーによる連合モデル」自体が分析対象期間における韓国政治の実態にそぐわないモデルである。それを修正した第四節によるモデルと同様に「かなめの党モデル」も修正を

行った場合はどうなるであろうか。表8に第四節で掲示した図1を合わせて考察すると、この「修正版かなめの党モデル」ではA、B、C党による連合というのは、盧泰愚派と金鍾泌派による連合ということになる。しかし、これは「修正版イデオロギーによる連合モデル」の検証でも見たように、成立しそうであるにもかかわらず、成立しなかったパターンである。

　あるいは、A、B、C党による連合を盧泰愚派、金鍾泌派、金泳三派という3派による連合と見た場合、金鍾泌派は真ん中に位置するため「かなめの党」と言えるかもしれない。しかし、「かなめの党モデル」は大前提として「ちょうど過半数を上回ることが出来る」連合であったはずである。第四節で見たように、盧泰愚派、金鍾泌派だけで過半数を確保出来ているのにさらに金泳三派を加えているため過大規模連合であり、「かなめの党モデル」の前提を満たさない。

　C、D、E党による連合も、これを金泳三派と金大中派による連合とした場合、やはり成立しそうで成立しなかったパターンである。C、D、E党による連合を金鍾泌派と金泳三派、金大中派による3派連合とした場合、実際に成立しなかったのは勿論、成立しそうな気配すらなかったパターンである。

　「かなめの党モデル」は「2.5政党制モデル」でもっとも問題であった政党制がマッチしないという問題が取り除かれたモデルであると言えた。しかし、今度はイデオロギーという対立軸がマッチしないという問題が登場した。これも「修正版イデオロギーによる連合モデル」にしたがって修正を試みた。しかし、それでも上手く説明することは出来なかった。それがどうしてなのかを少し考えてみる。「かなめの党モデル」も「2.5政党制モデル」も大政党だけでは過半数に足りないが、ちょうど良い場所に位置する中小政党を加えれば過半数に達するという大前提があった。しかし、第二節で見たように、そもそも最小勝利連合が成立していないのである。さらに、第四節で見たように、金大中政権では数直線上の並びを飛び越えて連合が成立している。盧泰愚政権では、数直線上の並び通りに連合は成立しているものの、過

大規模連合になるにもかかわらず、わざわざ遠方の金泳三派を加えた連合となっている。このため、「かなめの党モデル」でも分析対象期間における2つの連合の形成を上手く説明することは出来ない。

小括

　以上、本章では金鍾泌が連合に参画し、要職を歴任した要因を分析するに当たって、連合政権理論によるモデルをはじめとして、2.5政党制モデルやかなめの党モデルなど、政治学における一般的な連合モデルをもって説明を試みた。

　まず最初に分析対象期間中に成立した2つの連合が外形的には単独政党および2つの政党による連合による政権に見えるが、その実態はどちらも3つの勢力による連合政権であることを確認した。

　連合モデルの分析に当たっては、最初に「サイズによる連合政権理論」での説明を試みた。議院内閣制と異なり、大統領制では議会で過半数を確保しているかどうかは政権の獲得、維持には直接は関係しない。しかし、それでも議会において法案や予算案を成立させ易くするためにはやはり議会の過半数を確保しておくことが重要である。実際、連合形成前の盧泰愚政権や、金大中政権では議会の運営に四苦八苦していた。既に大統領の地位にある盧泰愚が連合形成に動いたのもそれを改善するためでもあったため、分析対象期間の韓国においても議会の過半数確保は軽視出来るポイントではない。しかし、三党合同連合は「過大規模連合」、DJT連合は「過小規模連合」であり、どちらの連合もぎりぎり過半数を確保するという「最小勝利規模連合」ではなかった。

　次に「イデオロギーによる連合政権理論」での説明を試みたが、一般的な「保守−進歩」という対立軸は分析対象期間における韓国では相応しくないため、修正版として「軍事勢力−民主化勢力」という対立軸でもって分析

を試みた。このモデルでは韓国政治の状況に合わせて修正を行ったのであるから、上手く説明づけられることが期待出来た。このモデルに従えば、軍事勢力に属する2勢力と民主化勢力に属する2勢力の各々で過半数を確保することが出来た。しかし、実際に成立したのは軍事勢力と民主化勢力間の高い垣根を飛び越えての連合であり、その期待は敗れ去った。

　この次に試したのは「2.5政党制モデル」である。「2.5政党モデル」は中小政党が政権に参画し続けるモデルであり、金鍾泌派の状況を上手く説明出来る可能性があった。しかし、「2.5政党制」は連合形成可能性を持つ政党が3つであるという大前提があったため、それが4つある分析対象期間における韓国の状況に合わなかった。

　「2.5政党制」におけるこの「大前提」を取り払ったようなモデルが「かなめの党モデル」である。したがって今度こそ上手く説明づけられることが期待出来た。このモデルの場合、数直線上に政党を並べた場合に中小政党が中央に来ることが大前提であるが、「保守－進歩」で並べた場合、金鍾泌派は端に位置してしまうため、うまく説明が出来ない。「修正版イデオロギーによる連合政権理論モデル」のように、これを「軍事勢力－民主化勢力」という数直線で並べ直せば金鍾泌派は中央寄りに来るが、「修正版イデオロギーによる連合政権理論モデル」で上手く説明出来なかったように、やはりこのモデルでも上手く説明出来なかった。

　このように、既存の政治学による政治学における一般的な連合モデルでは金鍾泌が連合に参画し、要職を歴任した要因をうまく説明出来なかった。しかし、最小勝利連合とならなかったとはいえ、「サイズ」が意識されていなかったわけでは無かった。同様に、イデオロギーの差異も乗り越えられはしたものの、影響が皆無だったわけでは無かった。「2.5政党制モデル」や「かなめの党モデル」も上手く説明すづけることは出来なかったものの、そこで出された「中小政党が連合に参加し続けるためには、大政党がその政党を必ず連合に加えなければならないという特別なインセンティブが必要」という

要素は後の分析に当たっても重要な示唆を与えるものである。

　そしてなにより、「修正版イデオロギーによる連合政権理論」はそれ単体では説明づけることは出来なかったものの、「軍事勢力－民主化勢力」という対立軸で説明を試みたことは重要な意味合いを持っていた。それは後の章で明らかとなる。

　このようにして、これら既存の政治学による政治学における一般的な連合モデルは単独で説明出来る、すなわち連合形成に当たっての「決定打」とはならなかった。しかし、その一方で、さすが政治学によって一般によく用いられるモデルであるというべきか、いずれのモデルも考慮すべき点が多くあり、多くの示唆を与えてくれるものであった。

註

20)　日本の自民党同様、民主自由党における党首の役職名である。

　　　【民主自由党　党憲　第十七条】（筆者訳）
　　　　第一項　総裁は、党の最高責任者として、党を代表する。

21)　民主自由党の役職としては、「最高委員」はナンバー３の役職であり、ナンバー１の総裁との間には「代表最高委員」という役職が存在する。しかし、「代表最高委員」も「最高委員」の１人であり、その代表ということに過ぎない。

　　　【民主自由党　党憲　第二十二条】（筆者訳）
　　　　第一項　最高委員は、５人以内を置き、その中の１人は代表最高委員となる。

22)　【民主自由党　党憲　第十七条】（筆者訳）
　　　　第二項　総裁は、最高委員と協議し、党務を統轄する。

23)　旧新民主共和党と旧統一民主党からはそれぞれ党ナンバー１であった金鍾泌と金泳三が選出されていた。旧民主正義党からは党ナンバー１である盧泰愚が新党の総裁となったため、代わって党ナンバー２であった朴泰俊が選出されていた。

24)　【自由民主連合　党憲　第三十条】（筆者訳）
　　　　第一項　総裁は、党の最高責任者として、党を代表し、党務を統轄する。
　　　　第二項　総裁は、主要党務に関して、党の名誉総裁と協議して処理する。

25)　【自由民主連合　党憲　第三十三条の二】（筆者訳）
　　　　第一項　党に名誉総裁を置く。
　　　　第二項　名誉総裁は、総裁を歴任した者の中から党務会議の提請により、全党大会で推戴する。ただし、全党大会の召集が困難である時は、党務会議の場合は提請により、中央委員会で推戴する。

第三項　名誉総裁は、党務会議に参加し、意見の開陳または提議をすることが出来る。

26) チョン・ビョンギ (2018:86) によると、DJT 連合結成において単一の政党としなかったのは、三党合同連合において金泳三の背信行為を受けた金鍾泌が、党の合併を選ばなかったからである。

27) 註7で大統領選挙について註解したように、国会議員の選挙制度も大きく変わっているが、それに因らず、総選挙も 1948 年 5 月 10 日に行われた初代総選挙以降、通算して「第○代総選挙」と言う。なお、大統領選挙と総選挙の日程や周期はまったく連動しておらず、近接した時期に行われたこの両選挙が共に「第 13 代」であるのは単なる偶然である。

28) 註8で「大統領選挙」について註解したのと同様、「総選挙」についても韓国では「総選」と呼ぶことが多いが、日本では一般的な略称ではないため、本書では用いない。

29) 金大中のこと。詳しくは第二章第一節を参照。

30) 金鍾泌のこと。註 29 にて註解したように、金大中のことを "DJ" としているのと同じ文脈である。詳しくはやはり第二章第一節を参照。

31) 金大中政権はアジア通貨危機時に成立したため、経済政策も重要な課題であった。この経済政策について金鍾泌派の自由主義的経済政策が採られた代わりとして、統一政策では金鍾泌派は金大中派に譲歩していた〔チョン・ビョンギ (2018:91)〕。

32) 金鍾泌は「産業化勢力」と呼んでいた〔金鍾泌 (2017:571)〕。

33) 金鍾泌は自身の金鍾泌派と、金大中、金泳三の両派を合わせて「近代化勢力」と呼んでいた〔金鍾泌 (2017:547)〕。

34) 実際、金泳三はその立場を利用して、中道路線によってキャスティング・ボートを握ろうとしたこともあった〔河信基 (1990:158)〕。

35) 金泳三政権に関する政府刊行物である「国政資料集」における政治編第一章のタイトルでも、「文民政府時代の開幕 (문민정부시대의 개막)」とされている〔『変化と改革―金泳三政府国政 5 年資料集　1』〕。

第二章

分析モデルの検討. 2

人間関係ネットワークによる連合モデル

　前章では、政治学で代表的な連合モデルでもって分析を試みた。しかし、序章でも述べたように、政治学は西欧における経験を基に発展してきている。その西欧諸国ですら、前章のモデル通りにならない事例はいくらでも存在する。それが東アジアに位置する韓国において適用出来なくても不思議ではない〔Kim（2014:8）〕。

　また、西欧諸国の多くは議院内閣制である。議院内閣制の諸国で培われた経験が大統領制を採る韓国に適用出来なくても不思議ではない。連合政権理論の分析は議院内閣制を前提とされている。そのため、レイプハルト（2014:80-81）も連合政権について解説するに当たって、大統領制おける連合政権について別項を設けている。

　しかし、同じ政治制度を導入していたとしても、それを運営する人々の思考方式、態度、価値観によって全く異なった結果がもたらされる。これら、政治制度に影響を与える要素を「政治文化」[36]と言う〔孔義植、鄭俊坤、李鎔哲（2020:202）〕。序章の註15において触れた、日本の官房長官制度の特異性などはその実例である。

　そして、本書の分析対象の連合の形成過程についても、日本における韓国研究の第一人者であった服部民夫は、その著書『韓国―ネットワークと政治文化』（東京大学、1992年）の冒頭で

> 　89年末の保革大合同論議において、最初に合同の候補となった野
> 党は金泳三の統一民主党（民主党）、金鍾泌の新民主共和党（共和党）
> ではなく、金大中の平和民主党（平民党）であった。結局この連合構
> 想は失敗し、他の二党との連合により民主自由党（民自党）が成立し
> たが、このことは韓国における政党の結党の理念が主義主張だけでな
> く、もっと他にもあることを明らかにした点で興味深い事件であっ
> た。〔服部民夫（1992:3-4）〕

と述べており、韓国固有の要素が影響を与えていたとしている[37]。

　これらのことから、既成の政治学によるモデルに頼って分析を行うのには限界があると言える。第一章においても第四節や第六節において、政治学におけるモデルを韓国の実状に合わせた修正を行い適用を試みた。しかし、韓国とは大きく異なる状況を前提としたモデルをベースとしている限り、限界があった。本章ではそれをさらに進め、最初から韓国の実状に合わせたモデルを構築し、それによる適用を試みる。

　ところで、26ページにおいて「各勢力間に何らかの相互作用が働いたことで分析対象期間の韓国においても連合が成立した」と述べた。孔義植、鄭俊坤、李鎔哲（2020:210-211）は、解放後の韓国においてはインフォーマルなプロセスを重視する政治文化があり、個人的な人間関係を重視し、公私の区別が無く、公的な問題も私的な人間関係を援用して処理する傾向が強いとしている。

　したがって、この「私的な人間関係」が「相互作用」となって、連合が形成された可能性がある。本章ではそれについての検討を行う。

　「人間関係」の分析を行うためには、その前提として“誰”と“誰”の「人間関係」に着目するのかということを明確にしておく必要がある。そのため、この確認を最初に行う。この「私的な人間関係」に基づいて構築された「人

間関係ネットワーク」について、服部民夫 (1992) や孔義植、鄭俊坤、李鎔哲 (2020) は、韓国においてそれが形成される契機として「血縁」「地縁」「学縁」の３つを挙げている。したがって、それに続いてこの３点について各々節を設けて個別に検討を行う。

第一節　メインプレーヤーとしての三金

　「人間関係ネットワーク」という観点から分析対象の２つの連合形成を分析するに当たって、重要なメインプレーヤーは誰なのであろうか。４つある勢力間の連合分析を行うのであるから、単純に各勢力の領袖の４人の人間関係を見れば良いように思える。しかし、例えば第四章で紹介する「自自公連合」において、公明党のメインプレーヤーは党首の神崎武法ではなく党書記長であった市川雄一であった。

　また、成功を果たした領袖は大統領に就任するが、それはすなわち大統領任期が終了したのちには政界から引退してしまうことを意味する。したがって、その後継者も分析の対象にする必要があるのかどうか検討する必要がある。また、盧泰愚派は同氏の引退後、親金泳三系と反金泳三系とに分裂してしまうし、分析対象期間中に他の勢力が存在しなかったわけではない。しかし、結論から言うと、本章そして本書ではメインプレーヤーを金鍾泌、金泳三、金大中の３人に設定している。本節では、その理由についての説明を行なう。

　金鍾泌、金泳三、金大中の３人は一般に「三金」と呼ばれ、さらに分析の対象期間は一般的に「三金時代」と呼ばれる。これはどちらも韓国において非常に一般化した言葉である。このような表現がある時点でこの３人がメインプレーヤーであることは自明とも言えるが、その理由についてここから詳しく説明していく。

　「三金」という名前の由来は、勿論３人の姓が皆「金」だからである。日

三金（左から金泳三、金大中、金鍾泌）

写真提供：雲庭財団

三金（左から金鍾泌、金泳三、金大中）

写真提供：雲庭財団

本でいえば、自民党の実力者であった"三"木武夫、田中"角"栄、"大"平正芳、"福"田赳夫の4人をその名前から「三角大福」と表現するのと同じである。

　「三角大福」の４人全員が内閣総理大臣に成ったのと同様に、三金の３人のうち金泳三と金大中は大統領に、金鍾泌は大統領には成っていないもののそれに次ぐ国務総理に成っている。

　三金の偉大さは行政府での経歴だけでなく、立法府での経歴からも窺い知ることが出来る。国会議員として、金鍾泌と金泳三は９回当選を果たしている。韓国の国会は今までに21回の総選挙を行っているため[38]、単純に回数だけ見れば、金鍾泌、金泳三の２氏は韓国の国会が創設されて以降現在に至るまでの全期間の半分近くを現役国会議員として活動していたことを意味する[39]。そして、当選回数９回という数字は今に至るも韓国国会史上最多記録である[40]。しかも、これは政治活動を禁じられていた期間があった上での数字である。金大中の当選回数は６回に過ぎず、金鍾泌、金泳三の２氏に比べるとかなり見劣りする。しかし、これは金大中が２氏に比べて韓国政治に対する貢献度が低いということを意味しない。民主化勢力のナンバー１であった金大中は軍事政権側から危険視され、その分政治活動を禁じられていた期間が２氏に比べて長かったからに過ぎないからである[41]。

　立法府での経歴が長いとなれば、当然国会議長ないし副議長[42]の経歴が気になる。実際、金鍾泌、金泳三の２氏以外で唯一当選回数９回を誇る朴浚圭（박준규）は３度、彼らに次ぐ当選回数８回の李萬燮（이만섭）は２度も国会議長を務めている。ところが、三金は金大中だけでなく、最多当選回数を誇る金鍾泌や金泳三でさえも、正議長だけでなく副議長も一度も務めていない。国会の正副議長に就任すれば、政治的な中立性が求められ、少なくとも表立った政党内での活動は出来ない。三金のいずれもが国会正副議長の経験がないということは、それだけ彼らが政党内において重要人物であり続けたかということを示しているのである。それ故「三金」という言葉がこれほどまでに浸透しているのである。

　全人口の２割が金氏であったため、メインプレーヤー３人の姓が全て「金」であってもそれほど驚くべきことではない。それでも、長きに亘って韓国政

界の中枢にいた人物が全員同じ金氏では混乱を生じる恐れがある。このため、それぞれの下の名前のアルファベット表記から、金鍾泌（Kim Jong-Pil）は"JP"、金泳三（Kim Young-Sam）は"YS"、金大中（Kim Dae-Jung）は"DJ"と呼ぶことが一般化している。例えば、1997年に成立した金大中と金鍾泌、すなわち"DJ"と"JP"による連合は、"DJP"連合と一般的に呼ばれている。また、金鍾泌は自身の著書の題名を『J.P.コラム』（瑞文堂、1971年）としていることにもみられるように、本人も使用していた。

　このように韓国の政治家に愛称を付けるようになったのは、金鍾泌に対してが最初である〔雲庭金鍾泌記念事業会（2015:335）〕。これは朴正煕政権時代に"JFK"との愛称で有名なアメリカのジョン・F・ケネディ大統領に因んで、韓国メディアが中央情報部長を務めていた金鍾泌に対して"JPK"と愛称を付けたというものである。そして、金大中、金泳三両氏が金鍾泌と並んで「三金」と呼ばれるようになると、両氏にも金鍾泌に倣って愛称も付けられることになった。この時、三金、すなわち全員「金（Kim）」で"K"は不要であることから、金鍾泌の愛称も"JP"と改められることとなったのである。

　このように政治家に愛称を付けることが一般化したことに伴い、他の政治家も例えば李厚洛（이후락、Lee Hu-Rak）は"HR"、李基澤（Lee Ki-Taek）は"KT"、朴泰俊（Park Tae-Joon）は"TJ"、李明博（Lee Myung-Bak）は"MB"などと呼ばれている。

　「三金」が最も一般的な表現であるが、金大中、金泳三の二人のみを指して、「二金（2김）」あるいは「両金（양김）」という表現もある[43]。これは、金大中、金泳三の両氏が民主化勢力出身であるのに対し、金鍾泌氏が軍事勢力出身と毛並みが異なるためである〔金鍾泌（2017:546-548）〕。

　逆に、3氏以外の人物を付け加えた表現も存在する。これは、4大勢力の残るもう1つの勢力の領袖である"盧"泰愚を加えた「一盧三金（1노3김）」である。盧泰愚は対象期間において最初に大統領になった人物であり、また盧泰愚派は最大勢力であった。しかし、盧泰愚が政治活動をはじめたのは

1981年のことであり、国会議員としては分析の対象期間が始まる直前の1985年の第12代総選挙での当選が初めてにして唯一である。そして、1988年に大統領となり三金と共に表舞台に立ったが、わずか5年後の1993年に大統領を退任するとともに政治の表舞台からも去ってしまった。大統領となり三金と並んで1勢力の領袖となったため、「一盧三金」とは呼ばれるものの、愛称が付いていないのもその政治家人生の短さ故である。

　また、本書では盧泰愚が率いていた勢力のことを「盧泰愚派」としているが、現実には自身の名を冠しているほどには盧泰愚にはカリスマ性は無かった。本書において「盧泰愚派」と呼称したのは他の勢力をそれぞれ領袖の名前を冠して呼称したため、それに合わせたに過ぎない。全斗煥からバトンを渡され、党首そして大統領となったものの、党内には全斗煥系が多数おり、実態としては「盧泰愚派」とは言い難かった。全斗煥の影響力を排除出来たのは政権の後半になってからだが、今度は三党合同連合の成立により、外部から招いた「政治九段」とも称される老練な金泳三に翻弄されるばかりであった。これが盧泰愚をメインプレーヤーとしない理由である。

　そして、盧泰愚の引退後、その後釜として盧泰愚派を率いる人物も出てこなかった。盧泰愚の引退後、盧泰愚派は親金泳三系と反金泳三系とに分裂してしまったが、それが有力な後継者がいなかったなによりの証拠である[44]。親金泳三系の代表格は金潤煥（김윤환）であった。彼も金氏なのであるから三金と並ぶ存在なのであれば、彼を含めて「四金」という呼ばれ方が存在してしかるべきであるが、そのように呼ばれたことはない。金潤煥は金泳三の大統領就任に大いに尽力したが、その後任とは成りえず、替わって金泳三の後任となった李會昌によって党を追われ、政界引退に追い込まれるという憂き目にあった。このように、金潤煥はあくまでも親金泳三系盧泰愚派の代表"格"というだけで、この勢力が金潤煥派というわけではない。したがって、金潤煥もメインプレーヤーとはなり得ない。

　反金泳三系の代表格は朴泰俊（박태준）である。朴泰俊は金鍾泌、金大中と共にDJT連合の一角を担った。DJT連合の"DJT"とは、上述のように、連

合に参加した各勢力の代表者である金大中 ("D"J)、金鍾泌 ("J"P)、朴泰俊 ("T"J) の 3 氏の愛称から一字ずつを採ったものである。この「DJT」は、「三角大福」と「三金」との関係同様、山崎拓 ("Y"amasaki)、加藤紘一 ("K"ato)、小泉純一郎 ("K"oizumi) による「YKK」と通ずるところがある[45]。

この DJT 連合は、第七章で説明するように、朴泰俊との連合を欲した金大中の要望によるものである。三金である金鍾泌、金大中と並んで「DJT 連合」と呼ばれていたのであり、さらに今述べたような経緯があるのであれば、朴泰俊は三金と同格としても良いようにも思える。しかし、同じく反金泳三系の代表的人物であり、DJT 連合にも加わっていた朴哲彦は、DJT 連合の "T" は朴泰俊の "TJ" ではなく、TK の "T"、すなわち TK 勢力[46]の集合体を意味するとした〔朴哲彦 (2005b:502)〕。この表現からは、朴哲彦は朴泰俊を自身が所属する勢力の「ボス」とは認めないという姿勢を汲み取ることが出来る。実際、朴泰俊と朴哲彦に、朴浚圭を加えた 3 人は「TK 勢力の三朴」とも呼ばれている。その表現からは朴泰俊と朴哲彦、朴浚圭は同格の扱いであることが分かる。このように、親金泳三系盧泰愚派における金潤煥と同様に、朴泰俊はあくまでも反金泳三系盧泰愚派の代表 "格" というだけで、この勢力が朴泰俊派というわけではない。したがって、朴泰俊もメインプレーヤーとはなり得ない。これは李鍾贊、朴哲彦といった他の反金泳三系盧泰愚派の有力な諸氏についても同じである。

金泳三の後任となった李會昌は、長らく党の中心的人物であり続け、また後には独自勢力となる自由先進党も旗揚げするなど有力な政治家ではあった。しかし、その大半は分析対象期間ではない。また、連合の成立には絡まなかったため、メインプレーヤーとはしなかった。

鄭周永が立ち上げた統一国民党は、結党直後の 1992 年 4 月に行われた第 14 代総選挙において 31 議席を確保し、分析対象期間中において三金以外で唯一連合可能性のある独自勢力を立ち上げた。鄭周永は同年末に行われた第 14 代大統領選挙にも出馬し、敗退したものの、一定の得票率を獲得した。一時は「二金一鄭」[47]という言葉も作られたほどである。しかし、大統領選

挙で落選した鄭周永はそのまま政界を引退してしまい、旗頭を失った統一国民党も瞬く間に雲散霧消してしまった。このため、鄭周永もメインプレーヤーとは出来ない。

　それ以外の主要な政治家としては、李基澤と李仁濟の名を挙げることが出来るであろう。李基澤は金大中、金泳三に次ぐ民主化勢力のナンバー３であり、三金にも見劣りしない当選回数７回を誇る政治家である。しかし、金大中、金泳三に対し独自色を打ち出すことは出来なかった。三金の中で埋没し、連合可能性のある独自勢力を構築することは出来なかったのである。

　李仁濟は上記鄭周永が出馬したその次の大統領選挙となる、1997年の第15代大統領選挙に出馬した政治家である。敗北はしたものの、一定の得票率を獲得したのも鄭周永と同じである。そして、鄭周永とは異なり大統領選挙で敗北しても政界を引退することはなく、その後も政治活動を継続し続けた。ところで、第一章第三節において、李仁濟が全勢力の間を渡り歩いたことに触れた。この際は、「世渡り上手」というようなニュアンスで説明したが、実際には連合可能性のある独自勢力を持つことが出来なかったため、三金の間をさ迷っていたという方が正確であった。このように両名とも有力な政治家ではあったものの、連合可能性のある独自勢力を構築することは出来なかったため、メインプレーヤーとすることは出来ない。

　では、次に各勢力の領袖以外に勢力内にプレーヤーがいる可能性を検討する。上記の通り、「自自公連合」において、公明党のメインプレーヤーは党首の神崎武法ではなく党書記長の市川雄一であった。同様に、三党合同連合形成時には盧泰愚派の朴哲彦が連合交渉を精力的に活動を行っていた。このような人間をプレーヤーに加えることが出来ないのかという点について検討を行う。

　まず最初に指摘しておかなければならないのは、この時代の政党は三金という大統領を目指す「ボス」とそれを支持する「家臣」によって構成されている「ボス政党」であるということである。分析の対象期間中、各勢力の政

党はその名称を頻繁に変えたが、そういうことが可能だったのも政党の「ブランド」は「ボスの名前」であり、「政党名」ではなかったからである〔浅羽祐樹（2011：267）〕。欧米と違って、韓国では政党が政治的指導者を産むのではなく、政治的指導者が政党を産んでいた〔Kim（2014：84）〕。彼らは政党を「今のところが上手くいかなくなれば、新しいところを作ればいい」という程度にしか考えていなかった〔岩崎育夫（2001：41-42）〕。

　例えば、金大中は1992年に行われた第14代大統領選挙に民主党の大統領候補として出馬したものの金泳三に敗北し、そのショックから同党の代表の座を李基澤に譲って政界を引退した。その次の第15代大統領選挙が迫ると政界に復帰したが、自らが作った党であるにもかかわらず、李基澤との対立から民主党には戻らず、同党から自派議員を引き抜いて新党・新政治国民会議を設立した。註3でも註解したとおり、この様にして金大中は分析の対象の15年間に限っても5回[48]も所属政党を変えているのである。

　このようなことから、岩崎育夫（2001）は、韓国政治に関心があったとしても、韓国政治の専門研究者以外はそれぞれの政党を言い当てることは困難であるとさえ言っている〔岩崎育夫（2001：41）〕。本書において、各勢力を政党名ではなく、ボスの名前を冠した勢力名で呼ぶのもそれが理由である。

　三金という「ボス」は縁故地域において絶大な人気を持っていた。加えて、ボスは国会議員選挙に当たって自党からの公認権を持っていた。そのように、ボス政党がその地域の議席を独占していた状況では、そのボスに逆らい、公認を得られないということはほぼ確実なる落選を意味していた〔Kim（2014：55-56）、大西裕（2004：200）〕。

　例えば、上でもその名を挙げた李基澤は、1990年の三党合同連合結成時には金泳三派の統一民主党におけるナンバー2の地位にいた。しかし、連合を巡る交渉については金泳三から何も知らされていなかった。彼が初めてそのことを知ったのは1月22日に合同が宣言される直前の1月18日であり、しかも金泳三からではなくカウンターパートナーであり親しい間柄にあった民主正義党の鄭東星（정동성）院内代表から聞いた話であった〔李基澤（2017：

300-301)〕。金泳三のこのような動きに反発した李基澤は三党合同連合には加わらず、離党した。李基澤の選挙区は金泳三と同じ釜山であり、そこからの出馬で5回連続（第8代〜第13代総選挙）の当選を果たしていた。その前の第7代総選挙でも全国区からの出馬で当選を果たしていたため、当時既に当選回数6回を誇るベテラン議員であった。そんな彼ですら、金大中と手を結んで臨んだ第14代総選挙こそ全国区からの出馬で当選を果たしたものの、その金大中とも物別れと終わり、釜山などの地域区からの出馬を余儀なくされたその後は一度も当選を獲得することが出来なかったのである。そのため、国会議員たちはボスの忠実なる家臣とならざるを得なかったのである。

　民主化勢力全体の3番手であり、個別の勢力内においてもナンバー2であった人物でさえ、党の命運に関わる重大事項について何も知らされていなかったのである。そのような状況下で同一勢力内にボスとは別のプレーヤーが存在しえるはずもなかった。個別に積極的に活動していたとしても、それは個別の意思の下で動いているのではなく、あくまでもボスの意思の下での活動でしかなかったのである。実際、先に挙げた朴哲彦のことを金鍾泌は「朴哲彦は言うなれば限定された目標を攻撃し、基地に戻らなければならない盧大統領の遊撃隊長でしかなかった」と評している〔金鍾泌（2017:572）〕。以上のことから、メインプレーヤーは金鍾泌、金大中、金泳三の三金のみであると結論づけることが出来る。

　ところで、「三金」という呼び名もそうであるが、三金が長期に亘って韓国政治の中枢を担ってきたため、「三金時代」という言葉も韓国社会において一般化している。しかし、具体的にいつが「三金時代」なのかというとそれは定まっておらず、論者により様々である。例えば、Kim（2014:33）は1990年から2003年を、梅田皓士（2018:23）は1987年から2000年を「三金時代」と呼んでいる。

　「三金時代」をもっとも長く捉えると、「三金のうちのいずれか1人以上が政治活動をしていた期間」ということになろう。この定義を適用すれば、

金泳三が、1951年1月に張澤相（장택상）国会副議長の秘書に就いてから、あるいは1954年5月20日の第3代総選挙で国会議員に当選してから、金鍾泌が2004年4月15日の第17代総選挙で落選したことを受けて同月19日に政界引退を表明するまでの半世紀に亘る期間ということになる[49]。

　一方で、孫浩哲（1997）では、1980年のいわゆる「ソウルの春」のわずかな期間と、1995年7月の金大中の政界復帰以降の時期（同書は1997年の文献であるため、終了時期については言及していないが、おそらく1998年2月の金泳三の大統領退任までの期間となろう）のみを「三金時代」としている。三金全員が韓国政界の中枢にいた時期としては、1988年4月の第13代総選挙で三金全員が国会議員に復帰して以降、1992年12月に第14代大統領選挙で金泳三に敗北した金大中が政界引退を表明するまでの期間もある。ここを含まないのは、前述した「一盧三金」という言葉に表れているように、三金以外に盧泰愚という有力なプレーヤーが存在したことと、金鍾泌が政党の党首でなかったためだと思われる[50]。

　確かに、1990年1月の三党合同連合結成により、党首を務めていた新民主共和党が消滅してから、1995年3月に自由民主連合を設立し、同党の党首に成るまでは、金鍾泌は党首ではなかった。しかし、その間の期間に属していた、民主自由党では金鍾泌は党ナンバー1の党首ではなかったものの、ナンバー2やナンバー3の役職を務めていた。また、第一章第一節で説明したように同党は3党が合併した後も、元の所属党による派閥構造が残り続けており、「党内党」が存在した。金鍾泌は旧・新民主共和党系の議員を率いており、実質党首であり続けていたと言っても言い過ぎではない状況であった。

　また、1992年12月から1995年7月までは金大中が政界を引退していたし、1998年2月以降は金泳三が大統領を退任し政界を引退しているため、この時期は金鍾泌と、金泳三または金大中の二金のどちらかしか政界の表舞台にはおらず、厳密には「三金時代」とは呼べない。しかし、金大中および金泳三は正式には政界引退をしていても、その間も政界に少なくない影響力を保持していた。そして、なにより、本書は金鍾泌を中心として、同氏と他の主

要プレーヤーとの駆け引きについて論じるものである。1988年4月の第13代総選挙で当選してから2004年4月の第17代総選挙で落選するまでの16年間に亘って、金鍾泌は一貫して政界の表舞台に居続けていた。

このため、1988年4月の第13代総選挙で金鍾泌を含む三金全員が当選してから、2003年2月に金大中が大統領を退任し、金鍾泌が駆け引きをする相手がいなくなるまでの15年間を本書では「三金時代」と定義する。一方で、1980年の「ソウルの春」の期間は、前提条件が大きく異なるため、本書では「三金時代」とは扱わない。

第二節　血縁によるネットワークモデル

前節において、メインプレーヤーが金鍾泌、金泳三、金大中の三金であるということが確認された。そこで本節から、金鍾泌、金泳三、金大中の3人を軸に「人間関係ネットワーク」が分析対象の2つの連合形成に与えた影響を分析する。まず最初は「血縁」によるネットワークである。

朝鮮半島はその歴史の大半の時期において外国勢力の侵略を受けていた。このため、朝鮮人には強い対外不信症が植え付けられた。「外」が信用出来ないのであれば、「内」に頼るしかない。儒教は元々血縁を大切にする教えであったが、この身内意識によってそれが一層強化された〔池東旭（1997: 22）〕。ここで言う「身内」とは姓の発祥の地である「本貫（본관）」を同じくする氏族集団である。

第一節で述べたように、本書におけるメインプレーヤー、金鍾泌、金大中、金泳三は全員金姓である。これは日本の感覚では驚かされる点である。しかし、韓国（朝鮮）は、同じ漢字文化圏である、日本はもとより中国と比べても姓の数が少ない。韓丘庸（2002:255）によると、18世紀末には500を越える種類があったが、現在では275姓しかない。さらに主要な姓への集中度も高く、金（김）、李（이）、朴（박）の3つの姓だけで全人口の半数近くを占め

てしまう。特に金姓は最も多く、前節でも述べたように単独で全人口の２割を占めてしまっている。したがって、メインプレーヤー全員の姓が「金」であってもそれほど驚くべきことではない。

　しかし、それはこの３人、そして全人口の２割の人がすべて同じ氏族集団に属していることを意味しない。それは同じ金姓であってもそれぞれ本貫が異なるからである。もっとも人口の多い金姓には本貫の数も多く、285もの数が存在する。逆に人口の少ない姓の場合は単一の本貫で構成されている場合もある。全体では約4,000の本貫が存在し、本貫と姓を同じくすることを「同姓同本」と言う。近年まで「同姓同本」の男女は結婚が出来なかったことからも分かるように[51]、韓国では「本貫」を同じくする氏族集団の繋がりは非常に大切にされてきたのである〔石坂浩一（2002:194）〕。

　この「姓」と「本貫」の概念は日本にも存在する。例えば武田信玄で有名な「武田氏」は甲斐国巨摩郡武田郷を本貫地としたため「武田氏」を名乗っているだけで本来の姓は源氏である。同様に筆者も大和国平群郡生駒が本貫地であるが、本来の姓は藤原氏である。日本における代表的な姓は「源平藤橘」と呼ばれる、源氏、平氏、藤原氏、橘氏の４つである。韓国では上で挙げた金、李、朴の３つで三大姓、またはそれに崔（최）、鄭（정）の２つを加えて五大姓と呼ぶため、代表的な姓の数では日本と韓国（朝鮮）の間では差はない。

　血縁による信頼度は当然その血の濃さによって信頼度は高まる。もっとも信頼度が高いのは家族である。北朝鮮が金日成－金正日－金正恩と世襲を行っているのは有名なところであろう。ただし、ここで言う「家族」とはまさに「同じ血」が流れている人間に限定される。そして、その血の連続性は父親からのみ受け継がれ、それによって「父系血縁集団」は構成される〔服部民夫（1992:8-9）〕。

　朴正煕と金鍾泌は親族である。朴正煕の姪が金鍾泌の妻だからである。しかし、妻方の親族というのは、それはつまり「同じ血」が流れていないということでもある。金鍾泌は朴正煕と共に5・16軍事クーデターを主導し、ま

た朴正煕が政権を取った後も傍で彼を支え続けていた。しかし、朴正煕は金鍾泌への警戒心を解くことは無かった。金鍾泌は朴正煕政権下で何度も迫害を受け、ついにその後継者と成ることは出来なかったのである。

　　　朴正煕大統領は独自の権力基盤を構築している時から、私を誤解し、疑い始めた。その時からすべての言葉と行動に一層気をつけなければならなかった。〔金鍾泌（2017:532）〕

　　　朴大統領が、生前私を後継者として考えていたという話を私にしたことは一度もない。〔金鍾泌（2017:430-431）〕

　また、金鍾泌は朴正煕を支え続けてきた理由を

　　　「朴大統領は姻戚関係の人であるだけでなく、私が尊敬する方であり、命を懸けて革命を共にした方である（中略）」
　　　朴大統領は運命を共にすると決心した同志である〔小谷豪治郎、金石野（1997:346）〕

として姻戚関係だけでは無いことを強調した。

　本節の冒頭でも述べたように、「外」に対する強い猜疑心の裏返しとしての「内」があったはずである。このようにその初期の段階から猜疑心を持っていたということは、朴正煕にとって金鍾泌は「内」の人ではなかったということである。それにはこの「父系血縁集団」が関係したのである。

　韓国の初代大統領である李承晩（이승만）は、自身の養子の父親である李起鵬（이기붕）を重用し、最後には副大統領にまで抜擢した。これは政権の世襲的な継承を狙ったものであった〔服部民夫（1992:117-118）〕。金鍾泌と李起鵬との違いはどこにあったのであろうか。李起鵬の本貫は全州李氏であったが、これは李承晩と同じであった。つまり同じ氏族集団に属していたのであ

る。その中でも彼ら2人は譲寧大君（양녕대군）派の18代孫と17代孫という非常に近い関係にあった〔池東旭（1997:85）〕。これが金鍾泌と李起鵬との違いである。

　それでは、この血縁による人間関係ネットワークは、分析対象期間における2つの連合の形成に影響を与えたのであろうか。金姓の本貫が285あることは既に述べたが、三金のうち金鍾泌と金大中は、ともに金官加羅国の金首露（김수로）王を始祖とする金海金氏（김해 김씨）である。すなわち、この2人は「同姓同本」であり、同じ氏族集団に属するということである。池東旭（2004:32）によれば、金鍾泌と金大中の連合にはこの「同姓同本」が影響したとされる。

　一方、金泳三は、新羅王族の末裔である金時興（김시흥）を始祖とする金寧金氏（김녕 김씨）であり、金鍾泌、金大中とは「同姓同本」ではなく、異なる氏族集団に属していた。確かに、金鍾泌と金大中は連合を構築している。しかし、「同姓同本」ではない金鍾泌と金泳三との間でも連合は構築されている上に、その時期はこちらの方が先なのである。またそれぞれの連合には金姓ですらない、盧泰愚や朴泰俊も加わっている。

　それらを合わせて考察すると、血縁による人間関係ネットワークは、分析対象の2つの連合の形成に影響を及ぼさなかったとは言えないが、少なくとも絶対的な影響力は無かったということが言える。

第三節　地縁によるネットワークモデル

　前節に続いて本節では、「地縁」による人間関係ネットワークが分析対象の2つの連合形成に与えた影響を分析する。

　本章の第一節でも出てきたように、この時代の韓国政治の文脈の中でよく登場する言葉に「TK」というものがある。詳しくは第三章第二節で説明する

が、「TK」というのは本来は韓国の一地域を示す名称に過ぎない。しかし、韓国政治の文脈では「TK」と言えば、それは地域名ではなく、その地域の地縁によるネットワークを活用した勢力のことを指し示すのが一般的である。

　本書ではこの「TK勢力」のことを「盧泰愚派」と呼んでいるが、「TK勢力」と呼ぶ方が一般的である[52]。金鍾泌、金大中、金泳三の三金各氏に率いられた勢力もそれぞれの地域による勢力名を用いることもあるが、領袖名で呼ぶことの方が多い。しかし、これは三金が盧泰愚に比べ地縁によるネットワークの活用度が低いということを意味しない。

表9　各勢力における領袖と同一地域出身者の比率[53]

	盧泰愚派		金大中派		金泳三派		金鍾泌派	
	地域区	全体	地域区	全体	地域区	全体	地域区	全体
同一地域出身者(人)	41	59	45	54	29	35	15	15
全体（人）	88	129	55	71	47	57	27	34
比率（％）	46.6	45.7	81.8	76.1	61.7	61.4	55.6	44.1

出所：服部民夫（1992:235）をもとに筆者作成。

　表9は1988年に行われた第13代総選挙において当選を果たした議員のうち、各自が属する勢力の領袖と同じ地域を出身地とする議員の比率を表したものである。これを見れば分かるように、地縁によるネットワークの活用度ではむしろ盧泰愚派よりも三金各氏による勢力の方が高い。

　盧泰愚派よりも三金各派の方が地縁によるネットワークの活用度合いが高いにもかかわらず、三金による勢力を領袖名で呼び盧泰愚派をTK勢力と呼ぶのは、第一節でも説明したように、盧泰愚派がボス政党では無かったからである。盧泰愚派は盧泰愚をボスとする勢力というよりも「TK」という地縁によるネットワークに基づいて結びついた勢力という色彩の方が強かったのである。やはり第一節で述べたように、DJT連合の一角を占めた反金泳三系盧泰愚派が「朴泰俊派」ではなく「TK勢力」と呼ばれたり、主要人物が「TK勢力の三朴」と呼ばれたのも同じ理由からである。

　しかし、だからこそ全斗煥、盧泰愚は「TK」という地縁繋がりで朴正熙の後釜と成りえた一方、その地縁に連なっていなかった金鍾泌が成りえなかった要因でもあった。

　そして、盧泰愚が全斗煥からバトンを渡されたとき、勢力内には全斗煥派が多数存在した。60ページで触れたように、金大中は李基澤派と混在していた旧党から自派だけを引き抜いて新党を結党したが、盧泰愚はそのようなことをせず、そのまま民主正義党を引き継いだ。註3や註48でも註解したように、頻繁に政党が更新される韓国政界にあって、これは希有な出来事であった。

　ところで、「地縁」によるネットワークは「血縁」によるネットワークとも無関係ではない。前節で「血縁」とは「本貫」を同じくする氏族集団によって作り上げられていることを説明した。そしてその「本貫」とは、その発祥の「地」のことであるからである。

　金鍾泌の出身地は忠清南道の扶餘 (부여) 郡であり、金大中は忠清南道新安 (신안) 郡、金泳三は慶尚南道の巨済 (거제) 市である。しかし、金鍾泌と金大中が本貫とする金海金氏も、金泳三が本貫とする金寧金氏も、本貫地は共に慶尚南道の金海 (김해) 市である。したがって、3人の出身地は遠く離れているが、元々は近傍に住んでいたことが分かる[54]。

　この「血縁」と「地縁」の交錯について、韓国の金大中大統領と北朝鮮の金正日国防委員長が2000年6月に史上初の南北首脳会談を行った際に、次のようなエピソードがある。

　「大統領と私は本貫は異なりますが、同じ金氏だからでしょうか、どういうわけか心が通じそうな気がして話したのです」
　金委員長のジョークに、みな、大いに笑った。
　「金委員長の本貫はどこですか」

> 「全州金氏です」
>
> 「全州ですって。それでは、金委員長こそ正真正銘の全羅道の人間で
> はないですか。私は金海金氏ですよ。元は慶尚道の人間だというわけ
> です」
>
> 　今度は私がジョークを投げかけた。ムードがだんだんと良くなっ
> た。和気藹々としてきた。〔金大中 (2011b:240-241)〕

　このように、金大中と金正日は同じ金姓ではあるものの、本貫は異なって
いた。前節でも説明したように、同姓であっても本貫が異なれば氏族集団も
異なってしまう。しかし、そこに「地縁」を絡めることで、このように共通
点と見なすことが可能となったのである。

　それでは、この地縁による人間関係ネットワークは、分析対象期間におけ
る2つの連合の形成に影響を与えたのであろうか。上述のように、三金の出
身地はバラバラであった。そして、表9で見たように各勢力は勢力内の人材
のリクルート源として地縁によるネットワークを活用していた。「外」が存
在するからこそ「内」も存在する。各勢力内が地縁で堅く結びついていた分、
他勢力は完全なる「外」となってしまっており、勢力間の連合において地縁
を生かせる素地は存在しなかった。

　唯一の例外は、盧泰愚派と金泳三派である。金泳三派は狭い領域では盧泰
愚派の「TK地域」とは異なる「PK地域」[55]を中心とした地縁によるネット
ワークで結びついた勢力であった。しかし、「TK地域」と「PK地域」は、
両方を合わせて「嶺南」という地域を形成しており、盧泰愚派と金泳三派は
それぞれ相手方の地域の地縁も使っていた。実際、註53でも註解したよう
に、表9自体、盧泰愚派と金泳三派は「嶺南地域」として算出したものである。

　盧泰愚派の人士は、三党合同連合結成を経たのち金泳三が盧泰愚の後任大
統領と成ると、一部は反発して離脱したものの、大半は金泳三の元に留まり
続けた。その理由の中には、金泳三が盧泰愚派と同じ「嶺南地域」という同

じ地縁に連なっていたからということも大きかったと言える[56]。しかし、三党合同連合結成前に、盧泰愚は全く異なる地縁を持つ金大中派に連合を持ちかけている。そして、詳しくは第六章で述べるが、同じ地縁に連なる金泳三は盧泰愚からの2派連合の申し出に対し、わざわざ異なる地縁に連なる金鍾泌派を加えた3派連合を持ち出している。

　以上のことから、分析対象の2つの連合の形成を地縁によるネットワークで説明することは難しい。

第四節　学縁によるネットワークモデル

　「人間関係ネットワーク」の観点からは、「学縁」も「血縁」や「地縁」と並んで重要な要素である〔服部民夫（1992：158）〕。今でこそほぼ全員が大学に進学する韓国であるが、三金やその周りの人々が青年時代を過ごしていた時代には大学進学率は極めて低かった。例えば、服部民夫（1992：157）によると、1965年の時点でも高校在学生は50万人に過ぎず、大学生に至っては二年制大学に所属する者も含めても12万人に過ぎなかった。すなわち「大卒」というだけでエリートたりえ、それよりも上の世代[57]である三金の年代の人々にとってそれは一人である。

　大学生の数が少ないということは、当然大学への進学者を輩出する「進学校」と呼ばれる高校の数も少なく、郡内に1つあるかないでしかなかった〔服部民夫（1992：153）〕。例えば、全斗煥は慶尚南道陜川（합천）の出身であるが、地元には農業高校しかなく、大邱工業高校に通った後に陸軍士官学校に通った。同じく盧泰愚は慶尚北道達城（달성）の出身であるが、地元には私立の高校が2つあるだけだったため、全斗煥と同じく大邱工業高校に進学することになる〔服部民夫（1992：153）〕。高校の同期であった2人はその縁から陸軍士官学校で再会した際に結びつきを深めていくことになる。

　また、盧泰愚は大邱工業高校に進学したが、4年生の時に慶北高校に転校

している。後に盧泰愚政権を支えたのはこの慶北高校の出身者たちであった。例えば、盧泰愚政権において「プリンス」と呼ばれた朴哲彦は盧泰愚と夫人同志が親戚であり、また地域的にも同じTK地域である慶尚北道星州（성주）郡の出身であり、血縁、地縁を共に持っていた。しかし、それ以上に重要だったのは、盧泰愚と同じ慶北高校出身者であるという、学縁であった。このように、盧泰愚政権では朴哲彦をはじめとした慶北高校出身者を多数起用したため、五島隆夫は彼らのことを「慶北マフィア」と呼び、『盧泰愚政権を支配する慶北マフィア』（アイペックプレス、1990年）という文献も執筆している。

　このように同じ高校の同窓生によるネットワークが構築されたわけであるが、同じ高校に進学するということは出身地もある程度近傍ということになる。ここにおいて、「学縁」によるネットワークは「地縁」によるネットワークとも深く結びつくこととなる。実際、前節でも触れた「TK」は、一般的には第三章第二節で述べるように大邱（"T"aegu）と慶尚北道（"K"yongsang-puk-do）の頭文字を意味する。しかし、「人間関係ネットワーク」、特に「学縁」を重視する文脈においては大邱（"T"aegu）と慶北（"K"yunbuk）高校の頭文字を意味する〔〔五島隆夫（1990:20）〕服部民夫（1992:156）、池東旭（2004:174）〕。この場合、地名と学校名から採られているわけであるから、「地縁」と「学縁」という二重構造による「人間関係ネットワーク」であることが分かる[58]。

　このような二重構造による「人間関係ネットワーク」は盧泰愚政権に限ったことではなく、金泳三政権や金大中政権でも見られた〔Kim（2014:89）〕。各勢力には、それぞれ縁故地域に所在する名門大学出身者の姿が見受けられる。盧泰愚派には慶北大学校（大邱）出身者が3名おり、金泳三派には釜山大学校（釜山）出身者が6名、東亜大学校（釜山）出身者も6名おり、同じく金大中派には全南大学校（光州）出身者が7名いた。これらの地方大学校出身者は大半がその大学の所在地を縁故地域とする勢力に所属しており、異なる勢力への所属者はほとんどいなかった〔服部民夫（1992:237-238）〕。

　ところで、朝鮮における伝統的な支配階級に「両班（양반）」というものがある。「両班」は「東班（동반）」と「西班（서반）」から成っており、それぞれ文官と武官を指していた。これは日本における公家と武家との関係に似ているが、日本の場合、幕府が実権を握っていたため、武官の方が立場が上であったのに対し、朝鮮の場合、儒教文化のため武官の立場は低かった。

　長い歴史に支えられる政治文化が根底から変化するのは容易なことではない。今も広く尊敬を集めている李舜臣を生み出した豊臣秀吉の朝鮮出兵の時は勿論、大韓民国建国後に生起し国家存続の危機にも瀕した朝鮮戦争の後も武官（軍人）の地位は低いままであった〔服部民夫（1992:165-166）〕[59]。

　それに変化を及ぼしたのが朴正煕・金鍾泌による1960年の5・16クーデターであった[60]。5・16クーデターはごく少数の軍人によって行われたが、それは彼らの持つ高い結束力と実行力に支えられていた。そしてその源泉には彼らを輩出した陸軍士官学校という存在があった〔服部民夫（1992:165-166）〕。すなわち学縁である。

　それまでの政権では学縁は活用されてこなかった。しかし、朴正煕政権では「陸軍士官学校」という学縁によって結束を固める軍人たちを前に、一般の学校を卒業した文官たちも対抗せざるを得なくなった。服部民夫（1992:165-166）は、このようにして朴正煕政権以降、それまで活かされてこなかった学縁によるネットワークが活用されるようになったとした。

　朴正煕政権以降、軍人が要職を占めるようになると、「『博士』よりも『陸士』」と言われるようになったが、これは学閥が軽視されるようになったということを意味しない。陸軍士官学校（陸士）という学閥が重視されるようになったということに過ぎず、さらには今述べたように、むしろここから学縁が重視されるようになったということが言えるのである。

　具体的に見ていくことにする。服部民夫（1992:238）によると、盧泰愚派と金鍾泌派には陸軍士官学校をはじめとする軍学校出身者がそれぞれ17名、4名いるが、それはやはり軍事勢力ならではであろう（軍学校出身者は金泳三

派には皆無であり、金大中派にも1名いるだけである)。

　後述するように、金鍾泌と金泳三はソウル大学に学縁を持っている。同大学出身者は金鍾泌派に9名、金泳三派に12名いるが、盧泰愚派には40名、金大中派にも14名おり、ソウル大学に学縁を持たない領袖による勢力の方が人数が多い。それを考えると、単に「名門校出身者」としてリクルートされたに過ぎないといえる。ただし、「名門校出身者優遇」という点では傾向が見られ、軍学校出身者にソウル大、延世大、高麗大を加えた人数では盧泰愚派が63.6%、金鍾泌派が44.1%なのに対し、金大中派は36.6%、金泳三派は31.6%に過ぎなかった。これは、前者には後者にほとんどいない軍学校出身者が多数いることや、後者には後述する地方大学校出身者が多数含まれていることも関係しているが、それよりも各勢力がどこから人材をリクルートしているのかが影響していた。

　盧泰愚派と金鍾泌派は共に政権を獲得した経験を持つ勢力である。このため、軍人だけでなく官僚や経済人、マスコミをリクルート源にしていた。これに対し、金大中派や金泳三派は独裁政権に対し、民主化運動を繰り広げてきた勢力である。このため、社会運動出身者やそれを経験した政党人をリクルート源としていた〔服部民夫 (1992:244)〕。こうした人材のリクルート源の違いが出身大学の違いにも現れていた。

　それでは、この学縁による人的ネットワークは、分析対象の2つの連合の形成に影響を与えたのであろうか。第二節で触れたように金鍾泌と金大中には「本貫」という共通点があったが、金鍾泌と金泳三には上述のように「ソウル大学」という共通点があった。

　金泳三がソウル大学に通っていたのは1947年9月から1951年9月までである〔金泳三 (2000c:355-356)〕。一方、金鍾泌は1946年3月に入学したが、一年後の1947年5月に父親が他界し学費が工面出来なくなったため、1948年6月に退学してしまっている〔金鍾泌 (2017:787)〕。したがって、2人がともにソウル大学に通っていたのは一年にも満たない。それどころか、金泳三が入

学したのは金鍾泌の父親が他界した後である。また、2人はお互い相手に初めて会ったのは、既に朴正煕政権が成立し金鍾泌が中央情報部長と成っていた1962年のこととしている〔金鍾泌（2017：603）、金泳三（2000a：160-161）〕[61]ことからも大学時代に交流するようなことは無かったと思われる。そして、金鍾泌は中退してしまっているため「同窓生」とも言い難い。また、ソウル大学を中退した後に陸軍士官学校に入学・卒業し、軍人の道に進んでいるため、金鍾泌の出身校としては陸軍士官学校ということになってしまう。

　1962年に2人が会ったのは、金鍾泌が自身が作った民主共和党に金泳三を勧誘するためであった。盧泰愚の「慶北マフィア」のように、学縁をつてにして、同窓生をリクルートするというのはよく見られる光景である。しかし、この時金鍾泌が金泳三をリクルートしようとしたのは、同じ大学に縁故がある人間だからではなく、単に金泳三が優秀な若手政治家であったからに過ぎない〔金鍾泌（2017：603）〕。

　前節で紹介した、金大中と金正日の南北首脳会談の例を見るように、リクルートするのではなく、相手と親睦を深めようとするときに、共通点を見つけ出して自分に関心を持たせようとするのもよくある光景である。金鍾泌と金泳三の2人がお互いにもっとも親睦を深めようとしたのがまさに三党合同連合の形成過程である。しかし、この際2人が親睦を深めるために利用したキーワードは「ソウル大学」ではなく「ゴルフ」であった。詳しくは第六章第四節で述べるが、金泳三が好きなスポーツは登山であり、ゴルフには関心が薄かった。それがゴルフ好きな金鍾泌と親睦を深めるために、10年来してこなかったゴルフを再開させたのである。それほどまでになりふり構わなかったのであれば、「ソウル大学」というキーワードも持ち出してもよさそうであるが、そのような形跡は見受けられない。それは2人の間ではそれほどまでに「ソウル大学」というキーワードは有効性を持っていなかったということである。

　ところで、5・16クーデターにおいて陸軍士官学校という学縁を活用した

金鍾泌であったが、盧泰愚も同じく陸軍士官学校を卒業している。本書での接着剤モデルでは、盧泰愚派と連合を組みたい金泳三、金大中が金鍾泌に接着剤役となってもらったということになっている。この場合において、金泳三や金大中になくて金鍾泌が盧泰愚と持っていた共通点として、陸軍士官学校卒というものがある。したがって、金泳三や金大中は金鍾泌と盧泰愚の間の学縁による人間関係ネットワークを期待した可能性がある。

　金鍾泌ら陸士8期生というのは、"8"期ではあったが、韓国建国後初めて陸軍士官学校に入学した期であったため、自分たちこそが真の1期生であるというエリート意識が強かった〔木村幹（2008b:94）〕。しかし、当時の韓国軍は朝鮮戦争によって若くして昇進した者たちによって要職は占められており、昇進の見込みは薄かった。こういった不満から金鍾泌ら8期生はクーデターを起こしたのである〔池東旭（2002:99-100）〕。

　それと同じように、全斗煥、盧泰愚ら11期生は朝鮮戦争終了後に陸軍士官学校が再開された最初の期であり、それまでの速成教育とは違い、4年に亘る米軍式の軍事教育を受けていた。このため、8期生ではなく、11期生である自分たちこそが真の陸士1期生だとし、韓国軍のエリートを自負していた〔池東旭（2002:149）〕。しかしながら、朴正煕政権では金鍾泌らが幅をきかせていたため、自分たちには昇進の見込みが薄く、そういう不満も全斗煥、盧泰愚らのクーデターへと繋がっていったのである。したがって、盧泰愚派の人士にとっては金鍾泌というのはもっとも憎むべき相手であり、同じ陸軍士官学校卒というのはこの場合むしろ悪い方に作用してしまっていた。

　このような金鍾泌派と盧泰愚派の違いについて、インタビュアーに質問された金鍾泌は、

　　―新民主共和党は与党として分類されており、五・一六[62]と五・一七[63]は兄と弟に譬えられているが…。
　　「五・一六が兄で五・一七が弟ならば、偏屈な弟を持ったものだ（笑

い）。実際に弟にはなれない。血が同じであるべきなのに、血統が違う」〔小谷豪治郎、金石野（1997:317）〕

と答えている。これは同じ民主化勢力でありながら、金大中派と金泳三派が分断してしまった構図とよく似ている。

　今検証を行った「金鍾泌－金泳三」と「金鍾泌－盧泰愚」の人間関係ネットワークは、それぞれ「ソウル大学」「陸軍士官学校」という「共通点」からであった。しかし、連合形成の契機はかならずしも「共通点」から来るものではない。73ページで述べたように、金鍾泌派と盧泰愚派、金大中派と金泳三派には、政権を獲得したことがあるかないかという点から、人材のリクルート源が異なっていた。これに地縁によるネットワークを交錯させると、前節で述べたように、盧泰愚派と金泳三派は同じ「嶺南地域」を人材のリクルート源としていた。したがって、人材のリクルート源という観点からすると、盧泰愚派と金大中派は最も異なっているということが分かる。

　第六章で詳しく述べるように、三党合同連合成立前に盧泰愚は先に金大中に対し連合の申し出を行っていた。これを服部民夫（1992:245-246）は人間関係ネットワークの観点から盧泰愚派と金大中派とが連合することによって、特定のリクルート源に頼ることの無い、新時代のための普遍的な勢力の構築が目的であったとした。長い間迫害を受け続けてきた金大中にとって、そのような「普遍的な勢力の構築」は望ましい展開であったはずである。しかし、盧泰愚によるその申し出を金大中は拒否してしまい、代わりに成立したのは「三党合同連合」だったのである。「三党合同連合」には、盧泰愚派とは地縁の点で異なる金鍾泌派と、学縁の異なる金泳三派が参画しており、ある程度は「普遍的な勢力の構築」が出来たようにも見えた。しかし、金大中派が持つ「地縁によるネットワーク」は連合から完全に除外されてしまっていたため、地域的な対立はむしろ深まってしまい、「普遍的な勢力の構築」とは真逆の結果となってしまった。

　以上のように、共通点に基づく学縁によるネットワークは勿論、学縁によるネットワークに地縁によるネットワークの視点も加え、そして「共通点」ではなく「相違点」から連合形成への影響力の分析を試みたが、いずれもうまく説明出来ないばかりか、むしろマイナス要素とさえなってしまっていたことが明らかとなってしまったのであった。

小括

　以上、本章では金鍾泌が連合に参画し、要職を歴任した要因を分析するに当たって、人間関係ネットワークによる連合モデルをもって説明を試みた。
　前章では政治学における一般的なモデルでの説明を試みたが、根本的に多くの前提条件が異なっていたこともあって、そのまま韓国に適用させることは困難であった。「修正版」を用いることによって改善を期待したが、韓国とは大きく異なる状況を前提としたモデルをベースとしている限り、限界があった。民主主義国家であれば、基本的な国家体制は共通であるため、多くの議論を他国でも同一に適用させることが出来るはずである。しかしながら各国の独特の「政治文化」によってそれは困難なものとなってしまっている。
　そしてそれは韓国でも同一であり、一般的な政治学によるモデルでの適用を困難にした要因の大きな一つとなっていた。そこで、本章では最初からその「韓国の政治文化」を前提としたモデルを構築し、それによる適用を試みたものである。
　第一章第一節で述べたように、連合の形成に当たっては勢力間に相互作用が働いている。そして、韓国の政治文化では私的な人間関係が重視されていた。この「私的な人間関係」が「勢力間の相互作用」となって連合を形成した可能性を検証したのである。

　この「私的な人間関係」の分析のために、第一節において、その「プレーヤー」となる人物が三金であることを確認した。

　次に、韓国における「私的な人間関係」には「血縁」「地縁」「学縁」ま３つの要素が存在することが分かったため、それぞれの一節ずつを設けて分析を行った。

　第二節では、３つのうちの１つ目「血縁によるネットワークモデル」を検証した。三金のうち金鍾泌と金大中には血縁関係が存在し、それが両者の連合形成に当たって影響を与えたことが分かった。しかし、連合形成に当たって「血縁によるネットワーク」が決定的な影響を与えたのだとすれば、血縁関係にあるものだけで連合は形成され、且つそれは真っ先に行われたはずである。しかし、実際には金鍾泌と金大中の連合には「血縁によるネットワーク」には無関係な朴泰俊も加わっており、またそれによって形成されたDJT連合よりも、それが生かされていない三党合同連合が先に成立しているため、決定的な要因とまでは言えなかった。

　第三節では、３つのうちの２つ目「地縁によるネットワークモデル」を検証した。しかし、本節で明らかとなったことは、各勢力は勢力"内"において「地縁によるネットワークモデル」をフル活用したため、勢力"外"のネットワークとなる、連合形成に当たっては地縁は全く機能しなかったということであった。

　第四節では、「人間関係ネットワーク」の最後となる、「学縁によるネットワークモデル」を検証した。しかし、「金鍾泌－金泳三」の「ソウル大学」という学縁は全く連合形成に寄与せず、「金鍾泌－盧泰愚」の「陸軍士官学校」という学縁に至ってはむしろ連合形成にマイナスの影響さえ与えていたのであった。

　各節での分析により、「血縁」「地縁」「学縁」によるネットワークはそれぞれ完全に独立したものではなく、密接な関係があることが分かった。そこで、第四節の最後において、複合的なネットワークによる分析を試みた。また、「共通点」から探るのではなく、「相違点」という逆の視点からの分析を試み

た。この結果、異なるネットワークを持つ者同士が連合を行うことで「普遍的な勢力の構築」が出来ることが分かった。そして、それに最も合致する連合は「盧泰愚－金大中」であった。盧泰愚はこの観点から金大中に連合を申し込んでいた。そして、それは金大中にとっても好ましいことであったはずである。にもかかわらず、金大中はそれを拒否してしまったのであった。本章の分析からはむしろその謎を生んでしまった。

　結論として、「人間関係ネットワーク」は勢力内のネットワーク構築に専ら用いられ、「勢力間の相互作用」となって、連合形成の要因としては働かなかったのである。第二章では、第一章からかなり大胆に変えた手法によって分析を試みた。にもかかわらず、第一章に引き続いてその試みは失敗に終わった。しかしながら、本章の分析から、「視点を変える」ことの大切さを得た。

　そして、本章の分析によって大きな「謎」を生み出してしまった。これは本章の中だけでは解明が出来なかった。しかし、それだけ大きな謎であるが故にそれを解明することが出来れば、本書の目的である金鍾泌が連合に参画し、要職を歴任した要因の追求にも繋がることが期待出来る。

註

36）この「政治文化」という概念について、孔義植、鄭俊坤、李鎔哲（2020:201）は「ある国の人々の多くが共有している信念および価値観に基づいて、政治に向けられた個人的態度や志向性のパターン」と定義づけしている。

37）出版年からも分かるように、同書は 1997 年の DJT 連合成立以前に書かれた本である。

38）最新の総選挙は 2020 年 4 月 15 日に行われた第 21 代総選挙であり、次の第 22 代総選挙は 2024 年を予定されている。なお、初代総選挙は、註 27 で述べたように 1948 年 5 月 10 日に行われている。

39）選挙の間隔、すなわち在任期間は時期によって異なるため、通算在任期間は厳密には単純な回数で比較することは出来ない。平均的な在任期間は 3.4 年であり、現在の制度では国会議員の任期は 4 年である。
　【大韓民国憲法　第四十二条】（『現行韓国六法』訳）
　　国会議員の任期は、4 年とする。

40) 後述するように、この2氏以外には朴浚圭が当選回数9回を果たしている。

41) 政治活動が禁止されていたため、選挙に出馬出来なかったのは金鍾泌と金泳三は全斗煥政権期に行われた第11代（1981年）と第12代（1985年）の2回だけである。一方、金大中はそれに加えて朴正熙政権期に行われた第9代（1973年）と第10代（1978年）総選挙にも出馬出来ていないのは事実である。しかし金鍾泌、金泳三が国会議員選挙で落選したのは1回ずつであるのに対し、金大中は4回も落選しているのもまた事実である。特に金大中が最後に出馬した国会議員選挙である第15代総選挙（1996年）では、党首であり全国区での出馬であったにもかかわらず、所属党の大敗北によって落選している。これらの選挙で勝利していれば、政治活動が禁止されていた期間に関係なく金鍾泌と金泳三に並ぶ当選回数となっていたはずである。

42) 現行法において、国会議長は韓国の立法府の長の役職名であり、副議長はそれに次ぐ役職名である。

【国会法】（『現行韓国六法』訳）

第九条　第一項　議長及び副議長の任期は、2年とする。ただし、国会議員総選挙後初めて選出された議長及び副議長の任期は、その選出された日から開始して議員の任期開始後2年になる日までとする。

第十条　議長は、国会を代表し、議事を整理し、秩序を維持し、事務を監督する。

第十一条　議長は、委員会に出席して発言することができる。ただし、表決には、参加することができない。

第十八条　議長等選挙において次の各号のいずれかに該当するときは、出席議員中最多選議員が、最多選議員が2人以上である場合には、そのうち年長者が議長の職務を代行する。

第二十条　第一項　議長及び副議長は、特に法律に定めた場合を除いて、議員以外の職を兼ねることができない。

第二項　他の職を兼ねた議員が議長又は副議長に当選したときは、当選した日にその職から解職されたものとみなす。

第二十条の2　第一項　議員が議長に当選したときは、当選した翌日からその職にある間は党籍を持つことができない。

第二項　前項本文の規定により、党籍を離脱した議長がその任期を満了したときは、党籍を離脱した当時の所属政党に復帰する。

43) 雲庭金鍾泌記念事業会（2015:255）や小谷豪治郎、金石野（1997:5）のように、三金のうちの2人という意味で、金鍾泌を含んで「二金」とする場合もあるが、通常単に「二金」と言った場合は金大中と金泳三の2人のことを指す。

44) 詳しくは後述するが、三党合同連合で金鍾泌と金泳三を党内に迎え入れたのも、単に議席の問題だけではなかった。党内に有力な後継者が存在しなかったため、外部からそれを迎え入れるためでもあった。

45) 山崎拓（2016）によると、YKKが結成されたのは1991年1月であり、その終焉は

2003 年 11 月である。後述するように、本書の分析対象期間でもある三金時代は 1988 年 2 月から 2003 年 2 月までであり、まさに同時代と言える。しかし、YKK で唯一内閣総理大臣となった小泉純一郎がその座に就いたのは 2001 年のことである。一方、先に挙げた三角大福の面々が内閣総理大臣であったのは 1970 年代のことであり、その一角に加えられることもある中曽根康弘を入れても 1987 年までである。

　三金との同時代性ということで言えば、日本政治において接着剤役の当事者となった小沢一郎やその連合政権で内閣総理大臣となった小渕恵三を含んでいる「竹下派七奉行」がそれに当たると言えるであろう。

46)　"TK" とは大邱 ("T"aegu) と慶尚北道 ("K"yongsangpuk-do) を合わせた地域名称のことである。そして、「TK 勢力」とは同地域を縁故地とする勢力のことであり、本書で言う「盧泰愚派」がこれに当たる。朴哲彦や朴泰俊は同勢力の有力な人士であった。詳しくは本章第三節や第三章第二節を参照。

47)　この「二金」は金泳三と金大中である。この時金鍾泌は独立した政党を構えておらず、大統領選挙にも出馬していなかったため、数に入れられていない。

48)　『共に民主党 60 年史』(共に民主党創党 60 年記念事業推進委員会、青い庭園、2016 年) という文献があるが、「共に民主党」という名前の政党が 60 年間存在し続けていたわけではない。「共に民主党」は金大中派の流れを汲む政党であるが、ここで言う 5 つをはじめとし、全体では 20 を超える政党（党名変更を含む）を統括しての文献となっている。

　そのようにして、韓国では同一名称の政党が長期間に亘って存続することはまれであった。しかし、その一方で、今採り上げた文献名の「共に民主党」や本文で登場した「民主党」のように、金大中派の流れを汲む政党はその多くが「○○民主党」ないし単に「民主党」という名称となっている。そして、後者は勿論前者のことも略称として「民主党」と呼ぶことが多い。このため、単に「民主党」と言ってもどの政党のことを指しているのか分からず、無用の混乱を招く可能性がある。これも本書が勢力名を政党名ではなく、領袖名で呼ぶ理由の一つである。

　例えば日本において「自由民主党」を「自民党」と呼ぶことが多いように、韓国でも政党名は略称で呼ぶことが多いが、本書では正式名称を用いている。これも同じ理由からである。

49)　2018 年 6 月 23 日に金鍾泌の死去を伝える報道で、その死去日を指して「この日 "3 金時代" が終焉を告げた」〔中央日報 (2018.06.23)〕という表現も多々見られた。しかし、いくらなんでも 2018 年までを三金時代とするのは長すぎるであろう。

50)　孫浩哲 (1997) では、「三金時代」の到来の理由として、金大中の政界復帰と並んで、金鍾泌の民主自由党からの離党が挙げられている。

51)　【民法　第八百九条　第一項】(2005 年 3 月廃止) (韓国 Web 六法訳)
　　同姓同本者である血族の間では、婚姻することができない。

52)　本書において、「TK 勢力」のことを「盧泰愚派」と呼称するのは、本章の第一節で述

べたように他の勢力に合わせたためである。

53） 盧泰愚派と金泳三派は嶺南地域で算出している。

54） 実際、金鍾泌の一族が扶餘に住みだしたのは祖父の代からである〔金鍾泌（2017:673）〕。

55） 釜山（"P"usan）と慶尚南道（"K"yongsangnam-do）を合わせた地域名称。「TK 地域」と対になる地名名称である。詳しくは第三章第二節を参照。

56） 詳しくは第七章で説明するように、金泳三に反発して離脱した「反金泳三系盧泰愚派」は金鍾泌の政党に加わった。しかし、大きな影響力を及ぼすことが出来ないまま、消滅してしまった。これは、「反金泳三系盧泰愚派」のリーダーであった朴泰俊が、金泳三を押しのけて TK 地域の「ボス」と成れなかったからである。

57） 詳しくは第五章第一節で述べるが、1920 年代生まれである三金にとって学生時代とは、1940 年代の日本の植民地時代末期から解放直後にかけての時期である。

58） 「TK」という言葉には、このように「地域」の名称を意味する場合と「勢力」の名称を意味する場合、そして「地縁」と「学縁」の二重構造による「人間関係ネットワーク」の名称を意味している場合とがある。このため、一般的には単に「TK」と呼ばれるような場面であっても、無用の混乱を避けるために本書では各々「TK 地域」「TK 勢力」「TK ネットワーク」と使い分けを行っている。

59） 軍人の地位が低いのは、朴正熙政権後も同じであった。朴正熙・金鍾泌による軍事クーデターとその後の 20 年近い軍事政権を経験しながらも、全斗煥・盧泰愚による再度の軍事クーデターを易々と許してしまったのは、軍の脅威を軽んじる国民意識によるものであると服部民夫は指摘する〔服部民夫（1992:165-166）〕。

60） ユン・ジョンソク（2015:122）によると、朝鮮戦争勃発によって、大学生や高校生は教育訓練を受け、将校に任官していた。これにより、5・16 クーデターを支えた軍人たちの教育水準は他のエリート集団よりも高かった。その彼らが政治の中枢を担うことによって、むしろ韓国政治は大きく発展したという。

61） 詳しくは第五章第四節を参照。

62） 1961 年 5 月 16 日に、金鍾泌、朴正熙らによって引き起こされた軍事クーデターのことであるが、ここの文脈上ではその軍事クーデターを基に成立した朴正熙政権を支えていた勢力、すなわち旧軍部勢力であり、本書で言うところの金鍾泌派のことを指している。

63） 1980 年 5 月 17 日に、全斗煥、盧泰愚らによって引き起こされた軍事クーデターのことであるが、註 62 と同様ここの文脈上ではその軍事クーデターを基に成立した全斗煥政権を支えていた勢力、すなわち新軍部勢力であり、本書で言うところの盧泰愚派のことを指している。

なお、"5・16" と "5・17" は日付は 1 日違いであるが、発生（誕生）年が異なるため、1 日違いの兄弟ということではない。

第三章

分析モデルの検討. 3

地域連合モデル

　前章では、「人間関係ネットワーク」を各勢力間に働く「相互作用」と捉えて分析を行った。しかし、前章の小括でも述べたように、「人間関係ネットワーク」は各勢力"間"の連合にはほとんど寄与せず、各勢力"内"のネットワーク構築に専ら用いられた。

　それではその「人間関係ネットワークに基づいて構築された各勢力の連合」という視点に立てば、どのような連合モデルが想定されるであろうか。

　孔義植、鄭俊坤、李鎔哲（2020:212）は、「地域主義」を韓国の政治体制と支配構造を形成する最も強力な要因であるとしている。「地域主義」とは第二章第三節で述べた「地縁によるネットワーク」の上に形成された概念である。

　盧泰愚派と金泳三派が大きな領域としては「嶺南」という共通点を持っているというところを除けば、分析対象期間に存在した4つの勢力は、いずれも異なった「地縁によるネットワーク」の基に構築されていた。そして、各勢力は勢力内のネットワーク構築において、「地縁によるネットワーク」をフル活用していた。したがって、「人間関係ネットワークに基づいて構築された各勢力の連合」という視点からは、この「地縁によるネットワーク」を基に形成された各勢力の連合、すなわち「地域主義」概念に基づいた「地域連合モデル」による分析が最適であるということが分かる。

　実際、姜熙涇（2014:123, 281）は分析対象期間中に成立した2つの連合である三党合同連合とDJT連合は共に「地域主義」概念に基づいて成立した連

合であるとしている。したがって、この「地域主義」の観点から分析を行えば、弱小勢力に過ぎなかった金鍾泌派が政権入りし続けていた要因を解き明かせる可能性がある。

　「地域主義」はその名の通り、韓国の地域制度と密接な関係がある概念であり、その理解なしには話を進めることが出来ない。そのためにまず最初に韓国の地域制度に関する解説を行い、次いで「地域主義」について説明した上で連合モデルを構築し、分析対象の2つの連合への適用を試みる。

第一節　朝鮮八道

　朝鮮[64]においては、日本の植民地と成る前に存在していた国家、朝鮮王朝 (조선 왕조) によって、「朝鮮八道 (팔도)」という行政区画制度が設けられていた。「朝鮮八道」とはその名の通り、国内に8つの「道 (도)」を置くというもので、「京畿道 (경기도)」「忠清道 (충청도)」「慶尚道 (경상도)」「全羅道 (전라도)」「江原道 (강원도)」「黄海道 (황해도)」「平安道 (평안도)」「咸鏡道 (함경도)」の8つがそれに該当する。このうち、「京畿道」とは日本の「近畿地方」と同様、「畿」の文字を用いていることから分かるように「首都圏」を意味する。それ以外の7道は各道内にある、制定当時の主要な都市名2つから採られたものである (例えば、「忠清道」であれば「"忠"州 ("충"주)」と「"清"州 ("청"주)」、「慶尚道」であれば「"慶"州 ("경"주)」と「"尚"州 ("상"주)」という具合である)。

　「道」という行政区画単位名は、中国は唐に起源を持つ行政区画制度である。朝鮮において、道制度が初めて導入されたのは朝鮮王朝よりもさらに一つ前の高麗王朝 (고려 왕조) の時のことである。朝鮮王朝が高麗時代の体制を踏襲しつつ、北方攻略において新たに獲得した領土を整備し、これを組み込んだのが「朝鮮八道」体制である。

　道制度は朝鮮と同様、中国からの影響を強く受けた日本にも導入されてい

る。これが「五畿七道[65]」である。しかし、現在の日本では、「五畿七道」
は明治になってから新たに設けられた「北海"道"」以外は行政区画として
は用いず、前述の「近畿"地方"」などのように地域の名称として用いられ
るのみである。代わって現在の日本で用いられている行政区画制度は、明治
に入ってから新たに作られた「都道府県」である。「都道府県」制度による
各行政区画の名称やその地理的区分は、五畿七道、そしてその下に置かれて
いた律令国によるそれとは大きく異なっている（例えば、現在の京都府は、令
制国体制では、山城国および丹後国の全域、丹波国の東部地域が該当する）。

　一方、朝鮮ではこの「朝鮮八道」体制は、朝鮮王朝末期に改編されるまで
500 年弱もの間用いられ続けた。さらに、朝鮮王朝の後、日本の植民地、韓
国と朝鮮民主主義人民共和国（조선민주주의인민공화국、朝鮮民主主義人民共和
國、Democratic People's Republic of Korea(DPRK)。以下、北朝鮮[66]）による分断
国家体制へと国家体制は大激変したにもかかわらず、いずれの過程でも日本
の「都道府県」のような全く異なる行政区画制度が導入されることはなかっ
た。朝鮮における行政区画制度は、「朝鮮八道」の導入から 600 年を経た今
日もそれをベースとしたものが用いられている。このため、「朝鮮八道」に
よる区画や区画名は韓国人にとって非常になじみ深く、現在も用いられるこ
とが多い。

　しかし、現在の行政区画体制も「朝鮮八道」体制をベースとしているとは
いえ、用いられている行政区画や区画名は「朝鮮八道」体制のそれと、完全
に同一というわけではない。しかし、変化が加えられた行政区画や区画名も
「朝鮮八道」体制のものから大幅に変更が加えられているわけでもない。こ
のため、韓国の地名について、ルーズに用いても大まかには通じてしまうた
め、現代韓国政治や、その中での地域主義に関する先行研究においてさえも、
いい加減に扱っているものが非常に多い。しかし、本書ではより慎重に韓国
の地名を扱うべく、ここで少し紙面を割いて整理を行う。

　朝鮮王朝初期に確立された「朝鮮八道」体制は、同王朝末期に忠清道、慶

尚道、全羅道、平安道、咸鏡道の5道がそれぞれ南北に分割され、「朝鮮十三道」となった（例えば、「忠清道」は「忠清北道 (충청북도)」「忠清南道 (충청남도)」に分割された[67]）。したがって、朝鮮王朝時代において既に「朝鮮八道」体制ではなくなり、それに基づく地域呼称は、正式な行政区画と一致しなくなっているが、現在に至るも「地域名」として用いられることがある。同様に、後述するように「朝鮮十三道」による地域区画も現在の行政区画とは一致しなくなっているが、「地域名」として用いられることがある（例えば、「忠清道」と全く同じ意味で「忠清南北道」と言ったりする）。この「朝鮮十三道」の行政区画は日本の植民地体制下でも踏襲され、そのまま1945年の解放を迎えることとなる。

　現在の韓国と北朝鮮による分断国家体制下では、「朝鮮十三道」における各道のうち、京畿道、忠清北道、忠清南道、慶尚北道 (경상북도)、慶尚南道 (경상남도)、全羅北道 (전라북도)、全羅南道 (전라남도) の7つの道に相当する地域は韓国に、黄海道、平安北道 (평안북도)、平安南道 (평안남도)、咸鏡北道 (함경북도)、咸鏡南道 (함경남도) の5つの道に相当する地域は北朝鮮に属している。

　しかし、現在の南北の境界線は朝鮮戦争の休戦時の戦線がそのまま固定化されたものである。休戦時の戦線が都合よく行政区画に沿っているわけもなく、一部地域ではこの通りの属し方をしていない。例えば、高麗王朝の首都であり解放時においても大都市であった、開城 (개성) 市は元来は京畿道に属していた。開放後の米ソによる北緯38度線を境とした分割統治でも、開城市は同ラインよりも南に位置していたため、アメリカの統治下に入り、1948年の韓国独立とともに同国の行政権下に入った。この時点でも開城市は京畿道に属していたが、1953年の朝鮮戦争休戦時には北朝鮮側にあり、そのまま北朝鮮の支配地域となった。北朝鮮側に属していた京畿道の地域はごくわずかしかなかったため、北朝鮮政府は独立した行政区画として京畿道を設けず、開城市は隣接する行政区画であった、黄海北道 (황해북도)[68] に編入された。

　2010年に北朝鮮から砲撃を受けたことで有名になった、「延坪島 (연평도)」

は元来は黄海道（黄海南道（황해남도））に属していたが、京畿道とは逆に同道はその大半が北朝鮮側地域となり、韓国側となった黄海道（黄海南道）の地域はごくわずかしかなかったため、韓国政府は独立した行政区画として黄海道（黄海南道）を設けず、延坪島も京畿道に編入された[69]。また、江原道は真ん中を休戦ラインが通ったため、両国政府の支配下地域に共にまとまった土地が残された。このため、「江原道」という同じ名称の行政区画が両方の国に存在している（なお、本書で単に「江原道」という場合は、韓国政府の支配下にある地域のみを指す）。この３つの事例を見ても分かるように、「京畿道」「江原道」という行政区画は、朝鮮王朝時の「朝鮮八道」や「朝鮮十三道」にも、そして現在の韓国にも存在はしているが、その地理的区分は同一ではない。

　また、解放後、韓国政府と北朝鮮政府がそれぞれの支配地域に対して行政権を行使したが、両政府は共に道から大都市を独立させるという措置を行っている。このうち韓国政府支配下地域では、解放後現在に至るまでに８つの市が道から独立を果たしている。まず、「ソウル（서울）市[70]」は、1946 年 9 月 28 日に「ソウル特別自由市」となり京畿道から独立した。その後、1949 年 8 月 15 日に「ソウル特別市」と改称されて現在に至っている。次に、1963 年 1 月 1 日に「釜山（부산）市」が慶尚南道から、1981 年 7 月 1 日に「大邱（대구）市」が慶尚北道から、同日「仁川（인천）市」が京畿道から、1986 年 11 月 1 日に「光州（광주）市」が全羅南道から、1989 年に「大田（대전）市」が忠清南道から、1997 年 7 月 15 日に「蔚山（울산）市」が慶尚南道から、「世宗（세종）市」が 2012 年 7 月 1 日に忠清南道からそれぞれ独立した〔大韓民国地名便覧　2012 年版〕。このうち、ソウル市と世宗市以外は 1994 年の年末までは「直轄市（직할시）」という名称であり、1995 年 1 月 1 日に「広域市（광역시）」という名称に改められた（世宗市は「特別自治市」）。このため、例えば「大田市」は三金時代の期間中に（忠清南道の）「大田市」から「大田直轄市」を経て、現在も用いられている「大田広域市」へとその正式名称は変貌を遂げている。本書では混乱を避けるためもあり、各市の名称について特に正式名称を明記したい場合を除いて、単に「ソウル」「釜山」「大田」と地

名のみ[71]、あるいはそれに「市」のみを付けて用いる。

　この「特別市」や「広域市（直轄市）」は日本の「特別区」や「政令指定都市」に相当するものである。しかし、日本のそれが都道府県から権限の多くを委譲され、「都道府県と同等」と見なされてはいるものの、実際には都道府県から独立はしていないのに対し、韓国のそれは実際に道から独立し、道と完全に同格となっている。このように、随時市が独立していったため、同じ行政区画名を用いたとしても時期によってその地域的区分は異なってしまうことになる。

　また、地域名として、「朝鮮八道」や「朝鮮十三道」での名称を用いることがよくある。今まで見てきたように、「朝鮮八道」や「朝鮮十三道」における行政区画による地域区分は現在のものとは一致しない。しかし、現在の行政区画名と完全に同一であったり、類似していたりするため、混乱を生じる恐れがある。例えば、「京畿道」は「朝鮮八道」時も現在も使われている行政区画名である。しかし、開城市などの一部地域は北朝鮮側に取り残され、またソウル市や仁川市が独立したため、「朝鮮八道」時の「京畿道」に比べ、現在の「京畿道」の地域区分は範囲がかなり狭くなってしまっている。対象時期を本書の分析対象期間に限定したとしても、大田市と蔚山市は同期間中に道から独立しているため、混乱を生じる恐れがある。例えば、大田市は1989年に忠清南道から独立した。このため、分析対象期間の開始時である1988年の時点では忠清南道に含まれていたが、終了時である2003年の時点では含まれていない。しかし、大田市も含んだ〝地域名〟として「忠清南道」「忠清南北道」「忠清道」という名称が用いられることがよくある。

第二節　嶺南と湖南

　前節によって、「朝鮮八道」に基づく地名をそのまま用いることには問題があることが分かった。これを踏まえて、本書では韓国の地域名として、「朝

鮮八道」に因む名称を可能な限り排し、韓国の地域名を以下のように用いる。

表10　地域名と行政区画

本書で用いる地域名		各地域に属する現在の行政区画名
首都圏		ソウル特別市、仁川広域市、京畿道
忠清		大田広域市、世宗特別自治市、忠清北道、忠清南道
嶺南	TK	大邱広域市、慶尚北道
	PK	釜山広域市、蔚山広域市、慶尚南道
湖南		光州広域市、全羅北道、全羅南道
その他	江原道	江原道
	済州道	済州特別自治道

　「首都圏」というのは、日本の「首都圏」と同様、その名の通り首都であるソウル市とその周辺地域のことであり、現在の韓国で広く一般的に用いられている地域名である。「忠清地域」にも、後述の「嶺南（영남）」「湖南（호남）」に相当する「湖西（호서）」という名称があるが〔李在烈、姜熙涇、薛東勳（2004:40)〕、韓国の地域主義の文脈では、これを用いず「忠清道」など朝鮮八道に因んだ地域名を使うのが一般的である。しかし、前節で述べた通り、この地域では三金時代期間中である1989年に大田市が忠清南道から独立しているため、本書では少しでも混乱を避ける狙いからその表記は用いず「忠清（"地域"）」とする。

　「江原道」と「済州道」は「朝鮮八道」に因んだ地域名を用いているが、これらの地域には独立した市が存在しないどころか、南北に分割もされていない[72]。そしてなにより、地域主義の観点からはほとんど重要視されない地域であり、混乱を生じる可能性は少ないと思われる。

　ここからは、地域主義を語る上で重要な、「嶺南」「湖南」「TK」「PK」の4つの地域名について説明する。前節で述べたように、「朝鮮八道」に基づく地域名は、その地域の主要な都市名から名付けられている。これに対し、「嶺南」「湖南」という地域名は、その名に表れているように、地形を基に名付

けられた地名であり、日本で言うところの「関東地方」「関西地方」のような
ものである[73]。

　「湖南地域」とは、その名の通り湖の南の地方ということである。この
「湖」とは、全羅北道金堤（김제）郡に今もその史跡の残る、紀元四世紀頃に
造られた最古の堤である「碧骨堤（벽골제）」または、かつて湖江（호강）とも
呼ばれた「錦江（금강）」とされる〔斗山百科「湖南地方」、文京洙（2005:3-4）〕。
「嶺南地域」とは、小白（소백）山脈、太白（태백）山脈に囲まれた韓国南東部
地域のことであり、小白山脈の竹嶺と鳥嶺という大きな峠の南側の地方とい
うことである〔斗山百科「嶺南地方」〕。

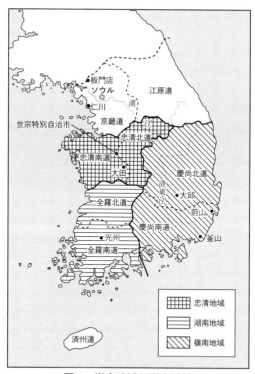

図4　嶺南地域と湖南地域

出所：筆者作成。

　日本において、「関東・関西」と言う時がそうであるように、韓国においても「嶺南・湖南」と言う時は地域的なアイデンティティのニュアンスを喚起させることが多く、本書で扱うような地域主義の文脈においては、朝鮮八道に基づく地名ではなく、こちらを用いることが一般的である。

　嶺南地域の北半分を、それを構成する行政区画である大邱 (“T”aegu)、慶尚北道 (“K”yongsangpuk-do) の頭文字から「TK」と呼ぶ。同様に南半分を、それを構成する行政区画である釜山 (“P”usan)、慶尚南道 (“K”yongsangnam-do) の頭文字から「PK」と呼ぶ。この地域では現在は蔚山 (Ulsan) も広域市となっているが、このような表現が用いられるようになった時期にはまだ独立を果たしていなかった。したがって、「PUK」といった表現はない。また、これら4つの行政区画の名称はハングル表記では変化はないが、アルファベットでの表記法は、この表現が一般化された後に変更されたため、現在のアルファベット表記を用いると、それぞれの略称はこのようにはならない。

　第二章でも説明したように、この「TK」「PK」は純粋な地域名というわけではない。「TK」は朴正熙に始まり、全斗煥、盧泰愚と30年間に亘って韓国の中枢を支配し続けたパワーエリート集団の「地縁」となった場所である。一方の「PK」は金泳三派の「地縁」となった場所である。「TK」も「PK」も同じ嶺南地域であり、大きな括りとしては同じ「地縁」である。しかし、そうはいっても、この両地域はそれぞれ盧泰愚派、金泳三派の縁故地となったため、その両派の勢力争いに巻き込まれることとなった。朴正熙、全斗煥、盧泰愚の各政権ではTK出身者は優遇されたが、金泳三政権では同じ嶺南地域でもPK出身者の偏重人事が行われ、TKの有権者は既得権を失ったという意識を強くした〔小針進 (2000:64)、朴哲彦 (2005b:432)〕。実際、政権別の歴代長官・次官の出身地比率では、盧泰愚政権から金泳三政権では、PK出身者は21.4％から21.8％とほぼ変わらなかったのに対し、TK出身者は24.4％から17.8％へと1/3近く減少している。一方、その次の金大中政権では、TK勢力も一部参加していたため、PKは21.8％から8.5％へと半減

以下となったのに対し、TK は 17.8％から 12.7％へと減少はしているものの PK ほどではなかった〔小針進（2000:51）〕。

この盧泰愚派の「TK」、金泳三派の「PK」に対して金大中派の「地縁」となった場所を MK（Mokpo&Kwangju）〔権栄基他（1998:116, 121）、尹泳虎他（1998: 140）、李在烈、姜熙涇、薛東勳（2004:174）〕や JK（Jeolla-do&Kwangju）〔中央日報（1998.03.28）〕とする表現も見られるが、嶺南地域と違って地域内に複数の勢力が存在したわけではなく、またなにより一般的でないため、本書では用いない。

分析の対象期間に存在した 4 つの勢力と、それぞれが「地縁」を持つ縁故

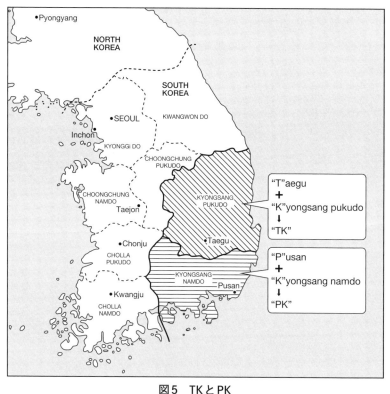

図5　TK と PK

出所：筆者作成

地域を表にすると次のようになる。

表11　各勢力とその縁故地域

勢力名	金鍾泌派	盧泰愚派	金泳三派	金大中派
地縁地域	忠清地域	TK地域	PK地域	湖南地域

第三節　地域主義

　前章で見たように、韓国は「地縁」を大切にする国である。このため、どこの「地縁」を代表する勢力が権力を握るかということが、各地縁に連なる個々の一般国民の生活にも直接的な影響を及ぼす。したがって、これが有権者たちの投票行動の動機づけとなる。実際、金泳三政権での不当な扱いに怒ったTK地域の有権者は、1996年の第15代国会議員選挙において、PK地域とTK地域による嶺南政党であり、同地域出身である金泳三が率いていた新韓国党ではなく、忠清政党であるもののTK派の人士も少なからず所属していた、金鍾泌の自由民主連合に多くの票を投じた〔小針進（2000:64）〕。

　これが「地域主義」である[74]。「地域主義」は韓国の現代政治の文脈においては、外して考えることの出来ない概念である。このため、多くの先行研究が存在し、各々によって定義づけが行われているが[75]、本書では出水薫（1998:62）の定義である

　　韓国の大統領選挙において、候補と成る有力政治家が、その縁故地域で極めて排他的で強い支持を獲得し、また国会議員の総選挙や地方自治体選挙（首長・地方議員）においても、そのような有力政治家が率いる政党が、その縁故地域において同様な排他的支持を得るという現象

を用いる[76]。

表12　第13代大統領選挙および第13代総選挙の地域別得票率[77]

		盧泰愚	民正党	金泳三	民主党	金大中	平民党	金鍾泌	共和党
	全国	36.6	34.0	28.0	23.8	27.0	19.3	8.1	15.8
首都圏	ソウル市	30.0	26.2	29.1	23.4	32.6	27.0	8.2	16.1
	仁川市	39.4	37.5	30.0	28.3	21.3	14.1	9.2	15.5
	京畿道	41.4	36.1	27.5	22.9	22.3	15.9	8.5	18.2
TK	大邱市	70.7	48.2	24.3	28.4	2.6	0.7	2.1	13.2
	慶尚北道	66.4	51.0	28.2	24.5	2.4	0.9	2.6	16.0
PK	釜山市	32.1	32.1	56.0	54.3	9.1	1.9	2.6	6.8
	慶尚南道	41.2	40.2	51.3	36.9	4.5	1.0	2.7	10.3
湖南	光州市	4.8	9.7	0.5	0.4	94.4	88.6	0.2	0.6
	全羅北道	14.1	28.8	1.5	1.3	83.5	61.5	0.8	2.5
	全羅南道	8.2	22.9	1.2	0.8	90.3	67.9	0.3	1.3
忠清	忠清北道	46.9	43.7	28.2	16.0	11.0	1.4	13.5	33.3
	忠清南道	26.2	30.2	16.1	15.0	12.4	3.8	45.0	46.5
その他	江原道	59.3	43.6	26.1	21.6	8.8	4.0	5.4	20.2
	済州道	49.8	36.0	26.8	27.1	18.6	6.0	4.5	3.4

出所：『第13代大統領選挙総覧』および『第13代国会議員選挙総覧』[78]。

　表12は1987年12月16日に行われた第13代大統領選挙と、その4ヵ月後の1988年4月26日に行われた第13代総選挙の地域別得票率を表したものである。註1で註解したように、この両選挙は民主化時代に向けて新たに制定された第六共和国憲法[79]に基づいて初めて行われた選挙であり、本書の分析対象期間において最初に行われた選挙でもある。

　表12で着目すべきは、全国での平均得票率と比べて、首都圏を除いた各地域において、各候補者および政党の得票率に著しい乖離が見られることである。これが「地域主義」であり、各勢力は表11でまとめた各々の縁故地域において抜きん出た票を得ていることが分かる[80]。また、前節で説明したように、TKとPKはそれぞれを縁故地とする勢力は異なってはいるものの、同じ嶺南地域であり、TKの地域において金泳三（統一民主党）に、PKの地域において盧泰愚（民主正義党）にもある程度の票が入っており、それぞれの

準縁故地と言えることが分かる。

　表13は、第13代大統領選挙および第13代総選挙において、各大統領候補者および各氏が領袖を務める各勢力が獲得した票のうち、それぞれの縁故地域から得た票の比率を示したものである。

表13　縁故地域への依存率[81]

	盧泰愚	民正党	金泳三	民主党	金大中	平民党	金鍾泌	共和党
全国（人）	8,282,738	6,670,494	6,337,581	4,680,175	6,114,475	3,783,279	1,823,067	3,062,506
縁故地域(人)	3,341,777	2,547,506	2,849,122	2,281,812	2,716,499	1,895,923	793,670	886,222
依存率	40.3%	38.2%	45.0%	48.8%	44.4%	50.1%	43.5%	28.9%

出所：『第13代大統領選挙総覧』および『第13代国会議員選挙総覧』のデータをもとに筆者作成。

　どの人・党とも、縁故地域[82]に4割前後依存していることが分かる。これは、いずれの縁故地域にも入っていない首都圏の有権者が全国の42.0%[83]を占めていることを考えると、極めて高い数値であると言える[84]。

　表14は、第13代総選挙の地域区で当選を果たした各勢力所属議員の出身地と立候補地の相関関係を示した表である。

表14　所属議員の出身地と立候補地域区との関係性

	盧泰愚派	金大中派	金泳三派	金鍾泌派	無所属	合計
出身地と地域区が同じ	58	28	17	18	1	122
出身地と地域区が同じ道内	20	14	17	5	－	56
両者は異なる	10	13	13	4	3	43
合計	88	55	47	27	4	221

出所：服部民夫 (1992:236) をもとに筆者作成。

　これによると、全体として見ると過半数（55.2%）の議員が自身の出身地から立候補している。これを「道内」にまで広げると8割（80.5%）を超えてし

まい、非常に密接な関係があることが分かる。

　服部民夫（1992:236-237）によると、一致しなかった43例のうちの6例は北朝鮮地域の出身者であり、両者を一致させることが不可能な事例である。そして残る37例のうち、30例はソウル以外の出身者がソウルで議席を得た事例である。そしてそれの大半は、彼らの出身地に党内に他に有力な候補者がいるか、他党に強力な候補者がいた場合であった。

　第二章第二節で提示した表9によって、各勢力に所属する議員の多くは勢力の領袖と同じ地縁に連なるものであるということを説明した。そして、その表9に今掲示した表12、表13、表14を合わせて分析すると、各地域の住民は、自地域出身の議員および領袖からなる勢力を支持していたということが分かる。すなわち、「地縁」というネットワークによって、地域住民－一般議員－領袖という一体構造が出来上がっていたのである。

第四節　地域主義の始まりと定着

　この「地域主義」という現象はいつから発生したのであろうか。一説によれば、その淵源は古代の三国時代[85]にまで遡るとされる。これは、三国のうちの百済が湖南地域に、新羅が嶺南地域にあったからである。それ以降、両地域には確執があり、また湖南地域は差別的扱いを受けてきた。これが投票行動にも反映されているというものである〔韓国社会学会編（1990）〕。しかし、一般的にはこれは本書で言うところの「地域主義」のはじまりとは見なされていない（例えば、金浩鎮（1993）、磯崎典世（2002））。

　実際、小針進（1998:58）が指摘しているように、湖南は百済の支配していた地域ではあったが、中心地は忠清地域やソウルであった。百済中期の首都であった熊津（웅진）は現・忠清南道公州（공주）市であり、後期の首都・泗沘（사비）にいたっては、金鍾泌の出身地である忠清南道扶餘郡である。し

たがって、地域的な対立の根拠を三国時代の新羅と百済に求めるのであれ
ば、迫害される地は忠清地域であり、勢力も金大中派ではなく、金鍾泌派で
あるはずである。

　次に言われているのが、1971 年の第 7 代大統領選挙の時である。この時、
与党の朴正熙候補（嶺南出身）に対し、野党の金大中候補（湖南出身）が肉薄
したが、この際に、政府与党は朴正熙の出身地である嶺南地域住民に支持を
訴え、野党は経済開発で取り残された湖南住民の疎外感と被害者意識をあ
おった〔池東旭（2002:219）〕。大西裕（2004）は否定しているが、一般的にはこ
れが地域主義のはじまりであるとされている。なお、この次の第 8 代大統領
選挙からは間接選挙となったため、次の国民による大統領直接選挙は、上で
採りあげた 1987 年の第 13 代大統領選挙である。

　では、次にどうして第 13 代大統領選挙において、この地域主義という現
象が起こったのかを分析する。第一章第三節で見たように、どの政党も保守
政党であり、イデオロギーによる対立軸は持ち出せなかった。民主化は果た
されたとはいえ、軍事勢力である盧泰愚の旧与党勢力は残存していた。野党
勢力とすれば、旧与党勢力が主敵であるはずであり、民主化勢力である金大
中、金泳三ら野党勢力はそこを対立軸とすれば良かったはずである。しかし、
第五章第六節で詳しく述べるように、金大中、金泳三両派にとって主敵は盧
泰愚派ではなく、お互いとなってしまっていた。そうすると、両勢力は共に
民主化勢力であるため、軍事勢力－民主化勢力という対立軸では有効な対立
軸とはなり得なかった。

　そこで持ち出されたのが地域主義であった。金大中と金泳三は出身地が異
なり、それぞれの地元で人気があった。そして、第 8 代大統領選挙などによっ
て、地域感情に訴えることが有効であることが認められていた〔大西裕（2004:
191）、鄭栄国著、黄昭淵訳（1997:51）〕。このため、金大中と金泳三は地域主義
戦略を採ることとし、金鍾泌と盧泰愚もそれに引きずられる形で、同戦略を

採ることとなったのである。

　上記の通り、大統領の直接選挙は16年間も行われていなかった上に、朴正熙政権下から全斗煥政権を挟んでいるため、比較は難しい。そこで、国会の総選挙で比較するとどうなるであろうか。第13代大統領選挙（1987年12月）の直後に行われた第13代総選挙（1988年4月）と、その前の回であり全斗煥政権下で行われた第12代総選挙（1985年2月）との比較を試みる場合、金大中派と金泳三派の系統は再編が行われているため単純な比較は難しい。しかし、盧泰愚派の民主正義党は継続して存在していたし、第12代総選挙時に存在した韓国国民党はある程度は金鍾泌派の系譜上にあると見なすことが出来た[86]。第12代総選挙時には第13代時と異なり、民主正義党は全国からまんべんなく票を集めていた。得票率は嶺南地域も湖南地域も35.9%であり、全国平均35.3%と大差ないばかりか同率でさえあることは、第13代総選挙以降の結果と比べると驚愕すべき点である。また韓国国民党が地域区で獲得した15議席のうち忠清地域で獲得したのはたったの1議席に過ぎなかった。そして、こういった傾向はその前の第11代総選挙（1981年3月）でも同じであった[87]。ここからも、地域主義戦略は第13代大統領選挙および第13代総選挙時に金大中と金泳三によって始められたということが分かるであろう。

　しかし、地域主義戦略は一度採ると抜け出せないジレンマを抱えていた。民主主義体制の下では、政策を争点とした選挙を行うのが本来望ましい姿である。しかし、自身が地域主義から政策に転換しても、他者が地域主義を続けた場合、他者の縁故地域はそのまま他者が総取りしてしまうためこちらは票を獲得出来ないが、自分は地域主義戦略を採り止めているので、他者は自分の縁故地域から票を獲得出来るようになり、一方的に損をしてしまう。この囚人のジレンマによって、地域主義は継続し、定着することとなったのである〔大西裕（2004:200-203）、尹誠國（2012:28）〕。

第五節　地域連合モデルの検証

　第三節で見たように、各勢力が地域政党ということは自明であり、その政党による連合ということは、地域連合という色彩があることは間違いない。しかし、それが金鍾泌（忠清勢力）が常に連合入りしている説明が出来るかどうかはまた別問題である。

　「地域連合」という観点からは、次の２つの連合組み合わせが想定出来る。

　嶺南連合…盧泰愚派（嶺南）＋金泳三派（嶺南）
　全国連合…金泳三派（嶺南）＋金大中派（湖南）＋金鍾泌派（忠清）

図6　想定される地域連合モデル

　嶺南に存在した２勢力による「地域独占」志向か、全国から満遍なく支持を得ようとする「全国連合」志向である。これは第二章で得た「共通点による連合」と「相違点による連合」という視点である。
　一方、現実に成立した地域連合は以下の通りである。

　三党合同連合…盧泰愚派（嶺南）＋金泳三派（嶺南）＋金鍾泌派（忠清）
　Ｄ Ｊ Ｔ 連 合…金大中派（湖南）＋盧泰愚派（嶺南）＋金鍾泌派（忠清）

図7　実際に発生した連合の地域構成

　三党合同連合は嶺南連合に近いが、その観点からは金鍾泌派は完全な「お邪魔虫」となり、金鍾泌派が連合入りしている説明は全く出来ない。また、第二章第四節でも触れたように、盧泰愚は上記連合が成立する前に、金大中派との連合を画策していた。そしてそれは、嶺南政党である自派に湖南政党である金大中派を加えて全国連合とすることを意図したものであった〔服部

民夫（1992:218-219）〕。しかし、その連合は成立せず、実際に成立したのは嶺南政党が２つに忠清政党が加わっているという、地域連合の観点からはとてもいびつな三党合同連合なのであった。

一方、DJT連合は、３地域すべての勢力が連合入りしており、この政権に限っては「全国連合」という観点から説明が出来る可能性があった。

実際、金大中は、

> 私とわが国民会議が、名実共に支持基盤を持っているソウルをはじめとする首都圏地域と全羅道地方、さらに自民連の忠清道と大邱・慶北地方がみな政権に参加すれば、私たちは初めて地域感情を解消することができると信じる。〔金大中（2000:243）〕

と述べている。地域感情を乗り越えるためにも、全国連合を志向していたことは間違いない。しかし、これは自地域だけで過半数を確保出来た嶺南政権の盧泰愚、金泳三と異なり、他地域を支持基盤とする他勢力との連合なしには政権を獲得出来ないという違いでしかなかった。

実際、この３政権を「どこの地域による連合なのか」ではなく「どこの地域が存在しない連合なのか」という観点から見ると、反湖南連合（三党合同連合）が反PK連合（DJT連合）に変わっただけであった〔姜熙渟（2014:132）〕。実際、上の発言でも、「みな」と言いながら釜山・慶南のPK地域は含まれていなかった。DJT連合は反湖南連合となった三党合同連合に対する意趣返しをやり返してやろうということであり、「地域感情を解消することが出来る」と本当に信じているのかはなはだ疑わしい発言であった。

小括

以上、本章では金鍾泌が連合に参画し、要職を歴任した要因を分析するに

当たって、第一章では韓国の実状を無視していたため、うまく説明が出来なかった。第二章ではその反省から韓国の政治文化に基づく「人間関係ネットワーク」を用いたモデルによって説明を試みた。しかし、その第二章の分析の結果、その「人間関係ネットワーク」は勢力間の連合形成に活用されるのではなく、勢力内のネットワーク構築に用いられていたことが分かった。

　本章ではその経験を踏まえ、その「人間関係ネットワークに基づいて構築された各勢力の連合」という視点に立つことにした。その中でも、「地縁によるネットワーク」の上に形成された概念である、「地域主義」による「地域連合モデル」の検証を行った。

　「地域主義」は現代韓国政治を規定する大きな要素である。さらに分析対象の２つの連合が共に「地域主義」概念に基づいて成立した連合であるという先行研究も存在した。三度目の正直でもあり、弱小勢力に過ぎなかった金鍾泌派が政権入りし続けていた要因を解き明かせる期待は否応なく高まることとなった。

　しかし、盧泰愚が「全国連合」を意図して画策した金大中派との連合は成立しなかった。その代わりに成立させたのが金泳三派との２派連合であれば、共に嶺南政党であり、同地域の票の独占を図るという「嶺南連合」として説明出来る。しかし、実際に成立したのはそこに何故か忠清政党である金鍾泌派まで加わった三党合同連合であった。第一章の小括でも触れたように、「中小政党が連合に参加し続けるためには、大政党がその政党を必ず連合に加えなければならないという特別なインセンティブが必要」なはずであるが、「嶺南連合」という観点からは金鍾泌派はむしろディスインセンティブでさえある。

　DJT連合では全地域の勢力が連合に加わっているので、一見「全国連合」に叶っているかのように見えるが、その実態は三党合同連合で自地域が疎外されたことに対する意趣返しであり、「全国連合」ではなく「反PK連合」に過ぎなかったのである。

　最初は大いに期待が持たれた地域連合モデルであったが、分析対象の２つの連合を上手く説明することは出来なかった。しかしながら、本モデルによる分析は最後に重大な示唆を与えている。盧泰愚が最初に声をかけたのが金大中であることからも分かるように、最初から湖南地方を疎外することが意図されていたわけでは無かった。また、三党合同連合において湖南地方を疎外することに加担したのは自派以外の全ての勢力である。それにもかかわらず、わざわざ「意趣返し」を行い、またその相手にPK勢力である金泳三派を選んだのは何故なのかということである。このようにして、前章で生まれた謎は本章での分析によってさらに深まることとなった。しかしそれだけに、この謎を解明出来れば本書の目的である金鍾泌が連合に参画し、要職を歴任した要因の追求にも繋がるという、前章で書いた期待もますます高まった。

註

64) 本書で言う「朝鮮」とは当時の朝鮮王朝、そして現在韓国と北朝鮮という２つの国家が支配している地域全体、すなわち「朝鮮半島地域」のことを指す。

65) 大和、山城、摂津、河内、和泉の五カ国の五畿と、東海道、東山道、北陸道、山陽道、山陰道、南海道、西海道の七道から構成されている。

66) 「北朝鮮」という表現は、同国の呼称として用いるのに必ずしも適切ではない。しかし、本書は同国に関する文献ではなく、またこの表現が現在の日本における一般的な呼称であるため、本書ではそれに従う。なお註64で示したとおり、本書で用いる「朝鮮」という言葉は「朝鮮民主主義人民共和国」という国家や、同国が支配している地域ということを意味しない。

67) 「北」「南」と入っているが、忠清道に関して言えば、南北ではなく完全に東西で分割されている。

68) 「黄海道」は解放後、北朝鮮政府によって「黄海北道」と「黄海南道」に分割された。このように、北朝鮮政府の行政権下の地域では、あちらこちらで道の分割が行われたが、本書では詳しく述べない。

69) 延坪島は、現在は仁川広域市に属している。

70) 1945年8月15日に、それまでの京城府（경성부）からソウル市に改称されている。

71) 日本の場合、都道府県名とその都道府県の県庁所在地の市名は同じであることが多い（例えば、京都府と京都市）。このため、単に「京都」と言った場合、京都府と京都市のどちらを指しているのか不明確になるが、韓国の場合は同じ名称の道と市は存在し

ないため、そのような混乱は生じない。

72) ここで言う「南北に分割」とは「朝鮮八道」から「朝鮮十三道」に移行した際のことを指し、朝鮮半島地域の韓国と北朝鮮への支配地域の分割を指さない。また既述の通り、本書では特に明示しない限り、「江原道」とは韓国政府が行政権を行使している地域のみを指す。

73) 本書では詳しく述べないが、朝鮮においてもこの命名法によって「関東」「関西」と呼ばれる地方が存在する。

74) 韓国では、類似の言葉として「地域感情」「地域情緒」「地域葛藤」「地域亀裂」「地域覇権主義」「地域割拠主義」などがあり、それぞれに微妙に意味合いが違うが〔金萬欽（1997：123-128）〕、本書では詳しく述べない。

75) そのうちの一部については、梅田皓士（2014：3）において整理されている。

76) これ以外の地域主義に関する主な先行研究として、李甲允（1998）や金萬欽（1997）、韓国社会学会編（1990）、大西裕（2004）、森康郎（2011）、梅田皓士（2014）などがある。

77) 民正党：民主正義党、民主党：統一民主党、平民党：平和民主党、共和党：新民主共和党。

78) 『第13代大統領選挙総覧』のpp. 112-113 および『第13代国会議員選挙総覧』のpp. 118-119 にそれぞれ全体の図表があり、そこに得票率の記載がある。しかし、丸め誤差と誤植が複数あり、正しい値となっていないため、必ずしもここでは用いていない。

79) 韓国の憲法は現在まで9回に亘って改正されている。このうち国家体制を大きく変える大規模な改正が5回あった。1948年の制憲憲法を第一共和国憲法と呼び、以降のその5回の大規模な改正を各々第○共和国憲法と呼ぶ。

第六共和国憲法は、第九次改正、すなわち最後に行われた改正によるものであり、分析対象期間の全体および現在において有効なものである。

80) 「地域主義」というと、一般的には嶺南と湖南での議論が中心となる。しかし、本書は金鍾泌に関する文献であるため、同氏の縁故地である忠清地域についても着目せざるを得ない。そうした場合、金鍾泌および彼の新民主共和党の全国的な得票率の低さを考慮したとしても忠清北道における得票率の低さからは「縁故地」とは言い難いものを感じる。特に他の3氏はそれぞれ縁故地の得票率において、総選挙における政党のそれよりも、大統領選挙における自身へのそれの方が高くなっているのに対し、忠清北道の場合は総選挙における政党へのそれよりも大統領選挙における自身へのそれは明らかに低い。

これについて、忠清北道における地域主義の先行研究である姜熙渟（2014）は、忠清地域は他の地域ほど地域全体としての一体性は無く、忠清北道の人々は忠清南道出身の金鍾泌を必ずしも自地域のボスと認めていなかったからだとした。

そのようにして、忠清北道を金鍾泌（派）の縁故地とはしていない先行研究も存在する。しかし、絶対値で見れば得票率は低いものの、他の地域と比較すれば相対的には金鍾泌（派）に票は入っている。また、選挙によっては忠清南道と変わらない得票率

を獲得していることもある。また本書は地域主義に関する文献ではなく、他地方との兼ね合いという観点から、忠清北道を含めた忠清地域を金鍾泌（派）の縁故地としている。

81）民正党：民主正義党、民主党：統一民主党、平民党：平和民主党、共和党：新民主共和党。

82）表9と同様に、盧泰愚（民主正義党）と金泳三（統一民主党）の縁故地はそれぞれTK、PKに限定せず、嶺南全体として算出している。

83）第13代総選挙（1988年4月）時。『第13代国会議員選挙総覧』pp. 88-89のデータをもとに計算。

84）一般的に地域主義の分析は市民の居住地をもとに行われ、本書でもそれに従っている。しかし、尹誠國（2012:29-31）の分析にもあるように、市民各々の地域主義に基づく投票行動は居住地ではなく、出身地によって規定される。首都圏の居住者は日本その他の国もそうであるように、他の地域の出身者が非常に多い。したがって、首都圏の各人・党の得票率が全国のものと近い値を示しているからといって首都圏に住む市民が地域主義に基づいた投票行動をしていないとは言えない。全国からそれぞれの地域の出身者が幅広く集まったため、全体として平均化されてしまっただけのことである。李甲允（1998:88）によれば、首都圏に住む各地の出身者における地域主義に対する忠誠度は、出身地にそのまま住み続けている人に比べ「やや弱い」そうであるが、逆に言えば移住していても、多くの人は地域主義に基づいた投票行動をしているということである。したがって、出身地域に基づいて依存率を出せばこの4割程度という数値はさらに大きく跳ね上がるはずである。

85）朝鮮半島から満州地域にかけて、高句麗、百済、新羅の三国が鼎立した時代のこと。

86）金鍾泌は韓国国民党に所属していない。また、金鍾泌が新党・新民主共和党を旗揚げして臨んだ、第13代総選挙時にも韓国国民党は存続していた。このため、新民主共和党が韓国国民党の完全な後継政党とは言えない。しかし、両党とも朴正熙政権時の与党の流れを汲む政党であり、金鍾泌が新民主共和党を旗揚げした後に、少なくない韓国国民党の所属議員が同党に移籍したのも事実である。

87）第11代総選挙での民主正義党の得票率は全国平均の35.6％に対し、嶺南地方は34.5％であり、湖南地方は33.1％であった。また、韓国国民党が地域区で獲得した18議席のうち、忠清地域の議席は5議席だけであった。

第四章

分析モデルの検討. 4

接着剤モデル

　前章までで、政治学における一般的な連合モデルは勿論、韓国の政治文化のうえに立脚した人間関係ネットワークによる連合モデルや地域連合モデルをもってしても分析対象の2つの連合を上手く説明出来ないことが明らかとなった。

　そこで本章において、本書での仮説である「接着剤モデル」の紹介を行う。

第一節　政治学用語としての「接着剤」

　「接着剤モデル」を説明するためには、まず最初に政治学における「接着剤」という言葉の定義の確認を行う必要がある。しかし、政治学の文献はおろか、以下の政治学に関する事典[88]に当たったが、「接着剤」という言葉は載っていなかった。

　次に、この「接着剤」という言葉は、90年代の政治状況の中でよく用いられていたため、政治学における学術用語という水準まで昇華し定着するところまでは至っていなくとも、時事用語としては扱われている可能性がある。このため、以下の時事用語辞典を確認した。

　しかし、本来の意味である化学用語として掲載されているケースを除外すれば、「新党さきがけ」の項の中での記述を見出したのが精一杯であった。

表15　確認した辞典一覧

編集者	辞典名	出版社	発行年
政治学事典編集部編	政治学事典	平凡社	1954 年
阿部斉他編	現代政治学小辞典	有斐閣	1978 年
大学教育社編	現代政治学事典	ブレーン出版	1991 年
大学教育社編	新訂版現代政治学事典	ブレーン出版	1998 年
阿部齋他編	現代政治学小辞典〔新版〕	有斐閣	1999 年
猪口孝他編	〔縮刷版〕政治学事典	弘文堂	2004 年
内田満編	2005 年度版　現代日本政治小辞典	ブレーン出版	2005 年
浅野一郎他編	新・国会事典〔第 2 版〕	有斐閣	2008 年
参議院総務委員会調査室編	議会用語辞典	学陽書房	2009 年

表16　確認した時事用語辞典一覧

辞典名	出版社	確認した年版
現代用語の基礎知識	自由国民社	1990〜2016、2019
情報知識 imidas	集英社	1990〜2007、2018
知恵蔵	朝日新聞社	1990〜2007、ウェブ版

これは、同党のことを「接着剤の役割を果たした」と書かれていたものであるが〔情報知識 imidas（1995:380、1996:266、1997:312、1998:301、1999:299、2000[89]:501）〕、具体的に「接着剤」とは何かという説明は書かれていなかった。このような状況のため、独立した項目として存在していないのは言うまでもなく、索引にすら掲載されていなかった。

　このため、独自に言葉の定義を作ることを試みることにする。最初に、原意を確認するために、『第三版　化学用語辞典』（技報堂、1992 年）を参照した。これによると、「接着剤」とは「2 つ以上の物質を接合するために界面に塗布する第三物質」と述べられている。この原意に沿えば、この時点で 3 つの勢力の存在を必要とすることになる。さらに、民主主義体制下においては、

与党連合に加わらない野党勢力が必ず存在するため、少なくとも4つの勢力が存在していることが必要条件となることが分かる。

第二節　日本政治における「接着剤モデル」　①自社さ連合

　第一節において政治学における「接着剤」という言葉に決まった定義が存在しないことが分かった。しかし、政治学において「接着剤」という言葉が用いられてこなかったわけでは無い。

　連合政権の成立要因を「接着剤」という概念を用いて理解されている実例に、日本の自民党、社会党、新党さきがけ（自社さ連合）による、村山政権（1994-1996）と自民党、公明党、自由党（自自公連合）による、小渕政権（1998-2000）がある。このため、それぞれの連合において、「接着剤」という言葉がどのように用いられているのかという実例を見ていくことでその定義を考えていくことにする。

表17　1990年代頃の日本の各政権

時期	政権名	与党
1991年11月〜1993年8月	宮澤政権	自民党
1993年8月〜1994年4月	細川政権	日本新党、社会党、新生党、公明党、さきがけ他
1994年4月〜1994年6月	羽田政権	新生党、日本新党、民社党、自由党、公明党他
1994年6月〜1996年1月	村山政権	社会党、自民党、さきがけ
1996年1月〜1998年7月	橋本政権	自民党、社民党（途中から閣外協力）、さきがけ（途中から閣外協力）
1998年7月〜2000年4月	小渕政権	自民党、自由党（途中から参加）、公明党（途中から参加）
2000年4月〜2001年4月	森政権	自民党、公明党、保守党

　この頃の日本政治では、政治改革をめぐる対立から、自民党単独政権（宮

澤内閣）は瓦解し、非自民連合政権が成立した。しかし、同連合では小沢"一"郎・新生党代表幹事と市川雄"一"・公明党書記長による、いわゆる「一・一ライン」が主導権を握り、これと対立した村山富市・社会党委員長、武村正義・さきがけ代表が連合を離脱することによって、短期で崩壊してしまった。自民党、非自民連合が共に過半数を確保出来ていないという状況の中で誕生したのが、村山政権である。

村山政権は、なんとしても与党に返り咲きたい自民党が、社会党と連合を組むことでそれを実現させた政権である。議席の上では、自民党206議席（首相指名投票時）、社会党74議席で〔朝日新聞（1994.07.03）〕、2党だけで過半数を確保しており、10人規模に過ぎないさきがけは不要であった。しかし、自民党と社会党は長年に亘る政敵であり、直接手を携えることは困難であった。この間を取り持ったのがさきがけである。さきがけは、自民党の若手議員が同党を離党して結成したものであり、当然のように自民党とは強いコネクションを持っていた。また、社会党とは非自民連合内で「一・一ライン」への対立から結束を深めていた。このため、両党の「接着剤」としての役割を担ったのであった。

さきがけを「接着剤」と呼んでいる例には以下のようなものがある。

> 自民党と社会党といえば犬と猿の仲。水と油のように永久に混じりあうことはないだろうと、だれもが考えていました。
> 　（中略）
> 奇跡を起こしたのは、犬と猿のカナメとなり、**接着剤**役を果たしたのが、新党さきがけの存在でした。〔大熊由紀子（2007:74）〕

> 新党さきがけ・三原朝彦衆院議員（福岡二区）「自社両党が組んだことは、五五年体制の終えんといえる。さきがけが**接着剤**になれば、うまくやっていける」〔読売新聞（1994.06.30）〕

左藤恵氏 (新生)「さきがけが『**接着剤**』になって自社両党を無理して
ひっつけたという印象だ。」〔朝日新聞 (1994.07.01)〕

野中広務自治相
——社会党、新党さきがけと本当に一緒にやっていけますか。
「五五年体制は自民、社会の両党で表向きは対立した格好だが、後ろ
で手を握るような手法を用い、国民の批判を受けた。東西の冷戦構造
も崩壊したので、これからは新党さきがけを**接着剤**に表舞台で政策を
整合させる。」〔朝日新聞 (1994.07.12)〕

　いずれを見ても分かるように、自民党にとって連合相手として本当に必要
なのは社会党なのである。しかし、「犬と猿」「水と油」のような両者を「無
理してひっつける」存在が必要だったのである。

　この「自社さ連合」は1996年10月20日の第41回衆議院総選挙によって、
社民党 (社会党から党名変更)、新党さきがけが壊滅打撃を受けたことによっ
て瓦解した。

第三節　日本政治における「接着剤モデル」 ②自自公連合

　社会・さきがけ両党との連合が瓦解した後、自民党単独の小渕政権が誕生
した。しかし少数与党であり、早急に連合パートナーを探す必要性に迫られ
ていた。最初に白羽の矢が立ったのは、小沢一郎の自由党であった。自由党
との連合により、衆議院では過半数を得られたが、参議院ではそれでも不足
していた。続いて加わったのが公明党であり、ここに「自自公連合」が成立
した。

　自民党が真にパートナーとして欲していたのは公明党であった。しかし、「自社さ連合」下で公明党の支持母体である創価学会に対して、大々的に批判キャンペーンを展開していたため、いきなり直接連合を組むことは困難であった。この間を取り持ったのが小沢一郎の自由党である。小沢は自民党出身であり、強いコネクションを持っていた。また、公明党とは「一・一ライン」によって連携を保っていた。このため、両党の接着剤としての役割を担ったのであった。

　自由党を「接着剤」と呼んでいる例には以下のようなものがある。

> 　野中と古賀が公明党と接触したところ、敵対してきた自民党と直ちに連立することは支持者に説明がつかず無理で、まずクッションとして自由党と連立し、次いで公明党と連立するという段取りを示された。〔中北浩爾（2014:191）〕

> 　古賀氏と野中広務官房長官は、着々と布石を打ってきた。公明党が望む構想を受け入れた昨年十一月以降、政府・自民党は「自自連立」の実現に走る。「自公だけでは組めない」という公明党の事情をくみ取り、自由党を自自公の接着剤としたいという戦術があってのことだった。〔朝日新聞（1999.05.14）〕

> 　小沢　「自自」連立は「自公」を作るために利用されたのだと思います。自民党と公明党の狙いは「自公」を作ることだった。しかし、最初から「自公」というわけにはいかなかった。いきなり「自公」では、余りに露骨過ぎて国民の反発が出かねない。しかし、「自自公」から始めれば世間の批判をかわせるのではないか、というもくろみだったようですね。〔五百旗頭真他編（2006:172）〕

　この小沢一郎と犬猿の仲だったのが、野中広務官房長官である。野中広務

は自身の回顧録において、小沢一郎の自由党との連合に関する章のタイトルを「悪魔にひれ伏してでも」としている（御厨貴、牧原出編『聞き書 野中広務回顧録』岩波書店、2012年）。「悪魔」と呼ぶ相手にひれ伏させてしまうほどに小沢一郎の自由党には特別なインセンティブがあったわけである。

「自自公連合」は1999年1月にまず「自自連合」が成立し、引き続いて1999年10月にこれに公明党が加わり「自自公連合」が成立した。しかし、上述のように、三顧の礼をもってして迎え入れた小沢一郎の自由党であったがほどなくして対立が激化し、「自自公連合」が成立してからわずか半年後の2000年4月に自由党は連合を離脱してしまった。

第四節　日本政治における「接着剤モデル」
③立憲民主党と希望の党

前々節および前節では、「接着剤役」が上手く働き、連合が成立した事例を取り上げた。本節では、逆に上手く働かず、連合が成立しなかった事例を取り上げる。

2017年、支持率低迷にあえいでいた民進党は、前原誠司代表と山尾志桜里幹事長という新体制により、党勢の立て直しを図ろうとしていた。しかし、その直後に山尾志桜里にスキャンダルが発覚し、逆に党勢にトドメを刺される結果となった。当時人気を集めていた小池百合子東京都知事が「希望の党」を立ち上げると、前原代表は最終手段としてそれへの合流を決めた。

しかし、民進党の中でリベラル寄りの議員らはそれに反発し、独自の新党「立憲民主党」を立ち上げた。また、「希望の党」への合流を断られた一部の議員は「無所属の会」を結成したため、民進党に所属していた衆議院議員は3つに分裂することとなった。しかし、それでは巨大与党自民党に対抗出来

ないため、「無所属の会」の岡田克也は「野党勢力を一つにしていく**接着剤**の役割をしたい」と自ら「接着剤」役を買ってで、再結集に向けて積極的に動いた〔読売新聞（2017.10.24）〕。しかし、希望の党側からも立憲民主党側からも抵抗感を示され、自ら名乗り出た「接着剤」の役割は果たせずに終わった〔読売新聞（2017.12.31）〕。

　2018年5月、希望の党は参議院議員が留まり続けていた民進党と合併し、国民民主党となった。この合併の際には立憲民主党の参加も呼びかけられたが、果たされることはなかった。その後もこの国民民主党と立憲民主党との再結集も何度も試みられたもののやはりうまくいかなかった。2020年9月に国民民主党の大半の議員が立憲民主党に吸収されたことで最終的に決着がついたが、国民民主党代表であった玉木雄一郎や民進党が分裂する前の最後の代表であった前原誠司ら少なくない議員が、合流に加わらず国民民主党に残ったため、完全なる再統合とはならなかった。また、岡田克也は、「接着剤」の役割を果たすことを最終的に断念し、この時立憲民主党に加わった。

　この「無所属の会」の岡田克也の事例は、第二節における新党さきがけの武村正義、第三節における自由党の小沢一郎と何が違ったのであろうか。前2つの事例では、政権獲得を強く願う勢力があり、またその願いを実現することを可能とする政党がありながらも、その政党との直接の連合が容易でないという政治状況が存在した。この両者の橋渡しが出来る存在として、政権獲得を強く願う勢力"が"彼らに「接着剤」役をお願いしてきたのである。一方、本節の事例は、「接着剤」役"が"連合の形成に積極的で、接着される側は消極的であった。このように、接着剤役を介した連合が成立するためには、「接着剤」役側ではなく、接着される側の方が積極的である必要があることが分かる。

第五節　韓国政治における「接着剤モデル」

　この「接着剤」という言葉は、韓国政治においては用いられているのであろうか。まず、日本において行ったように、韓国の『政治学大辞典』においても確認を行ったが、「接着剤」という言葉は載っていなかった。

　まず、日本における韓国政治の文献である、河信基（1990:158）では、「左右の**接着剤**的な中道路線で政局のキャスティング・ボートを握ろうとした民主党の受けた傷は大きく」とある。

　次に現地韓国での言説でも「キム・サンヒョン・チョン・デチョル最高委員の**接着剤**の役割を受け持ったヒョン・イチョル総務」〔国民日報（1993.03.15）〕や、「イ・ブヨン代表はこれと関連して、"地方自治制選挙で野党の惨敗が明らかな状態で手をこまねいていることは出来ない"として"段階的結合を通じて野党統合の**接着剤**の役割をする"と明らかにした」〔ハンギョレ新聞（1991.01.06）〕とあり、現地韓国においても、政治学用語にはなっていないものの、現実の政治の世界では日本と同じ意味合いで使われていることが分かる[90]。

　韓国政治の文脈や現地韓国における言説においても日本政治と同様の意味で「接着剤」という言葉が用いられているのであれば、金鍾泌を「接着剤」とした先行研究は無いのであろうか。直接的に「接着剤」と評したものは見出せなかった。ただ、チョ・ヨンホン建国大学客員教授は朝鮮日報に寄せたコラムの中で、

> 金鍾泌だけ大統領に成れなかったが、役割は重要であった。
> 金鍾泌のおかげで三金はビビンバのように混ぜられて、調和と均衡を成し遂げた。〔朝鮮日報（2016.09.26）〕

　何年か前のコラム[91]で金鍾泌を「熟成キムチ」と表現したことがある。金泳三は豚肉、金大中はガンギエイとすると、金鍾泌はその間の

　熟成キムチである。陸の豚肉と海のガンギエイを同時に食べると味がちょっとはじける。フィルタリングにならなかったためだ。真ん中に植物性キムチ、それもある程度発酵して熟したキムチで包んで食べてこそ味が中和する。中和されると、互いに衝突することがなくなり、それぞれの個性的な味が生きて動くのだ。だから高段者は中和を高く評価する。

　食べ物においてのみ中和は必要なのであろうか？利害・打算と各自の趣向が衝突する人間関係においてこそ、中和することが出来る存在が重要だ。深く中に入ってみれば中和の役割をする存在は大変重要であるが、ちょっとだけ見ただけではその重要性に気がつくことはない。ガンギエイと豚肉は味がはじけるが、キムチはそこまで露にならないというところに問題がある。無くなって初めて価値が分かる。

　キムチにも種類がある。浅漬けキムチと熟成キムチである。浅漬けキムチはその場で調味料をつけて直ぐに食べてしまうキムチだ。少し辛いがつうんと鼻にくる味がする。

　浅漬けキムチが好きな人は性格も辛い場合が多い。考えを中に閉じ込めておくことなく、すぐに表に出してしまう。私が観察してみると性格がせっかちな人は浅漬けキムチが好きな傾向がある。

　熟成キムチはちょっと違う。熟したので辛味は抜けている。キムチを漬ける時に使った調味料も酸化されてしまっている。粉唐辛子、ニンニク、塩辛などの調味料が歳月を経て発酵して溶け込んだ状態である。それで薄口となる。最初、口の中に入れた時は味が無いが、口の中で噛むと味が出てくる。

　この忠清道の熟成キムチの味が現代韓国政治史50年を貫いて要所要所に浸み込んでいる。朴正煕と金大中、そして金泳三と金大中の間で熟成キムチとしての役割があった。〔朝鮮日報（2018.06.25）〕

としている。

　これは実質的に金鍾泌に「接着剤」の役割があったと評している。しかし、文章をよく読めば分かるように、朴正煕と金大中、金泳三と金大中の間でその役割を果たしたとしている。本書で問題にしているのは、盧泰愚と金泳三、盧泰愚と金大中の間の話であって、プレーヤーが異なる。

　これは単にプレーヤーが異なるという話ではない。本書は連合政権の成立の要因を分析するものであるが、朴正煕－金鍾泌－金大中、金泳三－金鍾泌－金大中というような連合は成立していないため、全く別の話ということになる。

　一方、金鍾泌の死去に当たって、嶺南日報は「5・16軍事クーデターの核心の役割…YS牽制"自民連TK"時代開いて」という記事を掲載したがその中において、

> 　1990年「三党合同」の後、大統領候補となった金泳三（YS）と彼を牽制した民正系議員の間に軋轢ができ、TK勢力の中に反YS情緒がうごめき始めた。
> 　以後、民自党で侮辱を受けて離党し、自民連を創党したJPが1996年第15代総選挙で「緑色旋風」を起こし、全国で41議席を獲得した時、TKは自民連の看板で朴浚圭・朴哲彦ら10人が当選し、「自民連TK」時代を開いた。
> 　以後、JPの歩みは湖南政界とTK政界を繋ぎ合わせる架け橋の役割をした。1997年12月、大統領選挙を控えた7月に浦項北区の補欠選挙で当選した朴泰俊元国務総理（TJ。元ポスコ会長）が自民連に合流し、DJT（金大中＋金鍾泌＋朴泰俊）連合の一軸をなし、JPを間に置いて嶺・湖南が手を握ったわけである。〔嶺南日報（2018.06.25）〕

とした。短い新聞記事における記載であるため、細かいニュアンスをつかむのは難しい。ただ、ここでは金鍾泌は「架け橋」と表現されているが、これ

は本書で言うところの「接着剤」と同義と捉えていいであろう。すなわち、DJT連合において、金鍾泌は金大中派と盧泰愚派の間で「接着剤役」を担ったと言っているのは間違いない。ただし、「嶺南日報」ということもあってか、「嶺南」と「湖南」という「地域」の連合というニュアンスであるようである。詳しくは次節で述べるように、本書では、金鍾泌は「軍事勢力」と「民主化勢力」との間の接着剤という位置づけであるため、そこが異なる点である。

そして、三党合同連合で金鍾泌と一緒に連合に加わった盧泰愚派と金泳三派は共に嶺南政党であったため、地域間の橋渡し役という観点からは、DJT連合は説明出来ても三党合同連合は説明出来ない。

第六節　韓国政治における「接着剤モデル」の検証

第二節から第四節において、日本における「接着剤モデル」の実例を取り上げた。これについてここでまとめを行った上で「接着剤」の定義づけを試みる。

まず、「自社さ連合」ではさきがけなしでも過半数を確保していたため、「過大規模連合」であった。一方、「自自公連合」では、自民党と自由党が連合した時点では参議院で過半数を確保していない、「過小規模連合」であった。そして、公明党が連合に加わると、自民党と公明党のみで過半数を確保出来ていたため、一転して「過大規模連合」となった。したがって、「接着剤モデル」による連合では、必ずしも「最小勝利連合」にはこだわられていないことが分かる。

「自社さ連合」において、自民党と社会党が直接結びつくことが出来なかったのは、イデオロギーによるものである。一方、「自自公連合」において自民党と公明党が直接結びつくことが出来なかったのは、歴史的経緯によるものである。その両者を結びつけることを可能としたのが「接着剤」の役割を担った、さきがけ、自由党という少数政党である。この2政党はそれぞれ、距離感のある自民党－社会党、自民党－公明党の両方と強いコネクショ

ンを持っているという独特の立ち位置を持ち、キューピット役を果たすことが可能なのであった。これは人間関係が絡むことであるため、単純に政党対政党というだけでなく、例えばこの場合であれば、さきがけの武村正義、自由党の小沢一郎という「個人」が重要である。

　このため、「接着剤」の定義は

> イデオロギーや出自による政治的カラーの乖離、あるいは歴史的経緯から直接結びつくことが困難な2つの政治勢力の結節点となる政治家個人または政治勢力

とする。

　では、分析対象期間中に成立した韓国の2つの連合が、そのように「接着剤モデル」による連合と見なすことが出来るのかどうか、また金鍾泌に「接着剤役」としての資格があるのかを確認する。

　第一章第三節において、分析対象期間における韓国の各勢力は多少の差はあれどいずれも保守派であり、イデオロギーによる差別化は出来ないことを説明した。当然であるが、「接着剤役」の出番は存在しない。

　そして、同じく第一章第四節にて採り上げたように、その代わりに「軍事勢力－民主化勢力」という対立軸であれば差別化が出来ることを説明した。そこで、各連合を構成する勢力を軍事ないし民主化勢力でカラーリングして示したのが図8である。

三党合同連合…盧泰愚派（軍事）＋金泳三派（民主化）＋金鍾泌派（軍事）
ＤＪＴ連合…金大中派（民主化）＋盧泰愚派（軍事）＋金鍾泌派（軍事）

図8　各連合の勢力構成と各勢力のカラー

　第一章第四節でも述べたように、軍事勢力と民主化勢力の間に垣根が存在しているにもかかわらず、いずれの連合においてもそれを乗り越えて連合が成立していることが分かる。

　さらに詳しく見てみることにしよう。いずれの連合も盧泰愚派および金鍾泌派という軍事勢力と、金泳三派ないし金大中派という民主化勢力による連合となっている。このうち、盧泰愚派というものは、民主化するまで、すなわち分析の対象期間の開始直前まで軍事政権を担っていた勢力である。金泳三派や金大中派というのは、その盧泰愚派に対して民主化運動を繰り広げ、そのために迫害も受けてきた勢力である。それを踏まえると、単なる軍事勢力と民主化勢力による連合というもの以上に成立が困難であることが分かる。そして、そうであるにもかかわらず、その連合が成立しているのである。この「成立が困難であるはずの連合の成立」というものは、「接着剤モデル」による連合において見られる形態である。

　一方、上で話に挙がらなかった金鍾泌派はどうであろうか。第一章第二節で見たように、三党合同連合においては過大規模連合であり、金鍾泌派無しでも過半数の確保が出来た。一方、DJT連合では過小規模連合であるため、サイズの上からは金鍾泌派の存在は必須では無い。それでは、今見ているような軍事－民主化勢力という対立軸の上だと金鍾泌派はどうなるであろうか。金鍾泌派は朴正熙政権において政権を担い、金泳三派や金大中派の民主化勢力と対峙した勢力である。しかし、直前まで軍事政権を担当していた盧泰愚派と異なり、朴正熙政権はその前の時代の話である。朴正熙政権期には盧泰愚派と共に軍事政権を担っていたが、朴正熙が暗殺され、同政権が終了すると、金鍾泌は1980年のソウルの春において金泳三や金大中と共に民主化を志向した。そして、それが全斗煥、盧泰愚らの軍事クーデターによって潰えた後は、金泳三、金大中と同じく全斗煥、盧泰愚らによって強い弾圧を受けていたのである。これは第一章第四節の図1において、盧泰愚派よりも内側に配した理由でもあった。

　すなわち、日本政治におけるさきがけの武村正義や自由党の小沢一郎と同

じく、金鍾泌は盧泰愚とも、金泳三や金大中の民主化勢力ともコネクション
があったことが分かる。

　本章で見てきたように、「接着剤役」に必要なのは、その勢力を加えるこ
とで過半数を確保出来るかどうかではない。直接結びつくことが困難な2つ
の勢力の結節点となり得ることである。

　少なくとも今までの分析によって、分析対象期間中の韓国において成立し
た2つの連合は「接着剤モデル」による連合と見なすことは可能であり、ま
た金鍾泌派は「接着剤役」としての条件を満たしていることが分かる。しか
し、その一方で不可解なことがある。第一章第四節でも指摘したように、軍
事勢力と民主化勢力の間の垣根をわざわざ乗り越えなくても、軍事勢力内、
民主化勢力内だけで過半数を確保出来るのである。特に分析の対象時期は民
主化を果たした時期なのであるから、民主化勢力である金泳三派と金大中派
とで連合を組むのがごく自然である。その場合には勿論「接着剤役」は不要
である。

　本章第四節で見たように、「接着剤役」が自らその役割を果たしての連合
を志向したとしても接着される側の方が乗り気でない場合、その連合は成立
しない。「接着剤モデル」が成立するためには、接着される側が連合の形成
に積極的である必要があるのであった。これらが確認出来ない限り、この2
つの連合が「接着剤モデル」による連合であると断定することは出来ない。

小括

　前章までで政治学における一般的な連合モデルは勿論、韓国政治の実態に
即した地域連合モデルでも分析対象期間中に成立した2つの連合を上手く説
明出来ないことが明らかとなった。そこで、本章において、本書における仮
説である「接着剤モデル」の紹介を行った。

　第一節において、まず最初に「接着剤」という言葉の定義を提示しようと

したが、それが決まっていないことが明らかとなった。しかし、政治学において「接着剤」という言葉が用いられてこなかったわけでは無かった。このため、第二節から第四節において、日本政治において「接着剤」という言葉が用いられた実例を挙げながらその定義を考えた。

　その中で接着剤モデルによる連合には「最小勝利連合」は重要ではないことが分かった。一方、その連合が形成される前の時点で「接着剤役」と成る勢力が接着される側の両方の勢力と強いコネクションをもっていることが重要であるということが分かった。

　次に、そのように言葉の定義が定められていないのであれば、韓国政治において、この言葉が用いられていない可能性もある。現地で使用されていなくとも、本書で用いることは可能ではあるが、その難易度は上がると言える。第五節において、確認を行った結果、韓国においても学術用語として決まった定義は設けられていないものの、韓国政治に関する文脈で「接着剤」という言葉が用いられていることが分かった。

　そうすると、今度は逆に金鍾泌を「接着剤」とした先行研究が無いか確認する必要が出てくる。これについては、金鍾泌の死去を報じた嶺南日報の記事の中で「架け橋の役割をした」という表現が出てくる。ただ、「嶺南」と「湖南」という地域をつなぐ「接着剤」という意味合いであるようであり、本書の「軍事勢力」と「民主化勢力」の間の「接着剤」とは意味合いが異なっていた。

　最後に第六節において、分析対象期間中に成立した韓国の２つの連合が、日本政治で見てきたような「接着剤モデル」による連合と見なすことが出来るのか、特に金鍾泌に「接着剤役」を果たすことが出来るのかの確認を行った。この結果、金鍾泌はその資格を満たしており、また２つの連合は「接着剤モデル」による連合と見なすことは可能であるとの結論に至った。ただし、より容易な連合、特に民主化勢力同士での連合が成立しなかった理由と、金鍾泌ではなく、接着される側の方が積極的であるとの確認が取れなかったため、断定には至らなかった。それの確認については次章以降で行うことにする。

註

88) 一覧を見れば気がつくと思うが、版違いの同じ事典を併記している。これは版によって加除されている可能性を踏まえ、各版を確認したためである。

89) この年版での見出しは「さきがけ」である。

90) 鬼塚尚子 (2004) では、新党さきがけや自由党の後継政党である保守党などとの類似例として金鍾泌派である自由民主連合を挙げている。しかし、これはあくまでも政権に参加して与党としての政策実現や利益誘導を図ろうとする、中小政党の戦略選択の事例として挙げたに過ぎず、「接着剤モデル」の話ではない。また、そこで出された自由民主連合の話は、接着剤モデルによる DJT 連合に関するものではなく、むしろその DJT 連合が崩壊した後についてであり、本書で話している内容とは異なる。

91) おそらく直上で紹介している 2016 年のコラムのことだと思われる。

第五章

三金の歴史的背景

　前章の分析から、接着剤モデルで説明を行うためには連合が形成されるよりも前の時期、すなわち分析の対象期間の開始時である 1988 年に至る前の時期にどのような人間関係が構築されたのかということを詳しく見つめる必要があることが分かった。また、第二章第一節により、「人間関係」を見つめる、メインプレーヤーは金鍾泌に金大中と金泳三の三金であることが分かっている。

　したがって、本章では 1988 年に至るまでに三金を中心としてどのような人間関係が形成されてきたのかを詳しく見ていくことにする。

第一節　植民地時代

　金鍾泌は 1926 年 1 月 7 日、父・金相培 (김상배) と母・李貞薫 (이정훈) の間に生まれた。李貞薫は男子のみの 7 兄弟を産み、金鍾泌はそのうちの 5 番目であった〔金鍾泌 (2017:786)〕。

　金泳三は 1927 年 12 月 20 日、父・金洪祚 (김홍조) と母・朴富連 (박침배) の間の三男五女の長男として生まれた。二人の弟は夭折したため、金泳三は一人息子として育てられた。母・朴富連は 1960 年 9 月に生家に押し入ってきた北朝鮮ゲリラによって殺害されてしまう。父・金洪祚は長く一人暮らしを

続けていたが、1985年になって李守南（이수남）と再婚した〔朴永圭（2015:295-296）〕。

　金大中は、1924年1月6日、父・金雲植（김운식）と母・張守錦（장수금）の間の三男一女の長男として生まれた。しかし、張守錦は妾であり、金雲植は本妻・金順礼（김순례）との間にも一男二女をもうけていた。このため、1960年に金雲植が金順礼と離婚し、張守錦と再婚するまでは金大中は庶子であり、再婚後は次男となった〔朴永圭（2015:339）〕。

　金泳三は単に長男というだけでなく、唯一の跡取りであり、甘やかされて育てられたことが容易に想像出来る。一方、金大中は妾の子という複雑な環境の中で生まれ育ったため、相当なコンプレックスを抱えて育ったことであろう。7人兄弟の五男という金鍾泌は、金泳三、金大中に比べると一般的な幼少期を過ごしたと言える。

　また、金鍾泌の家は富農であり、父は村長などをしていた。金大中の父も妾を持てるほどの資産家であり、やはり村長を務めていた。同様に、金泳三の家も網元であり、いずれの家庭も金銭的には恵まれていたと言える。第二章第四節でも見たように、彼らの年代で高等教育を受けられた人間は非常に限られていた。彼らは金銭的に恵まれた家庭環境を持っていたことで、その一握りの人間となり得、そしてそれはそれが高い見識を要する政治の世界へと躍り出ることも可能としたのであった。

　実際、金鍾泌と金泳三はソウル大学に通っていた。金泳三は無事に卒業出来たが、後述するように、金鍾泌は在学中に父が他界してしまったため、ソウル大学を卒業することは出来なかった。しかし、それまでに培われてきた高い教養によって、陸軍士官学校への入学へと繋がったのであった〔金鍾泌（2017:684-685）、小谷豪治郎、金石野（1997:67-68）〕。

　一方、金大中は満州に設立された建国大学に通う予定であったが、朝鮮を植民地としていた日本が太平洋戦争を始めたため、満州に行くことが出来なくなった。通っていた木浦商業高校も繰り上げで卒業となり、海運会社に就職することになってしまった。このため、金鍾泌や金泳三と異なり金大中

は大学で高等教育を受ける機会を逃してしまっている。しかし、木浦商業高校は全国に知られた名門であり、そこに首席で入学した金大中の素質は金鍾泌、金泳三に劣るものではなかった〔金大中（2011a:17,20-21）〕[92]。

　少年・金鍾泌は近所でも評判のガキ大将であり、特に朝鮮人の子供を馬鹿にした日本人の子供をいじめていたため、彼の母親は頻繁に日本人の家を訪ね、謝罪を繰り返すことになってしまった〔小谷豪治郎、金石野（1997:50）〕。

　金鍾泌は扶餘公立普通学校、続いて公州公立中学校に通った。この学校では日本の戦争物資を提供するという「勤労奉仕」を行なっていたが、金鍾泌は友人らとサボタージュをしながら、勤労奉仕を減らす方法を研究し、悪質な日本人教師に対する排斥運動も行った〔小谷豪治郎、金石野（1997:51）〕。同校を4年で卒業し、1944年4月、日本の中央大学予科に入学した。しかし、食糧不足に耐えられなかったことと、太平洋戦争の拡大により、日本軍が志

父・金相培
写真提供：雲庭財団

母・李貞薫
写真提供：雲庭財団

2歳の時の金鍾泌

写真提供：雲庭財団

願入隊という名目で朝鮮人留学生たちを強制入隊させていたため、程なくして朝鮮へと舞い戻った〔小谷豪治郎、金石野（1997:56）〕。朝鮮の地に戻ったのち、大田師範学校講習科に入学した。一年間の課程を修了した後、1945 年 4 月に保寧郡川 北国民学校に教師として赴任した。同校は海辺の僻地にあり、赴任に当たって、金鍾泌は広 川駅から 12 km にも亘る道のりをウンウンうめきながら行くことを余儀なくされた。学校での成績が良かったにもかかわらず、僻地への赴任を余儀なくされたのは、教育実習先の学校の日本人校長の朝鮮人を蔑視する態度に我慢がならず、気絶寸前まで殴打し、憲兵隊のお世話になったからであった。拘禁は一週間のみであったが、牢屋をはい回っていたノミによって発疹チフスに感染し、生死の境をさまようことにもなった〔金鍾泌（2017:670-671）〕。

　1945 年 8 月 15 日の日本の敗戦、すなわち朝鮮にとって日本からの解放の日を偶然にも三金はいずれもそれぞれの実家で迎えていた。日本標準時でこ

の日の正午に行われた、昭和天皇による「大東亜戦争終結の証書」の音読放送、いわゆる玉音放送はソウルの中央放送局で中継され、朝鮮半島全土でも聴くことが出来た。

金大中と金泳三は、この放送の開始を待ち構え、最初からきちんと聴いていた。一方、金鍾泌は学校が夏休みに入り、実家に戻っていたのだが、玉音放送が始まった時には、昼寝をしており、ラジオの前にはいなかった。金鍾泌が放送を聴き出したのは、その内容に驚いた母親が金鍾泌をたたき起こしてからであった〔金鍾泌（2017:675）〕。

放送を聴いた金鍾泌は、すぐにソウルへと向かい祖国が解放されたことを実感すると、日本の支配から一日も早く脱却するためには子どもたちに民族教育をする必要があると考え、ソウル大学の教育学部に入学した。しかし、

ソウル大学在学時の金鍾泌（1948.2）
写真提供：雲庭財団

在学中に父親が亡くなったため、大学の中退を余儀なくされた〔小谷豪治郎、金石野（1997:56-61）〕。生活に困窮する中、警備隊募集の看板を見つけ、入隊を決めた。しかし、訓練が過酷を極めたため、ついていけず逃げ出してしまった。逃亡の後、自責の念と自虐、羞恥心が押し寄せる中、街中で偶然目にした軍人たちの姿に過ちを悔い改め、軍隊に復帰することを決めた〔金鍾泌（2017:679-684）〕。

第二節　李承晩政権（第一共和国）期

　1948年8月9日に金鍾泌は軍隊に再入隊したが、その直後である8月15日にアメリカの軍政は廃止され、李承晩を首班とする韓国政府が樹立された[93]。続く9月9日には金日成（김일성）を首班とする北朝鮮政府も樹立された。

　そのような情勢の中、韓国の最高学府であるソウル大学で学んでいた鋭才を一兵士としておくのは惜しいと考えた上官の計らいによって、1949年1月、陸軍士官学校に8期生として入学することになった。これが金鍾泌の運命を大きく決めることとなった。

　上述の通り、この時期は韓国政府が樹立された直後であったため、初級幹部の需要が大きく膨らんでいた。このため、8期は即席培養され、わずか5カ月後には卒業を迎えた。金鍾泌は1260名の卒業生の中でトップの成績であったが、面接試験の試験官の1人が兄の友人であり、昔を思い出して思い出し笑いをしてしまったところ、不遜であるとして、成績を落とされ、最終的に6位となった〔金鍾泌（2017:685）〕。この8期は朝鮮戦争において、下級士官として多くが前線で戦ったため、全体の3分の1におよぶ367人が戦死し、35人が行方不明となっている。金鍾泌に代わって首席で卒業した者は戦争の勃発直後に戦死してしまったため〔金鍾泌（2017:686）〕、結果から見ると6位に落とされて良かったと言えるかもしれない。

　陸軍士官学校を卒業した金鍾泌は、少尉に任官され、陸軍本部情報局戦闘

情報課に配属された。同局には朴正熙が作戦情報室長として勤務しており、これが二人の運命的な出会いとなった。この時、朴正熙は「共産主義者」と疑われて、軍籍を剥奪され、かろうじて文官として同職を務めていた〔小谷豪治郎、金石野（1997:69-70）〕。上官と部下の関係であった朴正熙と金鍾泌は、1951年2月に金鍾泌が朴正熙の兄の娘である朴榮玉（박영옥）と結婚したことで、縁戚関係も生まれ、一層強固な関係となった。この二人の初めての出会いは朴正熙に紹介されてのものであり、また結婚も朴正熙に勧められてのものであった〔金鍾泌（2017:694-95）〕。

　1956年3月15日、次期正副大統領を選ぶ選挙が行われた。それに先立って、李承晩大統領は1954年11月に、俗に「四捨五入改憲」と呼ばれる、第二次憲法改正を行った。これは、それまで大統領は4年2期までと定められていた再任制限を撤廃し、終身大統領への道を開いたものであった。この改憲案は定員203人のうち賛成票を投じたのは135人であった。改憲には在籍

金鍾泌と朴榮玉の結婚式の写真（1951.2.15）
写真提供：雲庭財団

議員の 2/3 の賛成が必要であったが、135 人とはそれに 1 人足りない人数であり、一旦は否決と公告された。しかし、これを政府与党は 203 の 2/3 の正確な数値は 153.333…である。これを四捨五入すれば 135 であり、その人数の賛成票を得ている今回の改憲案は可決されているとして強引に憲法を改正した。

　この強引な手法は民衆の李承晩への支持率低下を招いた。これにより、なんとしてでも当選を勝ち得たい李承晩は大統領選挙において、より強引な手法を取ることとなった。野党の大統領候補である趙炳玉（조병옥）が 1 月に病気療養のため渡米すると、当初 5 月に予定されていた選挙時期を 2 カ月前倒しして 3 月に早め、野党の反発を無視して押し通した。

　その後、趙炳玉が 2 月に急死してしまったため、李承晩自身の大統領再選は事実上確定したが、副大統領選は前回選挙で野党候補の張勉が勝利してしまっていたこともあり、油断は出来なかった。あらゆる政府系機関を動員した組織選挙、野党候補の選挙活動への妨害が行われ、投票でも様々な不正が行われた。不正を行いすぎたため、与党候補の得票数が有権者数を上回ってしまう地域が出たほどである〔池東旭（2002:51-52）〕。李承晩は 100%、与党の副大統領候補である李起鵬も 79% の得票を得て当選したと発表されたが、民衆は納得しなかった。4 月 19 日には大規模なデモが起こり、4 月 26 日、李承晩は下野を発表した。許政（허정）を首班とする過渡政権を経て、韓国は第二共和国時代へと進むこととなった。これを 4・19 革命（4.19 혁명）と言う[94]。

第三節　張勉政権（第二共和国）期

　1960 年 4 月に李承晩が下野したのち、6 月には憲法の改正（第二共和国憲法）が行われた。新憲法に基づいた議会選挙が 7 月 29 日に行われ（第 5 代総選挙）、第二共和国が発足した。強い大統領制が李承晩の独裁を許したとの反省か

ら、第二共和国では大統領は儀礼的な国家元首に留め、政治的実権は国務総理が握るという議院内閣制となった。また、国会は民議院、参議院による両院制となった。国会は権力構造の中心とされ、行政府の権限は弱体化した〔池東旭（2002：63）〕。

　長年に亘って韓国を牛耳ってきた李承晩による権威主義体制を終わらせ、新たに民主主義体制を成立させた韓国であったが、新体制はその最初から暗雲が立ち込めていた。

　李承晩の自由党に変わって政権を獲得したのはそれに対立していた野党・民主党であった。民主党は下院に当たる民議院では2/3どころか、3/4を占める175人（定数233）を獲得した。上院である参議院でも32人（定数58）と過半数を獲得した。革新政党の社会大衆党は下院4人、上院1人、前与党の自由党は下院2人、上院4人に過ぎず、民主党だけであらゆることを決めることが可能であった。

　しかし、民主党は打倒李承晩で固まっていただけに過ぎず、いざ李承晩を倒してしまうと内紛を起こすこととなってしまった。民主党内の主な勢力には旧派と新派が存在した。旧派は解放直後の地主階級など有産階級を代表した韓国民主党（韓民党）の流れを汲み、地域的には中南部が多かった。金性洙（김성수）、申翼熙（신익희）、趙炳玉などがリーダーであったが、相次いで没したため、尹潽善（윤보선）、金度演（김도연）系に分かれ、集団指導体制に移行していた。一方の新派は軍政庁や李承晩政権の高級官僚や法曹界出身など実務に長けた新興テクノクラートが主流であり、38度線以北出身者が多く、張勉がリーダーであった〔池東旭（2002：63-64）〕。

　選挙で圧勝した民主党の中では、旧派が新派よりもやや優勢であった。このため、旧派は大統領と国務総理の両方の独占を目論んだ。勢力で劣る新派は大統領職を捨て、実権を持つ国務総理職に注力する作戦であった。8月12日、まず大統領に旧派の尹潽善が選ばれた。これは、個性の強い金度演よりも名門出身でおっとりとした尹潽善の方が御しやすいと考えた新派が尹潽善を支持したためである。続く国務総理に尹潽善は同じ旧派の金度演を指名し

たが、新派が無所属議員を味方につけたため金度演はわずか3票差で否決され、代わって新派の張勉が8月18日に国務総理に選出された〔池東旭（2002:64）〕。これによって新派・旧派の溝は決定的になった。旧派は新派との決別を決意、分党を宣言した。

　一方、民主党が圧勝したからといって民衆が民主党を積極的に支持していたことを意味しない。李承晩を下野させる原動力となった学生や民衆自身が直接政治に参与出来なかったため、消極的に民主党を選択したに過ぎなかった〔池東旭（2002:62）〕。民衆は内紛を繰り返す民主党政権に満足しなかった。その不満が、成功体験を得たばかりのデモの形で表出するのは自然の成り行きであった。民主党政権期、デモは1,835件、のべ97万人が参加した。これは1日当たり7.3件、3,800人が参加していたことになる。これに対し、民主党政権は初期の3カ月間に治安担当の内務長官が3人も更迭され、警察官も全体の1割を超える4,500人が罷免された〔池東旭（2002:62）〕。

　この頃、金鍾泌は中佐になっていた。しかし、軍の創設時に20代の青年が将校となり、朝鮮戦争の勃発により、一気に将軍になっていた。一方、金鍾泌ら陸士8期生は、戦争期間中は急ピッチに昇進したものの、戦後は上が詰まっていたため、それ以上の昇進の見込みがなかった〔池東旭（2002:99-100）〕。例えば金鍾泌は1949年5月に陸軍士官学校を卒業し、少尉に任官してから二カ月足らずの7月には中尉に昇進、1年強後の1950年10月に大尉、1953年3月に少佐となった。しかし、ここで戦争が休戦となったため、それから8年を経た1961年の時点でもそこから1階級しか昇進出来ていなかった〔金鍾泌（2017:788-792）〕。

　金鍾泌ら陸士8期生は、韓国建国後初めて陸軍士官学校に入学したため、「8期」ではあるものの、実際には自分たちが真の1期生であるというエリート意識があったが、この状況は彼らのプライドを踏みにじるものであった〔木村幹（2008b:94）〕。4・19革命が起こると、政界の再編にともない、軍でも人事が一新されるのではないかという希望を彼らは持った。金鍾泌らは、

国防部長官と陸軍参謀総長に辞任を迫り、新政権で国務総理に就くとみられていた金度演に朴正煕を参謀総長に据えるよう要求した。

しかし、軍の人事一新は行われなかったばかりか、金鍾泌らの動きは韓国の政府と軍上層部、そしてアメリカ政府の警戒を招き、1961 年 5 月末をもって予備役に編入されることとなった。瀬戸際に追い込まれた彼らは、クーデターという賭けに出るしかなかった〔木村幹（2008b:95）〕。

アメリカは、冷戦の最前線である韓国の政情が安定しないことを不安視していたため、たとえ軍事政権であっても安定した政権の誕生を歓迎していた。このこともあって、5 月 16 日に決行されたクーデター、すなわち 5・16 クーデターは成功裏に終わった。

第四節　朴正煕政権（第三、四共和国）期

クーデターを起こした朴正煕と金鍾泌は、「国家再建最高会議」という軍事政権を設立した。しかし、金鍾泌は「革命設計者」であったにもかかわらず、この会議の委員には就任せず、中央情報部を設立し、その初代部長となった。金鍾泌はその理由として「国家改造という大仕事を成し遂げようとすれば、悪役も必要だ。革命精神、決起の意思を知る者がその役割を主導しなくてはならない」とした〔金鍾泌（2017:119）〕。

金鍾泌は民政移譲に備えた新党結党の必要性を朴正煕に訴え、その結成に着手した〔金鍾泌（2017:160）〕。金鍾泌は新党作りに際して、非主流派を排除したため、非主流派からの強い反発を招いた。このため、金鍾泌は陸軍准将で予備役に編入され、中央情報部長の職も辞任することになった。

軍から退いた金鍾泌はその分、新党設立に力を注いだ。新党の名称は当初「再建党」であったが、金鍾泌のアイデアで「民主共和党（민주공화당）」となった。この党名はアメリカの二大政党である民主党と共和党の両方の名前を使うことでアメリカのように平和で自由で民主的に生きられる国を作ることを

目指したものである。また、この名前にはフランス革命による共和主義の精神も込められていた〔金鍾泌（2017:162-163）〕。

　この新党・民主共和党は 1963 年 2 月 26 日に発足したが、党内外からの反発を受けた金鍾泌はほとぼりが冷めるまで外遊を余儀なくされた。

　軍事政権は新党の結成に向けて動く一方で、既存の政治家たちの政治活動を禁止して政界から追放した。金泳三は 1951 年 1 月に張澤相・国会副議長の秘書に就いたことで政治活動を開始し、1954 年 5 月 20 日には第 3 代総選挙で与党自由党から立候補し、国会議員に当選している。しかし、四捨五入改憲に反対して同年 12 月に離党したため、自由党に属していたのはわずか 7 カ月だけであった。四捨五入改憲を契機にし、反李承晩勢力が結集し、民主党が結成されると、金泳三もその末席に加わった〔金泳三（2000a:101）〕。自由党時代は張澤相を政治における師としていたが、張澤相は民主党に加わらなかったため、民主党では旧派の領袖である趙炳玉を師とした[95]。朴正熙・金鍾泌による軍事クーデター時には金泳三は民主党から離脱した旧派によって設立された新民党の院内副総務兼青年部長であったが、この軍事政権による追放リストに金泳三の名前もあり、政治活動を禁じられてしまうこととなった。

　金大中も 1955 年、民主党に入党したが、新派の領袖である張勉に目をかけられ、新派に属した。金大中と金泳三は同時期に民主党に入党しながらも所属した派閥が異なり、のちに繋がる複雑な関係は既にこの時に始まっていたのである。金大中は 1961 年 5 月 14 日に行われた補欠選挙にて当選を果たした。金大中はそれまでにも 3 度挑戦していたが果たせず、4 回目にして漸く当選を果たした。しかし、そのわずか 2 日後に軍事クーデターが起こり、国会は解散されたため、金大中は一度も登院しないままその資格を失った。金大中も金泳三と同様政治活動を禁止されたが、この時、新派が軍事勢力の主攻撃目標とされたため、同派に属する金大中への取り調べは過酷なものとなり、期間も 3 カ月に亘った〔金大中（2000:87-89）〕。これにより金大中の軍事政権に対する恨みは骨髄に達した〔池東旭（2002:217）〕。

　一方の金泳三も取り調べを受けたが、それは金大中に比べればはるかに短い28日間に過ぎず〔金泳三（2006:46）〕、政治活動の解禁も金大中よりも4週間早かった。そして、第一節で述べたように、母親を北朝鮮ゲリラに殺害された金泳三は反共主義者となっていた〔池東旭（2002:197）〕。後に軍事政権に対して強硬である一方、太陽政策にも見られるように、北朝鮮寄りであった金大中とその逆の金泳三の性向はこのあたりに根があるのかもしれない。

　ところで、金鍾泌は民主共和党の結成に当たって、金泳三に参加を呼びかけていた。これが金鍾泌と金泳三の初の出会いであった。金鍾泌はこの際に受けた金泳三の印象を「我の強さが並々ならない人物だな、意地が牛の筋のように張っているが、嘘はつけない人だ」とし〔金鍾泌（2017:604）〕、金泳三は金鍾泌の印象を「ロマン派」「気分派」と評した〔金泳三（2000a:160-161）〕。

　民政復帰を前に行われた第5代大統領選挙において、朴正熙は民主化勢力側の尹潽善候補にわずか15万票差で辛勝した。しかし、その次の第6代総選挙では両者の差は100万票以上に開いた。クーデターによって大統領職から追放されたことを承服していなかった尹潽善は、この結果を受け入れず、ますます頑なになった〔木村幹（2008b:104）〕。軍事政権に対する最強硬派となった尹潽善は、自身の大統領選挙に協力しなかった人々を朴正熙の権力維持に協力した「サクラ」であると批判し、批判された人々も尹潽善を「無責任な扇動政治家」として批判した。この結果、軍事政権に対する民主化勢力は一纏まりに成ることが出来なかった〔木村幹（2008b:105）〕。尹潽善によって「サクラ」と呼ばれた人の中には金大中もいた。このようにして、金大中は軍事政権に対してだけでなく、民主化勢力内の別の派に対する思いも屈折したものとなっていった。政治活動が解禁された後、金泳三は党スポークスマンや民衆党の院内総務など着実に政治的経歴を積み上げていったが、この院内総務職は本来金大中が就任するはずのものであった〔木村幹（2008b:104-105,143）〕。このため、その「思い」の対象は、より金泳三に対して向けられるようになった。

　李承晩が自身の終身大統領化をもくろんだことに対する反省から、第三共和国憲法では大統領の任期は4年で再選は1度のみ認められていた。しかし、朴正煕は再度憲法を改正し、自身の三選への道を切り開こうとした。ここで一番問題になるのは野党勢力ではなく、一番の身内である金鍾泌を支持する人々であった。憲法の規定通りであれば、朴正煕は次の選挙には出られない。後継者を決める必要がある。そうなればその一番の名前が挙がるのは当然金鍾泌であった。したがって、朴正煕にとって、金鍾泌待望論を唱える人々が自身の三選への道を阻害する存在となるわけである。

　金鍾泌は朴正煕に対する批判の矢面に立たされることが多く、その度に政治の中枢から外された。その間に「四人組」と呼ばれる反金鍾泌派が政権内で台頭していた。1965年12月27日、金鍾泌は党議長[96]に復帰したが、反金鍾泌派のために党総裁[97]に次ぐナンバー2としての実権を握ることは出来なかった〔金鍾泌 (2017:283)〕。この「反金鍾泌派」はTK勢力でもあった〔金鍾泌 (2017:280)〕。既述のように「地縁」を重視する韓国 (朝鮮) では、TK地域出身の朴正煕の周囲にも同郷のTK地域出身の人士が集まっていたが、彼らはTK地域出身ではない金鍾泌に反感を募らせていた〔池東旭 (2002:109)〕。このTK勢力の系譜に連なるのが全斗煥、盧泰愚であり、これが第五共和国での金鍾泌の弾圧や三金時代における盧泰愚派と金鍾泌派の複雑な関係の端緒となっているのである。

　朴正煕は中央情報部長に金 炯 旭 （김형욱） を起用した。金炯旭は金鍾泌と同期の陸士8期生であったが、金鍾泌とは反目していた。この金炯旭による中央情報部は金鍾泌待望論を唱える人々を連行し、厳しく追及を行った〔池東旭 (2002:109-110)〕。このような事態に失望した金鍾泌は1968年5月、党議長はおろか国会議員も辞職し、政界引退を宣言してしまった。朴正煕は金鍾泌支持派を徹底的に弾圧して、自身の三選への道を切り開いた上で1969年、金鍾泌を政界に復帰させ、今度は反金鍾泌派を弾圧した。このように、金鍾泌は政権運営に必要でありながらもそれだけに自身の身を脅かす存在で

あるとして、起用と弾圧が繰り返されることとなったのである。

　金鍾泌にとって、朴正熙政権は自身がクーデターを起こして樹立させた政権である。しかもトップの朴正熙は自身と姻戚関係にある人物である。普通であれば、自身の身は安泰であるはずであったが、むしろもっとも危険な人物として朴正熙にマークされることになってしまったのである。しかし、この時に培われた経験が、金鍾泌が半世紀に亘って韓国政界を生き延びさせた「処世術」となったのである。

　1969年、朴正熙が三選禁止憲法を改正し、1971年の大統領選挙出馬を決めると、金泳三は次期大統領選挙では若く力強い四十代が野党候補として選出されねばならないという、「四十代旗手論」を展開し、大統領候補に相応しいのは自分であるとした。しかし、選ばれたのは金大中であった。これは軍事勢力側の、自分たちと同じ嶺南を地盤にする金泳三が野党候補になれば嶺南票が割れてしまうが、湖南の金大中ならば嶺南票を総取り出来、自らに有利になるとの思惑からであるとも言われている。こうして、この1970年の大統領選挙から選挙で地域感情が動員されるようになった。同時に、金泳三と金大中が宿命のライバルとなったのもこの1970年の第7代大統領選挙からである〔池東旭（2002:197-198,218-219）、森康郎（2011:72-73）、金泳三（2008:89-90）〕。

　この大統領選挙で軍事勢力側の思惑通り、朴正熙が金大中に勝利した。しかし、官権、金権を総動員したにもかかわらず、薄氷での勝利であった。このため、軍事勢力側はこのまま行けば次回の選挙では金大中に負けると危機感を募らせ、彼を最大の要注意人物と認識するようになった。これが1971年5月の交通事故を装った金大中暗殺未遂事件や1973年8月の金大中拉致事件へとつながっていくこととなり、金大中の軍事勢力に対する感情もますます屈折したものとなっていくこととなった。

第五節　全斗煥政権（第五共和国）期

1979年10月26日、朴正煕大統領が金載圭（김재규）大韓民国中央情報部部長によって殺害された。これによって、20年近くに及んだ朴正煕政権はあっけなく終わりを迎えた。

後任の大統領には国務総理であった崔圭夏が就任した。同じく空位となった与党の総裁には金鍾泌が就任した。

空白が生じたのは軍組織も同じであった。三大権力機関のうち、大統領府警護室はトップである室長が朴正煕と共に暗殺され、中央情報部はトップがその殺人犯であった。このため、被害者と加害者という違いこそあれ、どちらもトップが不在となったという点では同じであった。このため、唯一残った国軍保安司令部の立場が強化されることとなった。同司令官の地位にいたのが全斗煥である。全斗煥は朴正煕暗殺を知ると即座に金載圭を逮捕し、中央情報部を急襲、武装解除した。こうして事件の合同捜査本部長と成ると、全斗煥12月12日に、陸軍トップの鄭昇和（정승화）参謀総長を大統領暗殺の共犯容疑で逮捕した。このいわゆる粛軍クーデターにより全斗煥は軍の実権を掌握した。

全斗煥と行動を共にしたのが盧泰愚ら陸士11期を中心とする新軍部であった。陸士11期は朝鮮戦争終了後に陸軍士官学校が再開された最初の期であり、それまでの速成教育とは違い、4年に亘る米軍式の軍事教育を受けた。このため、自分たちこそが真の陸士1期生だとし、韓国軍のエリートを自負していた〔池東旭（2002:149）〕。

金泳三は朴正煕政権末期、政権と激しく対立し、軍事政権から強い迫害を受けていた。この金泳三を支えていたのが、政治活動を禁止されていた金大中であった。朴正煕が暗殺されると、金泳三は新民党総裁に返り咲いた。同じく金大中も政治活動が許された。ここに、金鍾泌、金泳三、金大中の三金

による「ソウルの春」が到来した。

　金大中の政治活動が許されたため、金泳三は金大中に入党し、党顧問への就任を要請した。しかし、金泳三が主導権を握る新民党の中で埋没することを恐れ、金大中はその要請を拒否し、独自勢力を結成した。

　全斗煥、盧泰愚らがこの金泳三と金大中の対立を見逃すはずがなかった。5月17日、全斗煥、盧泰愚らは5・17軍事クーデターを起こした。金大中は逮捕され、軍法会議で死刑判決を受けた。金泳三は逮捕こそされなかったものの、自宅軟禁とされ、政界引退を強制された〔池東旭（2002:200）〕。

　この流れは完全にデジャブである。第三節で見たように、李承晩による第一共和国が崩壊し、民主主義体制である第二共和国が成立したにもかかわらず、民主化勢力内で尹潽善らによる旧派と張勉による新派による対立が起こり、朴正熙・金鍾泌らによる軍事クーデターを招いた。これが、旧派の系譜に連なる金泳三と新派の系譜に連なる金大中に置き換わり、金鍾泌らによる陸士8期を中心とした旧軍部が全斗煥・盧泰愚らによる陸士11期の新軍部に置き換わっただけであった。これは、フランス革命によって第一共和政を樹立したにもかかわらず、ナポレオンによる第一帝政を経て再度王政に戻り、第二共和政、第二帝政、第三共和政と同じことを繰り返したフランスと同じであった。2度あることは3度ある。韓国においても、今後も同じことを繰り返していく危険性は十分にあった。

　朴正熙の後継者と自他共に認めていた金鍾泌は、軍部の支援を取り付けることが出来ず、全斗煥のクーデターに膝を屈することになった。金鍾泌は不正蓄積者として逮捕され、216億ウォンを没収された。これには、嶺南地域を主体としていた軍事勢力内において忠清地域出身という出自が影響していた〔池東旭（2002:148）〕。

　選挙によらず成立した軍事政権は正統性の問題を抱えている。「選挙」に代わって「前政権の腐敗の一掃」をそのよりどころとせざるを得ない。朴正熙の後継者と自他共に認めていた金鍾泌はむしろそれがために「前政権の腐

敗」の代表とされ、激しい弾圧を受ける憂き目となったのである〔木村幹（2013:107）〕。

　朴正煕政権も全斗煥政権も共に軍事クーデターによって成立した軍事独裁政権である。中核を担うのは同じ軍人である。このため、一見同じもののように見える。朴正煕政権の流れをくむのが金鍾泌派であり、全斗煥政権の流れをくむのが盧泰愚派である。両派は同じ軍事勢力であり、一緒に汗をかいた間柄であった人も多い。

　例えば、1997年に金鍾泌の自由民主連合に入党し、同党の総裁を務めた朴泰俊は、士官学校に入校したときの教官が朴正煕であり、以降親密な関係を築いていた。1961年の朴正煕、金鍾泌による5・16軍事クーデターには直接関与しなかったものの、浦項総合製鉄の社長に就任し、同社を世界屈指の大企業に成長させるなど経済面から朴正煕政権を支えていた。それが、全斗煥政権になると、同政権の与党である民主正義党所属議員として政界に進出し、後には同党の代表にもなっている。

　しかし今述べたように、全斗煥は自らの正統性確立のため、前政権の中枢にいた人物を弾圧し、差別化を図らなくてはならなかった。同じ軍人とはいえ、朴正煕政権の時の旧軍部勢力とは異なる、新軍部勢力であった。政治家も朴正煕政権時代の与党であり、金鍾泌が設立した民主共和党は引き継がなかった。それどころか、同党は解散に追い込み、所属政治家たちは活動停止となった。全斗煥は代わりに自らの与党として民主正義党を設立したのであった。第二章第四節でも見たように、このようにして、後に金鍾泌派となる旧軍部勢力と、後に盧泰愚派となる新軍部勢力は同じ軍事勢力とは言いつつも、別の勢力なのであった。

第六節　民主化宣言と三金時代の幕開け

　全斗煥政権期における民主化勢力の政党は李敏雨（이민우）を党首とする、

新韓民主党であった。1986 年 12 月、李敏雨は軍事政権が提案した議院内閣制による改憲を容認する姿勢を打ち出した。これに反発した金泳三は 4 月 8 日、自派議員を引き連れて離党し、1987 年 5 月 1 日新党・統一民主党を立ち上げた。このような民主化勢力内の内紛に対して、軍事独裁政権側はこちら側が改憲の提案を行っているのに、民主化勢力側は内部闘争を繰り広げるばかりでまともに対応出来る状態ではないとして 4 月 13 日、改憲を棚上げする旨の発表を行った。

この時、金泳三の政治活動は既に解禁されていたが、より強硬な弾圧が行われていた金大中は未だ解禁されていなかった。このため、金大中は金泳三の活動を支援し、自派議員も金泳三の統一民主党に参加させていた。このように、民主化勢力内の二大巨頭である金泳三と金大中が協力関係を築いたことによって、韓国の民主化運動は一気に高まりを見せ、「六月民主抗争」と呼ばれる大規模デモが各地で起こされた。

このような状況下では、軍事独裁政権側は目論んでいた改憲の棚上げは勿論のこと、議院内閣制への改憲を推し進めることも困難であり、金泳三、金大中が主張する大統領直接選挙制への改憲を飲まざるを得なかった。6 月 29 日、軍事独裁政権における次期大統領候補である盧泰愚によって、大統領直接選挙制改憲を骨子とした「6・29 民主化宣言 (6.29 민주화 선언)」が発表された。

これに対して、金泳三や金大中ら民主化勢力はただちに憲法改正交渉に入った。この交渉の結果一般に「第六共和国憲法」と呼ばれる、憲法の第 9 次改正は 10 月 27 日の国民投票で確定し、同 29 日に公布された。そして、この新憲法に基づいた大統領直接選挙が 12 月 6 日に行われることとなった。

このように、民主化への道が開かれることが決まったが、それでお話は終わるわけでは無い。それは単に次なるステージへと話が進むに過ぎなかった。そして、その「次なるステージ」は決してバラ色に包まれたお話とはならなかった。1960 年、デモ活動によって李承晩による第一共和国を倒し、

民主化勢力である民主党による第二共和国が成立した。しかし、打倒李承晩政権という目標のために一致団結していた民主党内の新派と旧派は、その目標を達成してしまったが故に、「自身が権力を握る」という新たな目標に向かって進むことになり、新派と旧派の対立という「次なるステージ」へと進むことになった。

　これと全く同じことが1987年にも繰り返された。「民主化」という目標のために一致団結していた金大中と金泳三であったが、それを達成した今、「自身が権力を握る」という新たな目標に向かって進み出したのである。こうした動きは民主化宣言が出されてから半月と経たない7月10日に金大中の赦免復権が行われたことで始まった[98]。そして、それまでにお互い相手に大統領候補の座を譲ると宣言していたため、事態はよりややこしくなった。

　　一九八七年のその時、私は野党の大統領候補統一問題については特に心配してはいなかった。私が復権すれば、金泳三氏は大統領候補を私に譲ると公言していたからである。すでに私は「六・二九宣言」によって公民権が回復した状態であった。

　　候補統一問題は焦眉の関心事として登場した。政界だけでなく市民たちまでが、集まるとこの問題を巡って話の華を咲かせていた。与党の民正党ではいち早く盧泰愚代表委員を候補に決め、結束して選挙態勢を固めていた。

　　私は側近をつうじて金泳三氏に約束の履行を求めた。ところが金泳三氏は態度を変え、自分が出馬すると言い始めた。彼が掲げた理由というのが奇怪だった。「金大中氏が候補になれば軍部が容認しないだろう」というものであった。長い間、同志的連帯感で結ばれ、同じ釜の飯を食べた二人が分かれることになった内幕がこれである。

　　事実のままに告白すれば、私は彼の言う「理由」が不愉快であった。二人が長い間ともに手をたずさえて闘った共同の敵は、まさに「軍事政権」ではなかったのか。そのためにあらゆる苦難を押しつけられ、

ついには死にも直面しながらも、二人は同志であり得たのだ。それなのにむしろ軍部を増長させるような言辞を弄するとは！

　私は今や、別れるときが来たと感じた。私の支持者たちに対する圧力も次第に強まっていた。ついに私たち「東橋洞系」は脱党して「平和民主党（平民党）」を結成し、大統領選挙に臨むことになった。〔金大中（2000:234）〕

　9月29日、私は金大中と外交クラブで再び会った。周囲の憂慮にもかかわらず、この日私は相当な期待をもって会談に臨んだ。私は、国内で粘り強く民主化闘争をしてきた私に候補を譲歩するように勧告した。金大中はついに譲歩するという言葉を発しなかった。交渉は決裂した。候補単一化に対する希望が崩れ去ったもどかしい一日だった。

　私が金大中の譲歩に期待を持ったのは、これまで金大中が私に見せてきた言動のためであった。まず、1980年（筆者註：原文ママ）についに新民党を見限った金大中が8月8日に統一民主党に入党するのを見て彼が変わったと考えるようになった。また、金大中は入党と前後して私と争わず野党の大統領候補単一化を成し遂げると何回も約束をした。候補単一化問題で金大中は私に自身が出馬しないという暗示を続けた。彼は単一化の時期をできるだけ遅らせようと言って、「今出馬しないと言えば私に従う支持者たちを失望させてしまう。両者の支持勢力を最後まで統合し、引っ張っていくためには出馬しないという話を今してはならない」と言ってきた。それで私は「不出馬宣言翻意」や「単一化時期遅延論」に対する周囲の憂慮にもかかわらず、金大中との対話に期待をかけたのだ。振り返ってみると、この当時私の判断が外れたのは、あくまでも金大中が意図的に自分の考えを私に明確にしなかったためである。〔金泳三（2000c:103-104）〕

　このようにして、両者の一本化交渉は9月29日に決裂した。10月26日、金大中は新党結成を宣言、11月12日に新党・平和民主党を結成するとともに、同党の大統領候補に金大中を選出した。一方、金泳三も11月9日に統一民主党の臨時全党大会を開催し、自身が同党の大統領候補となった。

　このような金大中、金泳三両氏の動きの中、一方、金鍾泌も9月28日政界復帰を宣言し、10月30日に新民主共和党を結成、同党の大統領候補となった。この時、金鍾泌が金大中、金泳三らの民主化勢力と行動を共にしなかったことについて批判を行う人がいたが、これについて金鍾泌は

　　私が1987年6・29宣言を引き出した民主化闘争に積極的に加わらなかったことを批判する人もいる。民主化を求める苦難の道程には加わらず、果実のみをかすめとろうとしたのではないかというのである。私はその間そのような話を聞いたら、ただ「ハッハッハッ」と笑うようにしてきた。そろそろ少し話をしてみようと思う。私は金泳三、金大中両氏とは異なる道を歩んできた。異なる道を歩んだ人が、ある日突然民主化推進議会（共同議長金泳三・金大中）や新民党（新韓民主党）と共に行動することはできなかった。

　　世の中が変わったと言って、すぐさま反旗をひるがえすのは反省を知らない人がすることだという気持ちが強かったからである。

　　このような延長線上で、1987年5月に結党した統一民主党（総裁金泳三）や、両金勢力と学生・在野・宗教勢力の集結体である「民主憲法争取国民運動本部」、また1987年10月に金大中氏が大統領に出馬するために作った平和民主党は私が参加を考慮することが出来る範疇にはなかった。両金氏は1970年代朴正煕大統領に対抗して一貫して闘争してきた。彼らは政権を簒奪し、維新と似たような憲法で権力を握った全斗煥政権に粘り強く民主化闘争を繰り広げてきた。

　　しかし、近代化勢力は立ち上がる方法が異なって当然である。私は

大統領を助け、近代化の時代を開拓した者である。朴大統領の栄光は栄光のとおり、彼の過誤は過誤のとおり、そのまま私が責任をとらなければならない位置にいた。〔金鍾泌（2017:546-547）〕

と語っている。この文中にもあるが、金鍾泌は朴正熙政権時代の勢力を引き継ごうとしていた。これは、その立ち上げた新党の名前が朴正熙政権時の与党として 1963 年に金鍾泌自身が設立した政党である「民主共和党」の名前を引き継いだものであることからも分かる。

新民主共和党の主要参加勢力は朴大統領の精神を継承した旧民主共和党出身の政治家と官僚、全斗煥時代に第 2 野党であった国民党（総裁・李萬燮）から離党した議員らであった[99]。私の政治目標は維新と第五共和国の時に欠けていた真の民主主義の推進力をつくりだし、国の安定と持続的な成長を支え、汗水流して働くサイレント・マジョリティに人生の生きがいを抱かせることであった。〔金鍾泌（2017:549）〕

共和党はかつて六〇～七〇年代に経済の近代化を主導した勢力です。これからは政治的な近代化を成し遂げるための役割が、我々に与えられていると思います。〔小谷豪治郎、金石野（1997:324）〕

自身が金大中、金泳三らの民主化勢力に加わることは出来なかった一方、金鍾泌は金大中、金泳三の対立によって軍事勢力に間隙を突かれることを繰り返すことを憂いでいた〔小谷豪治郎、金石野（1997:320）〕。そこで、候補の単一化のために仲介の労をとったが、その試みは成功しなかった。

両金氏は性格上、候補一本化がはじめから難しかった。2 人は大統領病にかかったという話が出るほど自身の権力掌握にのみ没頭した。私は選挙 2 日前の 12 月 14 日、李熺逸秘書室長を通じて「野党 3 党の

> 候補一本化のための3候補会談」を提案した。その時、金泳三候補は
> 「金鍾泌候補が辞退し、私に対して支持を宣言してくれるならば3候
> 補会談に応ずる」という回答を送り、金大中候補は「金泳三は候補を
> 譲らないだろう」として拒絶した。2人とも相手方が譲歩すること以
> 外には他のことを考える余地がなかったのである。〔金鍾泌（2017:549）〕

　こうして、三金による3勢力に、与党勢力を加えた4勢力体制が成立した
のである。

小括

　本章では、分析の対象期間の開始時である1988年に至るまでに三金各氏
を中心にどのような人間関係が築かれていったのかを振り返った。

　まず第一節で三金の家庭環境と幼少期を見た。最初に見えてきたことは、
三金がいずれも裕福な家庭で生まれ育ったということである。これにより、
金鍾泌と金泳三は最高学府であるソウル大学に通うことが可能であり、金大
中も太平洋戦争というイレギュラーな事態によって大学への進学は阻まれた
ものの、その頭脳の明晰さは金鍾泌、金泳三にも引けを取らないことが分
かった。これが後に彼らが政界へと躍り出ることを可能としたのである。

　しかし、家庭環境は必ずしも共通点ばかりでは無かった。金鍾泌は7人兄
弟の5番目という、割と平凡な家族構成で育ったのに対し、金泳三は一人息
子であり、甘やかされて育ったことが窺い知れる。これがソウルの春、そし
て第13代大統領選挙において、金大中に譲ることを不可能にした遠因となっ
たと言えるだろう。そして、金大中は妾の子として育ち、子どもの頃から屈
折せざるを得なかったことが窺い知れる。そして、戦争によって大学への進
学も諦めざるを得なかった。こういったことにより、金大中のハングリー精
神は培われたものと思われる。

　第二節では、父親の急逝によりソウル大学の中退を余儀なくされた金鍾泌が、軍人への道を歩み出すところを見た。この軍隊生活の中で朴正煕と出会い、姪を紹介されるなど親交を深めていったことが後に共にクーデターを起こすに至ったのである。

　第三節では、張勉政権期について見た。この政権は、腐敗していた李承晩政権を4・19革命によって倒して樹立された、韓国初の民主主義政権であった。しかし、長年の夢であった打倒李承晩が果たされた途端に内部での闘争が始まっていた。同政権の与党である民主党内の派閥である新派と旧派の対立は、その後も何度も繰り返されることになる。

　一方、軍内で不満を高めていた金鍾泌は、ごたつく政権の間隙を突いて、朴正煕を旗頭にしてクーデターを引き起こした。

　第四節は、そうして樹立された軍事独裁政権である朴正煕政権の時代についてである。この政権は自身がクーデターを起こして成立させた政権である。しかも、トップは自身と姻戚関係にある朴正煕である。そうなれば金鍾泌の身は安泰であるかのように思えたが、自身の立場を揺るがす金鍾泌を危ぶんだ朴正煕によって何度も迫害を受けることとなってしまった。しかし、この時の経験が三金時代における柔軟な立ち振る舞いにも繋がったのである。

　また、反金鍾泌派の中核はTK勢力であったが、盧泰愚もその系譜に連なる者であり、後の金鍾泌と盧泰愚との複雑な関係はここから既に始まっていた。

　張勉政権において金大中は民主党新派に属しており、その権力闘争に巻き込まれていた。落選を続けていた金大中が漸く当選を果たしたのもつかの間、金鍾泌による軍事クーデターにより一度も登院しないままその地位を失っていた。そして、他の新派に連なる人士共々軍事政権より強い弾圧を受けていたが、1971年の第7代大統領選挙において朴正煕に肉薄したため、それは一層厳しいものとなった。そこからは、軍事勢力に対する恨みもそれだけ強いものとなったことが窺える。

　民主党旧派に属していた金泳三も軍事政権から弾圧は受けていたものの、それは金大中にそれと比べるとかなり軽度なものであった。それどころか、

金泳三は金鍾泌から政権に加わらないかと声をかけられるほどであった。ここから後に三党合同連合結成に至る金鍾泌と金泳三との関係が窺える。その一方で、金大中が出馬した第7代大統領選挙は本来金泳三がその座を狙っていたものであり、金大中と金泳三とのライバル関係もここに始まっていた。

　また、金泳三の母親が北朝鮮ゲリラに殺害されたという点も見逃せない。第一章第四節で説明したように、三金の間でのイデオロギーによる違いというものは元来は大きくは無かった。しかし、軍人として朝鮮戦争に参加していた金鍾泌はもとよりこのような金泳三と、迫害を受け続けたことで進歩寄りになっていった金大中との違いを見いだすことが出来る。

　第五節では朴正煕大統領が暗殺され、ソウルの春を迎えつつも、全斗煥、盧泰愚のクーデターにより、民主化の夢が敢え無く潰えていく様を見た。ソウルの春により韓国に民主化の気運が高まった。しかし、それまで朴正煕政権による弾圧を前に団結していた金大中と金泳三であったが、いざ民主化を目の前にすると、それぞれが主導権を確保することを狙い対立するようになった。全斗煥・盧泰愚にその間隙を突かれ、韓国は民主化のチャンスを失い再度の軍事政権を招いたのであった。この節では、同じ民主化勢力でありながら複雑な関係を持っていた金大中と金泳三の関係が明らかとなるのと同様に、同じ軍事勢力でありながら、新政権を主導する勢力であり、前政権との差別化のために前政権を主導していた勢力を弾圧した、後に盧泰愚派と成る新軍部勢力と、そこで弾圧される側となった、後に金鍾泌派と成る旧軍部勢力との複雑な関係も垣間見ることが出来た。

　第六節では、全斗煥政権に対して民主化運動を繰り広げたことで、政権から民主化宣言を引き出すことに成功する過程を見た。前回ソウルの春の際には儚い夢と消えた民主化がついに達成されたのである。しかし、それだけに金大中と金泳三の主導権争いもなお一層激しいものとなってしまった。この結果、共に民主化勢力であり、一番手を携えやすいはずであった両者が決定的に断絶してしまったのであった。

　そして、これによって、今までの章で生み出されていた謎や課題もクリアされることとなった。第一章の分析からはより連合を組みやすいはずの「軍事勢力」「民主化勢力」それぞれの連合が成立しなかったことを指摘した。本章の分析によって、金鍾泌派 - 盧泰愚派、金大中派 - 金泳三派はそれぞれ同じ色彩の勢力であるが故にむしろ対立関係にあることが分かった。つまり、軍事勢力－民主化勢力の垣根を越えて連合を組むことよりもむしろそれぞれの内部で連合を組むことの方が垣根が高くなってしまっていたのであった。

　第二章の分析からは人間関係ネットワークの観点からは盧泰愚派－金大中派という連合は理想的であったにもかかわらず、金大中がその申し出を断ったという謎が生まれた。これは軍事勢力によって長い間迫害を受け続けた金大中にとってその相手と容易に連合を組むことが出来なかったのであった。

　第三章の分析からは、三党合同連合の結成によって疎外された金大中がその意趣返しをどうして金泳三派に対して行ったのかという謎が生まれた。これは、今述べてきたように、金大中の金泳三に対するライバル心がそれだけ格別であったということであった。

　そして、第四章では、接着剤モデルが成立するための前提条件として、より容易な連合が成立しない理由の確認が求められていた。これについては、今散々述べてきたように一見容易に組みやすそうな連合は同属嫌悪によってむしろ成立が困難となっていたのであった。

　このようにして、本章で見たのは金大中と金泳三とが同じ民主化勢力とは言いながらも、強いライバル関係にあり、最終的に断絶していく様であった。この民主化勢力内での対立というものは、1961年の張勉政権時が第1回目であり、1981年のソウルの春が第2回目、1987年の民主化宣言後が3回目であった。そしてそのいずれもが軍事勢力に間隙を突かれることになり、それぞれ朴正熙政権、全斗煥政権、盧泰愚政権を生み出していたのであった。このまま行けば、このループが4周、5周と繰り返されていくことが懸念さ

れた。

　しかし、その深刻な懸念の一方で、本章では対立を深める両金の狭間で仲介の労を執ろうとする金鍾泌の姿に光明も見出すことが出来たのであった。

註

92）なお、金鍾泌は九州大学、金大中は立命館大学、金泳三は早稲田大学からと、いずれも日本の大学から名誉博士号を授与されている。

93）韓国の建国を 1919 年とする主張もあるが、ここでは一般的な 1948 年建国説を採る。詳しくは浅羽祐樹（2019:93-95）を参照。

94）この 4・19 革命によって誕生した第二共和国は 5・16 クーデターによって倒されてしまったため、「未完の革命」と呼ばれている。金泳三政権は、第二共和国の後、初めて誕生した文民政権であり、金泳三は 4・19 革命を自政権の出発点と位置づけている『変化と改革―金泳三政府国政 5 年資料集　1』pp.21-23〕。

95）木村幹（2008a:325）は、趙炳玉を野党の有力政治家でありながら、常に政権との一定の繋がりを有する政治家と評し、その彼を師とする金泳三にも見られる要素であるとした。朴正熙政権時に金鍾泌が金泳三に声をかけたことや、三党合同連合結成時に金泳三が野党（民主化）勢力の代表格でありながら、与党（軍事）勢力に与したのにはこういった点も影響したのかもしれない。

96）民主共和党における党ナンバー 2 の役職名。

　【民主共和党　党憲】（筆者訳）

　　第二十条

　　　第一項　党議長は、党総裁の命を受け、党務を掌理執行する。

　　　第二項　党議長は、党総裁が全党大会の同意を受け、任命する。

97）民主共和党における党首の役職名。

　【民主共和党　党憲】（筆者訳）

　　第十四条　党総裁は、党の最高責任者として、党を代表し党務を統轄する。

　　第十五条　党総裁は、党務会議の提請により、全党大会で選出する。

　　第十七条　党総裁が、欠位になり、又は事故の期間中の権限代行は党議長、政策委員会議長の順序で行う。

98）後述するように、この金大中の赦免復権によって野党は分裂し、与党の盧泰愚が漁夫の利をつかんだ。このため、与党はそれを見越しての金大中の赦免復権を行ったとする分析もある〔池東旭（2002:177）〕。

　これについて、全斗煥は回顧録の中で、金大中の赦免復権を行えば野党は分裂し、盧泰愚候補が当選することは予想していたが、そんなことは誰でも予想出来ることである。また、金大中の赦免復権の無い民主化宣言など金泳三も受け入れなかったに違い

ない。このため、盧泰愚候補の勝利のために金大中を釈放するという自身の「戦略」によるものではなく、「状況の産物」に過ぎないとした〔全斗煥 (2017b: 652-653)〕。

99）註86でも註解したように、この国民党（韓国国民党）は朴正熙政権時の与党の流れを汲む政党である。文中にも「〜から離党した議員」とあるように、この政党がそのまま金鍾泌の新党の受け皿となったわけではなかったが、支持基盤には重なりがあり、ここで言われているように少なくない議員が金鍾泌の新党へと移籍している。金鍾泌への措置を見れば分かるように、旧与党系の人士には強い弾圧が加えられていたが、それでもこの韓国国民党は全斗煥政権下に行われた第11代総選挙と第12代総選挙にて、それぞれ13.3%、9.2%の得票率を得、9.1%、7.2%の議席を確保していた。

第六章

三党合同連合

（盧泰愚、金泳三政権期）

第一節　盧泰愚政権の成立

　第五章第六節で見たように、野党・統一民主党は候補の一本化に失敗した。同党を離党した金大中は、新たに平和民主党を結成、その総裁兼大統領候補となった。一方、統一民主党の方では、金泳三を総裁[100]兼大統領候補とした。

　また、政界を引退していた金鍾泌も新民主共和党[101]を結成し、その総裁[102]

金鍾泌の政界復帰宣言（1987.9.28）
写真提供：雲庭財団

新民主共和党結党（1987.10.25）

写真提供：雲庭財団

大統領選挙での演説（1987.12.12）

写真提供：雲庭財団

総選挙での開票（1988.4.27）

写真提供：雲庭財団

表18　第13代大統領選挙結果における地域別得票数（単位：万票）と得票率

		盧泰愚	金大中	金泳三	金鍾泌
	合計	828.3(36.6%)	611.3(27.0%)	633.8(28.0%)	182.3(8.1%)
首都圏	ソウル市	168.3(30.0%)	183.3(32.6%)	163.7(29.1%)	46.1(8.2%)
	仁川市	32.6(39.4%)	17.7(21.3%)	24.9(30.0%)	7.6(9.2%)
	京畿道	120.4(41.4%)	64.8(22.3%)	80.0(27.5%)	24.7(8.5%)
TK	大邱市	80.0(70.7%)	3.0(2.6%)	27.5(24.3%)	2.3(2.1%)
	慶尚北道	110.8(66.4%)	4.0(2.4%)	47.0(28.2%)	4.3(2.6%)
PK	釜山市	64.1(32.1%)	18.2(9.1%)	111.7(56.0%)	5.2(2.6%)
	慶尚南道	79.3(41.2%)	8.7(4.5%)	98.7(51.3%)	5.1(2.7%)
湖南	光州市	2.3(4.8%)	45.0(94.4%)	0.2(0.5%)	0.1(0.2%)
	全羅北道	16.1(14.1%)	94.9(83.5%)	1.7(1.5%)	0.9(0.8%)
	全羅南道	11.9(8.2%)	131.8(90.3%)	1.7(1.2%)	0.5(0.3%)
忠清	忠清北道	35.5(46.9%)	8.3(11.0%)	21.4(28.2%)	10.2(13.5%)
	忠清南道	40.2(26.2%)	19.1(12.4%)	24.7(16.1%)	69.1(45.0%)
その他	江原道	54.7(59.3%)	8.1(8.8%)	24.1(26.1%)	5.0(5.4%)
	済州道	12.1(49.8%)	4.5(18.6%)	6.5(26.8%)	1.1(4.5%)

出所：「韓国中央選挙管理委員会歴代選挙情報システム」のデータをもとに筆者作成。

兼大統領候補となった。

　第13代大統領選挙はこの3人に、与党・民主正義党の総裁兼大統領候補
である盧泰愚を加えた、4人で戦われた。表18はその第13代大統領選挙に
おいて各候補者が獲得した票の一覧である。金大中、金泳三がそれぞれ600
万票を獲得したのに対し、勝利を収めた盧泰愚の獲得した票は800万票であ
り、わずか200万票の差に過ぎなかった。したがって、金大中と金泳三が協
力し合ってそれぞれの得票の1/3でも相手に上乗せすることが出来れば、
盧泰愚の勝利を防ぐことが出来たのである。

　続いて、1988年4月26日には第13代総選挙が行われた。大統領選挙では、
36.6％と国民の3人に1人強の支持しか集められなかったものの、それでも
最多得票ということで、民主正義党の盧泰愚が大統領に当選した。しかし、
第一党に有利な仕組みがあるとはいえ、民主正義党の得票率は33.9％に過
ぎず、全国区も含めた獲得議席数は全議席（299議席）の4割強に過ぎない、
125議席でしかなかった。

　野党勢力は19.3％の得票を獲得した金大中派の平和民主党が70議席
（23.4％）、23.8％の得票を獲得した金泳三派の統一民主党が59議席（19.7％）、
15.6％の得票を獲得した金鍾泌派の新共和民主党が35議席（11.7％）となった。

　統一民主党よりも獲得票が少ないにも関わらず、平和民主党の獲得議席が
多いのは、ソウルの17議席と京畿道の1議席を除く全議席を湖南地域から
獲得するという、地域依存性の高さによるものである〔姜熙涇（2014:233-

表19　第13代総選挙の政党別当選者数

政党名	地域区	全国区	合計	議席比率
民主正義党（盧泰愚派）	87	38	125	41.9％
平和民主党（金大中派）	54	16	70	23.4％
統一民主党（金泳三派）	46	13	59	19.7％
新民主共和党（金鍾泌派）	27	8	35	11.7％

出所：『第13代国会議員選挙総覧』のデータをもとに筆者作成。

234）〕。なお、その平和民主党が獲得した湖南地域の 36 議席というのは、同地域の 37 議席のほぼ全議席であり、平和民主党以外からの出馬で当選したただ一人の議員も後に平和民主党入りしたため、平和民主党は湖南地域を独占してしまっていた。

　上述のように、盧泰愚の与党・民主正義党は過半数である 150 議席にはるかに満たない 125 議席しか獲得出来なかった。逆に言うと、野党 3 党の議席を合計すれば過半数を大幅に超えていたのである。したがって、野党 3 党が協力すれば、政局を主導出来るということであった。しかし、そのような状況でも金大中と金泳三は協力体制を採ることはなかった。

　これについて金鍾泌は、

> 2 人は会って握手をしたとしても手を強く握ることはなかった。単に握るか握らないか分からないくらい手のひらを少しだけ触れる程度であった。握手というものは強く握りながらスキンシップをしてこそ親密感を伝達することができるものだが、2 人はそうするのを嫌った。近くで見ると冷たい雰囲気が感じられるほど冷ややかな関係であった。〔金鍾泌（2017：551）〕

と評した。

　一方、金鍾泌は自身の新民主共和党が院内交渉団体を結成しうる 20 議席を大きく上回る議席を確保出来たと喜んでいたが〔金鍾泌（2017：551）〕、結局のところ、1 割強の議席を確保したに過ぎず、もっとも弱小な第 4 党に過ぎなかった。これは政局運営に当たって影響力が他党に比べて相対的に微弱であることを意味していた〔イ・ダルスン（2012：409）〕。しかし、金鍾泌はそのような立場に甘んじてはいなかった。

> 　私は争うときは熾烈に争ったとしても、人間味のある政治をしたかった。相手方は私を刺激する競争者であるだけで、生死をかけて争

> い、除去しなければならない敵ではない。私はそのような政治文化を
> つくろうとそれなりに努力した。(中略) 与小野大[103]の 4 党体制の流
> れは議席数がもっとも少ない新民主共和党が調整できると考えた。私
> は誰も独走することのできない 4 党体制でキャスティング・ボートを
> 行使した。〔金鍾泌 (2017:551-552)〕

　こうして金鍾泌は、最弱勢力の領袖でありながら、むしろ政局運営に重要
な影響力を行使した。ある時には政府・与党と、またある時には平和民主党・
統一民主党と協力することによって、与野党間の正面衝突にともなう政局の
混乱を防ぐ緩衝材としての役割を果たした〔イ・ダルスン (2012:409)〕。

　また、金鍾泌は金大中と金泳三の仲介役も果たした。第 13 代総選挙から 1
週間も経っていない1988年5月2日、金鍾泌は金大中と金泳三に手紙を送り、
「野党 3 党トップ会談」を提案した。こうして、1988 年 5 月 18 日、1980 年
のソウルの春の時以来 8 年ぶりとなる三金会談が行われた。会談を主催した
金鍾泌が懸案別の合意文の草案を準備し、それを土台に金大中、金泳三両氏
が自分たちの意見を述べて修正を行うという形で会談は進められた。そうし
て、野党 3 党は第 5 共和国の清算という点で協力関係を構築することに成功
したのである〔金鍾泌 (2017:552-553)〕。

　このようにして金鍾泌のリードによって構築された野党 3 党の協調関係を
前に、盧泰愚大統領は執政開始直後から政局の打開策を模索することを余儀
なくされた。しかし、解散が無いため、次の総選挙は 4 年後まで待たなけれ
ばならない。大統領の任期は 5 年のため、次期総選挙が行われるころには盧
泰愚は退任となってしまう。このため、盧泰愚は他の対策を考える必要が
あった。これには再・補欠選挙で勝利を積み重ねることや、無所属、他党所
属議員の引き抜きがある。しかし、過半数を確保するためには、25 議席も
積み増す必要がある。そのような方法で 1 議席 1 議席を増やしていったとし
ても、やはり過半数を確保するころには盧泰愚の退任が迫った時期となって

しまうであろう。解散以外で手っ取り早く状況を打開するためには、どこか
の政党と連合を組むしかなかったのである〔沈之淵（2017:392）〕。

　しかし、「第五共和国の精算」という点で一致団結していた野党勢力との
連携は直ぐには果たせなかった。1989 年 12 月、第五共和国を代表する、全
斗煥前大統領が国会の証言台に立ち、野党勢力から厳しく糾弾された。これ
によって、第五共和国の精算はケリが付いたとされた。このようにして、政
界が再編へと大きく動き出したのはここからであり、盧泰愚政権が成立して
から既に 2 年近くが経っていた。

第二節　連合を巡る駆け引き

　この連合成立の過程は各氏が各々の思惑の中で個別に活動したこともあ
り、各氏の回顧録を開いても、真実を明らかにすることは困難である。
　金鍾泌によると 1989 年 3 月 7 日に、盧泰愚と会い、以下のような会話を
行ったという。

盧泰愚との会談（1989.3.7）
写真提供：雲庭財団

> 「共和党の35人が民主正義党と合わされば、与小野大が与大野小[104]
> に変わります。（中略）共和党と一緒になりましょう。それが国のため
> に我々が今、しなければならない決断です」
>
> （中略）
>
> 盧大統領は驚きながらも大変喜んだ。彼は私の手を握ると「いい考え
> です。すぐにしましょう」と言った。〔金鍾泌（2017：560）〕

> しかし、合同のための作業はなかなか進捗しなかった。
>
> （中略）
>
> その決定的な理由は、しばらく時間が過ぎ合同が成立する直前になっ
> てようやく分かった。私が合同を提案したという事実を伝え聞いた朴
> 哲彦青瓦台政策補佐官が「せっかく野党と合同するならば民主党まで
> 引き入れて巨大与党を作らねばならない」と、盧大統領を説得したか
> らである。
>
> （中略）
>
> 盧大統領はこのような事実を私に知らせてくれなかった。私はただ推
> 測で青瓦台側の気流が変わったという空気を感じていた。〔金鍾泌
> （2017：561-562）〕

　これが真実なのだとするならば、金鍾泌は盧泰愚に自分たち2派による連
合を持ちかけ、盧泰愚もそれに賛同したが、腹心中の腹心であった朴哲彦の
進言により、それを翻して、盧泰愚、金鍾泌の2派に加え、金泳三派も加え
ようとしていたということになる。

　これについて盧泰愚の回顧録では、

> 朴哲彦補佐官などは「保守勢力を合わせなければならない」という意

見を出した。

政治指導者の指向で見れば、金泳三総裁、金鍾泌総裁は保守指向と言うことができた。

したがって民政・民主・共和３党による党合併ならば最も理想的だが金泳三総裁は難しいだろうから、共和党とだけ合併でも良いだろうという意見が多かった。金泳三は加わらないだろうという予想であった。

そんなある日、朴哲彦政策補佐官（後に政務長官）は私に進言をした。

「閣下、落ち込む必要はありません。今日の危機（少数与党）はかえっていい機会です。

今回の機会に保革構図で一大改変されるのが良いです。

民主勢力を大統合し、各党にある急進左派勢力を分離して日本自民党のように保守大統合をしてください。そうするならば、三金氏との統合を試みる大きい政治を構想しなければなりません。

私は容易ではないことという気がしながらも色々な人の相次ぐ「政界再編、保守統合」という意見に一理があると判断した。〔盧泰愚（2011：482）〕

と述べられている。確かに、金鍾泌の言うとおり、朴哲彦の提案によって盧泰愚は政界の大再編に乗り気になったということになる。

盧泰愚は金大中に対しても連合を持ちかけていた。金大中の回顧録によると、

八九年末、野党総裁三人と青瓦台で会談した後、大統領は私と個別に会いたいと言った。話したいことがあるので、ちょっと残ってほしいというのだった。二人だけになると彼は真剣な面持ちで言った。「金総裁、もう苦労はそれぐらいにしなさい。私といっしょにやりましょう。金総裁も、これからは少しゆったりと過ごして下さい」

いささか突飛で、とりとめのない話だったので尋ねた。

「どういうことですか」
「私と党をいっしょにやりましょう。そうして、よいことも悪いこともいっしょに分かち合いましょう。この間、随分と苦労もしたではないですか」
瞬間、言葉を失った。しばらくの間、彼を見つめていた。頭を整理しなければならなかった。そして答えた。
「私は軍事政権に反対し、また「五・一七クーデター」に反対した人間です。それなのに、どうして大統領と党を一緒にできますか。歩んできた道が異なり、政治路線が違うじゃないですか」
「金総裁、そんなことにこだわらずに、国を救うという次元で同意して下さい」
「いまの「与小野大」は国民が選択したものです。盧大統領も「与小野大」が天の意思であり国民の意思だと言ったではないですか。民正党と平民党がいっしょになるのは民意に背く重大な事件です」
すると盧大統領はなにも言わなかった。〔金大中（2011a:457）〕

というやりとりがあったと述べられている。盧泰愚側の回顧録でも、1990年1月11日と日付は異なるが、同じようなやり取りがあったことが紹介されている。

第三節　ゴルフ会談

前節で紹介したように、金鍾泌は「私はただ推測で青瓦台側の気流が変わったという空気を感じていた。」〔金鍾泌（2017:560）〕と言っている。この発言からは、金鍾泌は完全に受け身で、盧泰愚側からの連絡を一方的に待っていたかのように見える。しかし、金鍾泌はその裏で金泳三との会合を重ねていたのであった。

1989 年 10 月、私は金泳三民主党総裁と相次いでゴルフ会談をした。10 月 2 日には安養カントリー・クラブで、10 月 31 日には冠岳ゴルフ場で一緒にプレーをした。2 回とも 27 ホールを回りながら YS と長時間対話をした。空振りをした YS が尻もちをつく姿に私たち 2 人が破顔大笑する写真がその時の雰囲気を物語ってくれる。2 回目のゴルフ会談で私たちは「民主化が成し遂げられる時まで 2 人の総裁が友情と所信を持って協力していくこととする」という内容の合意文を発表した。
〔金鍾泌（2017：563）〕

と金泳三と 2 度に亘ってゴルフ会談を行ったことについて述べている。ここに掲示しているのが、文中で出てくる「写真」である。

金泳三とのゴルフ会談（1989.10.2）
写真提供：雲庭財団

このゴルフ会談について、金鍾泌は

> 合同の話は一言も出なかった。私も YS も民主正義党と合同を進めて
> いる最中だという事実を口に出さなかった。〔金鍾泌（2017:563）〕

と連合交渉に関する話は一切出なかったとしている。金泳三も

> インタビュアー「はじめに『党を一緒にしましょう』という話をもっ
>   てきたのは、誰なんですか。」
> 金泳三「それはね、多分私の参謀でしょう、いろいろと。事務総長と
>   か、院内総務とか、政策委員長とか、党のいちばん幹部でしょう。
>   あの人たちが、盧泰愚の党の幹部たちと話しあいしたことです。直
>   接、私に話ししたことはないです。」
>   （中略）
> インタビュアー「そのとき、金鍾泌さんとは直接その話しはしなかっ
>   た？」
> 金泳三「したことないんです。それは、盧泰愚とだけ話ししたんじゃ
>   ないかと思います。」〔金泳三（2006:154）〕

と、このゴルフ会合に限らず、金鍾泌と直接連合交渉に関する話をしたこと
はないと述べている。2人の発言を額面通りに受け取れば、2人は単純にゴ
ルフを楽しんだということになる。しかし、連合交渉が繰り広げられている
最中にその当事者が何度も会っているのに、連合についての話が一切出な
かったなどという話をまともに受け入れることは困難である。
　2018 年 6 月 25 日、報道各社は金鍾泌の逝去を報じた。その中で、中央日
報が一面トップで用いたのはこのゴルフ会談の時の写真であった。中央日報
は単に韓国を代表する主要紙というだけではない。晩年に金鍾泌がコラムを
寄稿し、写真集や回顧録を出版したのは同紙を発行する中央日報社である。

したがって、金鍾泌に関する報道は他紙とは一線を画すはずである。その中央日報が金鍾泌逝去を伝えるニュースで一面トップに用いたのが、この時の写真なのである。同じく金鍾泌逝去を伝える『月刊朝鮮』の記事では、金鍾泌のゴルフ好きを伝えつつ、その代表的なエピソードとして、このゴルフ会談を紹介している〔チョ・ソンホ (2018:278-279)〕。

　当然、当時からこの会談について特別な意味があるとは思われていた。金鍾泌の回顧録でも、

> 政界では私とYSの「友情と所信」の関係に注目した。2党の合同説まで出た。その時、「ゴルフ場で政治9段の2人がどんな話をしたか」についての推測が多くなされた〔金鍾泌 (2017:563)〕

と、このゴルフ会談について政界で様々な推測がなされたことは認めている。その推測に対して「実は特に意味のある内容はなかった」〔金鍾泌 (2017:563)〕としているものの、この段落の書き出しは「盧大統領が決断を延し続けていた」であり、末尾は「私たち2人の頻繁な会談が盧大統領には刺激になったであろう」〔金鍾泌 (2017:563)〕で締めくくられており、その意図を隠そうとはしていない。

　このゴルフ会談に対し、盧泰愚に次いで高い関心を持ったであろう金大中も

> インタビュアー「民主自由党の統合に対して、金代表はその事実が報道される時まで全く分からなかったと述懐されたことがあります。第一野党の総裁が、そのような大きな政治的事件を本当に知らずにいたならば、情報収集能力に問題があることであります。本当は知っていたにもかかわらず、そのように話したとすれば誠実ではないと思います。」
> 金大中「そういった批判は甘受しますが、本当にそうなのです。新民

> 主共和党が民主正義党に加わるという可能性は考えました。しか
> し、統一民主党までもがそこに加わるとは夢にも考えられませんで
> した。連立内閣になる可能性ならば考えました。その頃、金泳三氏
> と金鍾泌氏が連日ゴルフを行い、疑わしい態度を示しませんでした
> か？そのため、新民主共和党のみが民主正義党に加わるか、でなけ
> れば統一民主党と新民主共和党が合併して、民主正義党と連立内閣
> を成立させ、私たちだけを孤立させるという問題だけ考えました。
> 統一民主党までもが直接与党に加わってしまうとは本当に考えませ
> んでした。発表のあったその日まで知りませんでした。」〔金大中
> （2018b：356）〕

と述べている。

　ところで、このゴルフ会談はどちらの側から持ちかけたものであろうか。
これについて金泳三は、

> 10月31日、私は冠岳カントリー・クラブに金鍾泌を招請して10月2
> 日の招請に答礼した。〔金泳三（2000c：225）〕

と述べているので、最初に持ちかけたのは金鍾泌の側であったということに
なる。しかし同回顧録には、

> 1989年10月2日午前、私と新民主共和党総裁金鍾泌は安養カント
> リー・クラブでゴルフ会談を持った。私はその1カ月前である9月1
> 日、1979年国会議員職除名以降止めていたゴルフを10年ぶりに再開
> した。単純にゴルフを楽しもうとするのではなく、政治復元の手段に
> なることが出来るならばこれを活用するつもりだった。
> 　（中略）
> ゴルフ会談が終わった後に発表した合意文には「二人は新しい政治ス

　　タイルのゴルフ会談を今後もずっと持つことにした」という内容が含

　　まれていた。〔金泳三 (2000c:208-209)〕

という記述もある。単純にスポーツとして楽しむためにゴルフを再開したの

ではなく、あくまでも政治的駆け引きのツールとして再開したと金泳三自身

が認めているのである。

　先に挙げた金鍾泌の訃報を伝える『月刊朝鮮』の記事で、ゴルフの話題が

ふられていたことからも分かるように、金鍾泌のゴルフ好きは有名であっ

た。「韓国ゴルフの歴史は金鍾泌だ」〔「雲庭」第9号、p.7〕という表現もある

ほどである。ゴルフの代わりに登山をしてみてはどうだろうかという秘書の

提案を断固として拒否し、「彼のゴルフへの意地は誰にも止められなかった」

〔イ・ヨンホ (2005:22)〕とも述べられている。

　一方の金泳三はどうであろうか。金泳三は大統領に就任し、大統領官邸に

入った日にジョギングをしようとしたところ、公園がゴルフ練習場に使われ

ていたためジョギングをする場所がないことに気がついた。金泳三はゴルフ

練習場を撤去させてジョギングコースを作ると共に、大統領の任期が終わる

までゴルフをしないと決心したほどであった〔金泳三 (2001a:55-56)〕。これ

は国務総理在職中も毎週末ゴルフを欠かさなかった金鍾泌とは雲泥の差と言

えよう〔イ・ヨンホ (2005:21)〕。金泳三が公職者に対してゴルフ禁止令を出

したことに金鍾泌が不満を表したというエピソードもある〔チョ・ソンホ

(2018:279)〕。金泳三が好きだったのは登山であった。全国に登山の愛好会

を組織し、縁故地域ではない湖南地方では党組織よりもこの登山愛好会の力

の方が強いとまで言われていたほどであった〔小林慶二 (1992:130)〕。

　先ほどの金鍾泌のエピソードを見ても分かるように、金泳三の趣向は金鍾

泌とは正反対であった。そのような金泳三が10年間していなかったゴルフ

を突然再開し、その1カ月後に行ったのがこのゴルフ会談なのである。それ

ばかりか、「二人は新しい政治スタイルのゴルフ会談を今後もずっと持つこ

とにした」との合意まで行っているのである。

　このようなことから、ゴルフ会談を通じて2人の間で連合交渉に関する話が一切出なかったという話を信じることは不可能である。

第四節　3派連合と金泳三

　前節で見たように、金鍾泌と金泳三のゴルフ会談は金鍾泌側が最初に持ちかけた話であった。しかし、10年間全くゴルフをせず、ゴルフに熱心ではない金泳三が突然ゴルフを再開し、金鍾泌との会談に臨んだということに金鍾泌との関係を重視する金泳三側の姿勢が窺い知れる。

　それはこのエピソードからも見て取れる。

　　記者たちは8月25日の金大中の提議に対する私の考えを尋ねてきた。
　8月25日の提議というのは、夏の間ずっと民主正義党と公安政局の中で場外対決で一貫してきた金大中が統一民主党との2野党総裁会談を提議したことである。金大中は公安政局に集中するとすぐに私との協力体制が切実だったのだ。反面、金鍾泌の新民主共和党は信じられないとして、彼を排除した、両党だけの会談を提案したのだ。
　しかし、対話することもせず誰かを排除するというのは排他的な発想だ。現実的にも2野党共助だけでは盧泰愚の公安政局を第五共和国清算局面に変えることは出来なかった。当時野党は統一民主党・平和民主党・新民主共和党の3党がすべて力を合わせてこそ国会の議席の過半数を超えて、多数野党の力を発揮することが出来た。私は金大中の提案を肯定的に受け取りながらもより一層重要なのは野3党総裁が会談することであり、3党共助体制の復元なくして第五共和国清算・悪法改廃などはまともに推進することは出来ないと明らかにした。〔金泳三（2000c:207-208）〕

　金大中が、金鍾泌を信じることが出来ないというのは、第五章や本章第二節で見てきたように、それまでの経緯から金大中に軍事勢力に対する深い猜疑心があるためであろう。前節で、金大中が金鍾泌派と盧泰愚派が一緒になる可能性を考えていたのは、金鍾泌派も盧泰愚派も別勢力とはいえ、金大中にとってはどちらも軍事勢力であることには違いはなく、同じ穴のムジナと見なしていたからだと考えられる。

　一方、金泳三には金鍾泌に対してそういった素振りは見られない。逆に、金大中に対しては上記エピソードでも金大中の提議を受け入れなかったが、

> 平和民主党との合同展望を尋ねる質問に私は一言で「彼らが私たちの党から脱党したのではなかったか」と答えた。〔金泳三（2000c:208）〕

と金大中との連合には消極的であることが窺える。

　1989年の年末に受けたインタビューでは、「金鍾泌新民主共和党総裁との『友情と所信』は来年も続きますか？」との質問に対し、「勿論維持していきます」と答える一方、「第5共和国の清算が終結した後も野3党の共助体制を維持するつもりですか？」との問いには、「大統領府会談の2日前に野3党総裁会談で合意をみたものを守らなかった人がいるのに何のための3野共助ですか」と冷淡に答えている〔金泳三（2000c:233）〕。盧泰愚と同程度に金鍾泌に猜疑心を持っていた金大中に対し、金泳三はむしろ金大中に猜疑心を持っていたことが窺える。

　では、金泳三にとって金鍾泌を引き込むメリットはどこにあったのであろうか。これは第二節で紹介した、連合を提案する盧泰愚に対する金大中の回答にヒントがある。その中で、金大中は「私は軍事政権に反対し、また『五・一七クーデター』に反対した人間です。それなのに、どうして大統領と党を一緒にできますか。歩んできた道が異なり、政治路線が違うじゃないですか」〔金大中（2011a:457）〕と答えている。

　金泳三も金大中と同様、全斗煥政権期に盧泰愚ら政権側の人間に対して民主化闘争を行った人間である。やはりそう簡単には盧泰愚と手を結ぶことは出来なかったのである。しかし、金泳三には焦りがあった。金泳三派は第13代総選挙において金大中派に大きく水をあけられていた。また、盧泰愚派と金大中派の接着剤役となろうとした戦略も失敗に終わってしまっていた〔河信基（1990:158）〕。そのような状況下で盧泰愚との連合を金大中に出し抜かれることはなんとしても防がねばならなかったのである〔五島隆夫（1990:33）〕。

　そうした中で考えついたのが金鍾泌との連合であった。金大中と異なり、金泳三には金鍾泌に対する抵抗感は強くなかった。その金鍾泌と連合することで、盧泰愚との連合への道を切り開いたのである。また、一度自身も接着剤役を買って出ようとして失敗した経験があるだけに、接着剤の必要性を実感しつつも、自身がその役を果たすことは出来なかったため、代わりに金鍾泌に白羽の矢を立て、ゴルフ会談によってそれを実現させたとも考えられる。

　一方、金鍾泌としては、盧泰愚側の「気流が変わった」〔金鍾泌（2017:560）〕ということをその嗅覚でしっかりと嗅ぎ分けていた。このまま行けば、自らは政界再編で取り残されるという危機感があった。そこで金泳三との連合に乗ったのである。

　実際、金鍾泌の回顧録で金泳三とのゴルフ会談について触れている段落は、既述のとおり「盧大統領が決断を延ばし続けていた」ではじまり、「私たち2人の頻繁な会談が盧大統領には刺激になったであろう」で締め括られているのである。

　このようにして、大統領制であるため、盧泰愚派と連合を組まない限り政権入りすることは出来ないにもかかわらず、金鍾泌と金泳三は、盧泰愚と連合するよりも先に2派で連合を組み、3派での連合を盧泰愚に迫ったのである〔朝鮮日報（1990.01.14）〕。

　その結果誕生したのが、盧泰愚派に金鍾泌派と金泳三派を加えた民主自由党である。盧泰愚派はどの勢力とも2派のみの連合で過半数を確保すること

三党合同連合によって生まれた民主自由党の旗
揚げ（1990.2.15）
写真提供：雲庭財団

が出来る状況にあった。しかし、前述のように、金大中との連合は彼に断ら
れている。一方、金泳三との連合は成立している。その違いは連合パート
ナーに金鍾泌がいたかどうかである。そして、金大中との連合は後には成立
している。今回とその時の違いもやはり連合パートナーに金鍾泌がいたかど
うかである。しかしその一方で、金鍾泌と盧泰愚の2派のみの連合も成立し
なかったのである。

第五節　金泳三大統領候補選出と金鍾泌代表最高委員就任

1992年3月24日、第14代総選挙が行われた。これは、前節で述べていた、

第13代総選挙の4年後に行われた、次代の総選挙である。前節で述べたように、第13代総選挙で与党・民主正義党は大敗を喫し、金鍾泌派と金泳三派を党内に抱きこむ、三党合同連合へと追い込まれたのであった。この三党合同連合によって誕生した、新与党・民主自由党は216議席を誇り[105]、国会の2/3の議席すら上回る大政党であった。しかし、与党は第14代総選挙においても大敗を喫することになる。

この総選挙において、与党・民主自由党は選挙前の194議席から、1議席だけとはいえ過半数をも割り込む149議席にまで激減してしまうこととなった。党内の各勢力別で見ると、盧泰愚派が113（75.8%）、金泳三派が25（16.8%）、金鍾泌派が11（7.4%）となった[106]。2年前の1990年2月9日に民主自由党が結党した際には、盧泰愚派が127（58.8%）、金泳三派が54（25.0%）、金鍾泌派が35（16.2%）で216議席であったが、この時と比べると、盧泰愚派の議席は微減に留まったが、金泳三派は半減し、金鍾泌派は1/3にまで勢力を減少させていることが分かる。また、党内バランスを見た時、元から過半数を確保していた盧泰愚派の比率が一層増したことも分かる。

表20は第14代総選挙の地域区における勢力別再選率である。これによると、金大中派は7割を超える再選率を誇っている。民主自由党内でも盧泰愚派は全体の平均値をも上回る再選率を誇っているのに対し、金泳三派は5割強、金鍾泌派に至っては3割しか達成していないことが分かる。これは、三党合同連合によって、金泳三派と金鍾泌派が盧泰愚派に与したことに対する

表20　第14代総選挙の地域区における勢力別再選率

	第13代議員	立候補者	当選者	落選者	再選率
盧泰愚派	90	81	48	33	59.3%
金泳三派	41	33	17	16	51.5%
金鍾泌派	26	23	7	16	30.4%
小計	159	139	73	66	52.5%
金大中派	54	46	34	11	73.9%
全議員	224	194	111	82	57.2%

出所：服部民夫（1992:253）をもとに筆者作成。

批判であると解することが出来る〔服部民夫（1992：253〕。

　この第14代総選挙の結果について金鍾泌は、

　　1992年3月24日の第14代総選挙で民主自由党（民自党）は149議席
　を獲得した。過半数に1議席足りなかった。金大中の平民党（97議席）、
　鄭周永の統一国民党（31議席）が躍進し、政界は再編された。2年前
　の3党合同でつくられた216議席の巨大与党の立場から見ると大惨敗
　であった。私の新民主共和系も大敗した。個人的には扶餘選挙区で勝
　利し、当選7回の議員になったが、私の地域的基盤でもあった大田、
　忠清南道で大多数が苦杯をなめた。地域の有権者としては最高委員と
　しての私の地位と役割に満足しなかったため、そのように投票したの
　だろう。総選挙敗北の責任を感じた私は党役員の辞職願を提出し、青
　丘洞の自宅に蟄居した。自宅に籠もり長考を続けた。〔金鍾泌（2017：
　578）〕

とした。

　金泳三は選挙対策などの党務を取り仕切る代表最高委員[107]であったため、
当然責任を取って辞職を求める動きが党内から出た〔朝鮮日報（1992.03.28）〕。
しかし、国会において2/3どころか過半数の議席も確保出来ていないとあっ
ては議院内閣制への改憲は夢のまた夢へと消え、大統領選を勝ち抜ける候補
者の選出が求められた。特に金大中の平和民主党が大勝しているため、金大
中に対抗出来る候補として考えると金泳三しか選択肢は無く、むしろ金泳三
の立場は強化された〔池東旭（2002：187）〕。

　それでも党内で多数を占める盧泰愚派の候補は侮り難かったが、最終的に
第三勢力の立場であり、盧泰愚、金泳三に次ぐ党内の実力者である金鍾泌が
金泳三支持を表明したことで、大勢は決した〔尹眧重（1995：13）〕。

　三党合同連合結成時時における金鍾泌の狙いとしては、盧泰愚の後釜に自

身が納まることであったが〔イ・ダルスン（2012:411）〕、自派がわずか11人に
まで壊滅的な打撃を受けている状況では自身が名乗りを上げることは出来な
かった。与党が国会の2/3の議席維持に失敗し、議院内閣制への改憲も遠
のいてしまった現状では、金泳三を推すことが金鍾泌にとって最善の策で
あった〔朝鮮日報（1992.04.28）〕。

　5月19日、民主自由党は全党大会を開いた。ここで、金泳三は全体の
66.6％の得票を得て民主自由党の次期大統領候補に選出された。同時に、民
主自由党は最高幹部として総裁[108]に盧泰愚、代表最高委員に金泳三、最高
委員[109]に金鍾泌と朴泰俊を再指名した〔朝鮮日報（1992.05.20）〕。続いて、6
月14日には、金泳三の大統領選挙に備えるために、8月に盧泰愚が名誉総
裁に退き、金泳三が総裁に、金鍾泌が代表最高委員に就任することが発表さ
れた。大統領候補である金泳三が党ナンバー1の総裁に就任するのはやむを
得ないとして、金鍾泌が党ナンバー2に就任するとなると、盧泰愚派は党内
の多数を占める最大派閥であるにもかかわらず、党のナンバー1、2の座を
獲得出来ないということとなり、勢力内から不満が出ていた。しかし、金泳
三は他に構想はないとした〔朝鮮日報（1992.06.15）〕。
　大統領候補選で金泳三と争った盧泰愚派の李鍾贊は、全党大会後離党し、
大統領選挙に出馬する意向を示していたが、説得を受け、残留を表明した。
この際の発言で「次期党代表最高委員は幅広い支持を受ける人がならなけれ
ばならない」としたため、反金鍾泌派は活気付くこととなった。もし次期代
表最高委員に金鍾泌が選ばれなかった場合、金鍾泌と同じく最高委員を務め
ている朴泰俊が選ばれる可能性が高いため、反金鍾泌派の中心は朴泰俊支持
派であった。しかし、盧泰愚派の中でも金泳三に近い立場をとる、金潤煥が
金鍾泌支持を表明していたため、反金鍾泌の動きがこれ以上大きくなること
も無かった〔朝鮮日報（1992.06.30）〕。その後も反金鍾泌勢力はくすぶり続け
ていたが、7月29日、金泳三は自分が総裁に就任する際には金鍾泌を代表
最高委員にすると強く示唆した〔朝鮮日報（1992.07.31）〕。結局8月28日の

次期大統領選での金泳三への支持表明（1992.4.8）

写真提供：雲庭財団

党中央常務委員会にて金鍾泌が後任の代表最高委員となり、朴泰俊は最高委員職に留まることが正式に決定された〔朝鮮日報（1992.08.29）〕。

　広大な地盤を持つ与党・民主自由党から大統領候補に選出された以上、金泳三が大統領に当選すること自体は難しくなかった。しかし、ただでさえ党内で少数派であった自派は第14代総選挙の敗北によってさらに勢力を弱めており、党運営が困難を極めることは容易に想像が出来た。これの対策として、金泳三は接着剤としての金鍾泌に頼るしかなかった。多数派である盧泰愚派を代表する朴泰俊ではなく、自派以上に少数派である金鍾泌を党ナンバー2であり、党務の一切を取り仕切る代表最高委員に抜擢したのもそのような思惑からであったと言えよう。

第六節　金泳三政権の成立

1992年12月18日に行われた第14代大統領選挙は主に民主自由党の金泳

表21　第14代大統領選挙における地域別得票数（単位：万票）と得票率

		金泳三	金大中	鄭周永
	合計	997.7 (42.0%)	804.1 (33.8%)	388.0 (16.3%)
首都圏	ソウル市	216.7 (36.4%)	224.7 (37.7%)	107.1 (18.0%)
	仁川市	39.7 (37.3%)	33.9 (31.7%)	22.9 (21.4%)
	京畿道	125.4 (36.3%)	110.3 (32.0%)	79.8 (23.1%)
TK	大邱市	69.0 (59.6%)	9.1 (7.8%)	22.5 (19.4%)
	慶尚北道	99.1 (64.7%)	14.7 (9.6%)	24.1 (15.7%)
PK	釜山市	155.1 (73.3%)	26.5 (12.5%)	13.4 (6.3%)
	慶尚南道	151.4 (72.3%)	19.3 (9.2%)	24.1 (2.1%)
湖南	光州市	1.5 (2.1%)	65.2 (95.8%)	0.8 (1.2%)
	全羅北道	6.3 (5.7%)	99.1 (89.1%)	3.6 (3.2%)
	全羅南道	5.3 (4.2%)	117.0 (92.2%)	2.7 (2.1%)
忠清	大田市	20.2 (35.2%)	16.5 (28.7%)	13.4 (23.3%)
	忠清北道	28.2 (38.3%)	19.2 (26.0%)	17.6 (23.9%)
	忠清南道	35.2 (36.9%)	27.2 (28.5%)	24.0 (25.2%)
その他	江原道	34.1 (41.5%)	12.7 (15.5%)	28.0 (34.1%)
	済州道	10.4 (40.0%)	8.6 (32.9%)	4.2 (8.8%)

出所：「韓国中央選挙管理委員会歴代選挙情報システム」のデータをもとに筆者作成。

三と民主党の金大中、統一民主党の鄭周永の3人で争われた。民主自由党の大統領候補選で金泳三に敗れた李鍾賛は同党を離党し、新党から大統領選挙に出馬していた。しかし、苦しい選挙戦により鄭周永支持を表明し、途中で辞退していた。

　前節で述べたように、結果は金泳三の圧勝であった。しかし、表18で見るように、金泳三と金大中の固有票は互角であった。では、金泳三と金大中の票差はどこから生まれたのか、少し分析を行ってみる。

　まず、それぞれの縁故地の比較である。金泳三の縁故地であるPK地域での2人の票差は260.7万票であり、金大中の縁故地である湖南地域での2人の票差も268.3万票とほとんど差は無かった。次に中立地帯と見なせる首都圏のそれぞれの得票は金泳三が381.9万票に対し金大中は368.9万票であり、

ここでも大きな差は無い。実際前回の第13代大統領選挙において2人が獲
得した票はほぼ同数であり、2人の固有支持票に差は無かったことが分かる。
それでは2人の200万票近い差はどこで生まれているのであろうか。

　一つはTK地域である。ここでその大半となる144.4万票もの差がついて
いる。TK地域も嶺南地方であり、第13代大統領選挙時にもある程度（74.5
万票）の票が金泳三に投じられていた。しかし、それは逆もしかりで、PK
地域でありながら盧泰愚に投じられた票（143.3万票）も多数存在していた。
両地域の盧泰愚派支持層と金泳三派支持層を分けることは困難であるが、両
地域の住民の大半はこのどちらかの勢力の支持者と言える（ここではあえて
鄭周永には言及しない）。第13代大統領選挙時には総得票数として金大中と
金泳三に差はなく、また今回PK地域単独では湖南地域での得票差とほぼ相
殺してしまったことから、やや乱暴ではあるがこのTK地域の票を盧泰愚派
による支援票と見なすことが出来るであろう。

　次に江原道でも21.3万票もの差がついている。ここはボスの存在しない
地域ではあるが、一盧三金による地域主義が登場する前の体制である「与村
野都」の名残で第13代大統領選挙で盧泰愚に6割近い票が入っていたため、
これも盧泰愚派による支援票と見なすことが出来よう。これと金鍾泌派の縁
故地域である忠清地域の20.7万票が2人の票差を生み出した源ということ
になる。

　第14代大統領選挙において、上記の3候補者に投じられた票は第13代大
統領選挙における投票総数とほぼ同じ2,200万票であった[110]。第13代大統
領選挙では共に600万票であった金泳三と金大中に対し、盧泰愚は800万票、
金鍾泌は200万票を獲得していたので、それがすべて金泳三に回れば金泳三
は1,600万票を獲得出来ていたはずである。しかし、金泳三に回ったのはそ
のうちの400万票に過ぎず、鄭周永にも同数の400万票が回った他、金大中
にも200万票が回っている。盧泰愚派や金鍾泌派の支持層のうち、ボスが出
馬していないことによる忠誠度の低下を原因とした票の流出が見られる。ま
た、鄭周永は現代財閥のオーナーであることを背景にTK地域で得票を稼い

でいる。また、174ページで述べたように、出馬を断念した李鍾賛が支持を表明していた他、鄭周永の統一国民党には反金泳三系盧泰愚派の急先鋒である朴哲彦がいたため、少なくない盧泰愚派票が流出したものと思われる。

第14代大統領選挙では一見すると金泳三が金大中に大差をつけて勝利したように見える。しかし、次の第15代大統領選挙でも嶺南の票は割れている。これに加え、金鍾泌派や反金泳三系盧泰愚派が金大中を支持したことによって、金泳三派の後継者である李會昌は敗北を喫している。このため、第15代時と同様に、金鍾泌派や反金泳三系盧泰愚派が金大中をを積極的に支持した場合、金泳三が勝利を収めることが出来たかどうかは甚だ疑わしい。

また、金泳三と金大中の固有票に差は無く、他勢力の支持票の獲得率は2:1に過ぎなかった。このため、金鍾泌派や盧泰愚派が積極的に金大中を支持しなかったとしても、金泳三の方を積極的に支持しなかっただけでも金泳三の勝利は覚束なかった可能性もある。

金泳三、大統領当選（1992.12.19）

写真提供：雲庭財団

　このようなことから、金泳三が勝利を収めることが出来たのは、少なくない支持票が他候補者に流れたとはいえ、三党合同連合に基づいて金鍾泌派や盧泰愚派の支持票が金泳三に積極的に投じられたおかげであると言うことが出来る。

　第14代大統領選挙によって、金泳三がライバルである金大中に勝利し、金泳三政権が成立した。民主化勢力出身であり、金泳三政権を「文民政府」と位置づける金泳三大統領は、全斗煥政権で中核を握っていた、軍内の派閥であるハナフェの解体や国軍の改革を推し進めた。

　しかし、その火は、金泳三自身が起用した金鍾泌に飛び火することとなった。例えば、4月23日に行われる補欠選挙に向けての演説で、民主党のチェ・ジョンテク候補は「真の改革のためには、5・16軍事クーデターの主役で維新体制のナンバー2であった金鍾泌のように改革の障害になる旧時代の人物は政界から退かなければならない」と発言した〔東亜日報（1993.04.18）〕。

　5月16日、5・16軍事クーデターの32周年目に当たるこの日、金鍾泌が5・16軍事クーデターの正当性を積極的に主張した。普段慎重に発言をする金鍾泌がこのような過激な発言をした理由として、全斗煥、盧泰愚らによる5・17軍事クーデターと、自分たちによる5・16軍事クーデターを結び付けて考えられ、軍事勢力の清算が自身にまで及ぶことを予防したためとされた〔東亜日報（1993.05.17）〕。

　これに対し、野党民主党の朴スポークスマンは「金代表が政権与党の代表として5・16を擁護称賛したことは重大な問題」「金代表本人は勿論金大統領もこの発言の真意に対して解明しなければならない」「文民政権の政権与党代表が軍事クーデターである5・16と朴元大統領を称賛したことは現政府の文民性に対して深刻な疑問を持つようにすることである」「現政府が文民政府なのか金大統領は説明をしなければならない」と強く非難した〔東亜日報（1993.05.17）〕。

　一方、与党政府側は金鍾泌のこの主張に対し、金鍾泌派は「当然の評価」、

盧泰愚派は「ノーコメント」、金泳三派は「時代を逆行する発言」とした〔東亜日報（1993.05.17）〕。大統領府は困惑し、「私的な発言に過ぎない」としてこの問題がこれ以上拡大しないことを願う意向を示したが、内部では不快感が広がっていた〔東亜日報（1993.05.18）〕。金泳三は就任100日目のインタビューで「5・16は明確にクーデターである」としながら、「政治報復はしない」とした〔朝鮮日報（1993.06.04）〕。野党の民主、国民両党からは「金泳三大統領はクーデター関係者たちを『歴史の審判』に任せるのでなく自ら『歴史的決断』を行わなければならない」と罷免要求が相次いだ〔東亜日報（1993.06.04）〕。これに対し与党からは「余所の党人事に口を出すことは政治道義上ありえない」と反論がなされた〔東亜日報（1993.06.05）〕。

このような状況の中、6月11日、補欠選挙が行われた。選挙区は江原道2選挙区と慶尚北道1選挙区の合計3選挙区で、前職は皆与党・民主自由党の議員であった。選挙結果は江原道の1選挙区で敗北し、2勝1敗であった。2勝は悪くない結果にも見えるが、4月に行われた補欠選挙では3議席すべてを与党が獲得しており、与党は今回も全勝を予想していた。これに対し、民主自由党では縁故で無い土地での選挙だったためとしているが、高い支持率を誇っていたはずの金泳三陣営がそれをひっくり返せなかったこと自体が政権の限界を見せ始めていたと言えた〔東亜日報（1993.06.12）〕。

続いて、8月12日にも大邱と江原道の2選挙区で補欠選挙が行われた。江原道では勝利を収めたが、大邱では敗北した。前回敗北した江原道と違い、今回は与党・民主自由党のお膝元である大邱であり、いよいよ金泳三政権の退潮が明らかとなってきた。こうした中、党内から選挙戦の責任者である金鍾泌の更迭論が高まるのは必至であった。

党代表[111]の首を変えるためには全党大会を開く必要がある。しかし、全党大会は2年ごとに行われることになっており、その通り行くと翌年の5月まで開かれない。このため、党内の反金鍾泌派は全党大会の早期開催を要求した。これに対し、金泳三は全党大会の早期開催を行わないとし、党内の調和

を乱したとして、金泳三派の幹部である崔炯佑（최형우）前事務総長と金徳龍（김덕룡）政務第一長官に、警告と叱責を行った〔東亜日報（1993.11.16）〕。さらに金泳三は年始の記者会見で、費用面の問題から5月の全党大会を行わず、延期することを発表した。これは金鍾泌代表体制を維持するためのものであった〔東亜日報（1994.01.07）〕。

　1994年8月2日、1年ぶりに補欠選挙が行われることとなった。今回の選挙は3選挙区でその中には大邱と慶尚北道という民主自由党のお膝元の地域が含まれていた。しかし、民主自由党はこの2選挙区とも落としてしまい、勝利したのは江原道の1選挙区だけであった。金泳三の全党大会延期で金鍾泌更迭論は下火になっていたが、この大敗北によって再び強くなることとなり、金泳三派は代表交代を流布した〔東亜日報（1994.08.07）〕。

　これに対しても金泳三は8月8日、金鍾泌に口頭で直接代表交代は無いと公言した〔東亜日報（1994.08.09）〕。はっきりと公言されたわけではないものの、11月20日の東亜日報でも、金鍾泌の表情が明るいので、最近になってまた金泳三から代表職留任の言質を得たのではないかとした〔東亜日報（1994.11.20）〕。

第七節　三党合同連合の終焉

　12月3日、金泳三は「大幅」な政府・党人事改編を行うことを発表した。この「大幅」の中に、金鍾泌の党代表職が含まれているのかどうかは不明であったが、その可能性が出てきた初めての金泳三の発言であり、注目を集めた〔東亜日報（1994.12.04）〕。さらに、12日には延期されていた全党大会を来年年始に行い、そこで党役員の改選を行うことを明らかにした〔東亜日報（1994.12.13）〕。このような金泳三の態度を受けて、党内では金泳三派を中心に金鍾泌代表交替を既定事実化しようとする雰囲気が形成された。金泳三派の崔炯佑内務部長官は「代表職は廃止しなければならない」と退陣を主張し

た。これまでにも噂レベルでは広まることはあってもこのように党内から
はっきりと退陣要求が出てくるのは初めてのことであった〔東亜日報
(1994.12.14)〕。これに対して金鍾泌が不快感を示すのは当然であり、党内の
ざわめきは留まるところを知らなかった。

　金泳三は金鍾泌の直接の問い質しにもはっきりと明言しないまま、1994
年は暮れた。明けた1995年1月6日、金泳三は金鍾泌に代表職を退き新た
に設ける副総裁職に就くよう要請した〔東亜日報 (1995.01.07)〕。副総裁は名
誉職的な存在で、代表職のように総裁に代わって日常の党務に責任を負うも
のではなかった〔朝日新聞 (1995.01.13)〕。これに対し金鍾泌は党に残るか離
党するかの決断を迫られた。離党するにしても第14代総選挙で金鍾泌派は
壊滅的な打撃を受けていたため、金鍾泌についてきてくれそうな議員はごく
少数しかいなかった。しかし、残留すれば金泳三に膝を屈するという屈辱を
受け入れなければならなかった〔東亜日報 (1995.01.14)〕。とりあえず、代表
辞任は避けられず、1月20日、金鍾泌は代表職の辞任を宣言した。これに
対し、ムン・ジョンス事務総長ら民主自由党幹部は党へ残留を要請した〔東
亜日報 (1995.01.21)〕が、2月9日、結局金鍾泌は離党を決断した。

金鍾泌、民主自由党離党へ (1995.1.6)
写真提供：雲庭財団

　この金鍾泌の離党に対して、金泳三は自分自身が金鍾泌の家に行って引き止めれば金鍾泌は離党しなかったに違いないとした〔金泳三（2008:144）〕。しかし、金鍾泌は、金泳三がそのように考えているということを踏まえた上で、たとえ彼が直接自分の家に訪ねてきて、本心を伝えたとしても離党したであろうと述べている〔金鍾泌（2017:600）〕。

　金泳三は他から批判されても金鍾泌を党代表から外さなかった。それは、党内で多数派を形成している盧泰愚派との「接着剤」として必要であったからである。しかし、民主自由党内で金泳三が権力基盤を固める中で、前節でも触れた李鍾贊や朴哲彦をはじめとした、盧泰愚派の中でも金泳三に反抗的な人士は次々と党内から脱落していた。それでも盧泰愚派の人士の大半は党内に残留していたが、権力者・金泳三に積極的に反抗する者がいなくなったとき、もはや接着剤役は不要となっていたのであった。

小結

　以上、本章では分析対象期間中の1つ目の連合であった「三党合同連合」の成立から終焉までを見てきた。

　第一節では、金大中と金泳三が断絶状態のまま大統領選挙に突入したため、600万票を獲得した両金に対して200万票の差でしかなく、また得票率としてもわずか36.6％に過ぎない800万票で盧泰愚が大統領の座を獲得した様を見た。また、盧泰愚が大統領と成ったのであるから、本来は野党勢力として統一戦線を組まなければならなかったが、両金の対立によりそれも困難であった。

　大統領選挙の直後に行われた第13代総選挙において、4勢力の中で金鍾泌派はもっとも少ない議席しか確保することは出来なかった。しかし、金鍾泌はそれを悲嘆するのではなく、各勢力の間で積極的に活動する道へと進んだ。ここに後に接着剤役と成る金鍾泌の素地を見ることが出来る。

　この金鍾泌の仲介によって、野党勢力の統一戦線は樹立され、盧泰愚は苦しい国会運営を余儀なくされた。大統領制であるため、解散という制度はなく、盧泰愚が苦しい国会運営から脱却するためにはいずれかの勢力と連合を結ぶしか無かった。その過程を見たのが第二節である。

　単に過半数を確保するだけであれば金鍾泌派との2派連合でこと足りたはずである。それもその金鍾泌派の方から連合の申し出があったのである。にもかかわらず、結局盧泰愚派はその申し出を受けなかったのである。ここに金鍾泌派と盧泰愚派との複雑な関係が見える。

　次に、盧泰愚派は金大中派との連合を企図した。しかし、直前まで軍事独裁政権とそれに対抗して民主化運動をしていた勢力という関係であったため、金大中派にとって、その申し出は受け入れることは出来なかったのである。

　それは金泳三派にとっても同じであった。しかし、先日の総選挙において金大中派の後塵を拝することになった金泳三派にとって、盧泰愚の後任大統領の座もちらつく盧泰愚派との連合パートナーを金大中派に先んじられるわけには行かなかった。そこで金泳三が思いついたのが金鍾泌派を接着剤役として間に挟むことで盧泰愚派との連合を成立させることであった。一方の金鍾泌派としてもこのまま行けば盧泰愚との連合から除外されてしまうことが目に見えていたため、金泳三派の誘いに乗ることにしたのである。このようにして、金泳三派と金鍾泌派が手を携え、3派連合を盧泰愚に要求する過程が第三節と第四節である。

　第五節は、連合の成立後、金泳三が盧泰愚の後任の座を確保するまでの過程である。1992年3月に行われた第14代総選挙において、金泳三は自勢力が大打撃を受けただけでなく、選挙の責任者として責任を取らされかねない非常に由々しき事態に追い込まれていた。しかし、選挙の結果、議院内閣制への改憲が不可能となったことが金泳三に幸いした。民主自由党は、次期大統領選において野党候補・金大中に対抗出来るだけの候補を用意する必要性に迫られたのである。そうなると、必要なのは支持勢力の規模ではない。候

補者個人の「顔」であったのである。一方、金泳三派以上に第14代総選挙において自勢力が打撃を受けていた金鍾泌は、大統領候補として自身が名乗りを上げることはできず、ライバルである金泳三を支持せざるを得ない立場に追い込まれていたのであった。

　第六節と第七節は、その金泳三が大統領に当選した後の話である。金泳三は自身が与党の大統領候補の座を確保すると、党ナンバー2の職である代表最高委員に盧泰愚派の朴泰俊ではなく、金鍾泌を据えていた。金泳三は民主化勢力出身の大統領として改革を進めていたが、軍事クーデターの首謀者であった金鍾泌が党ナンバー2ではその障害になるのは必然であった。また、盧泰愚政権時に自身がそうであったように、選挙の責任者であった金鍾泌は選挙の敗北の責任を追求される立場にあった。金泳三はそれらの批判を押さえ込み、金鍾泌を党代表に据え続けた。しかし、それが一転して突然解任に踏み切ったのであった。

　金泳三が党のナンバー2に金鍾泌を据えたのは、大統領候補選において自身を支持してくれたことに対する論功行賞とも考えられる。しかし、自身が大統領と成るのに大いなる貢献をした人物であり、また自身にも並ぶ政界きっての実力者であるとはいえ、金鍾泌が持つ党内の支持勢力はごく僅かである。単なる論功行賞なのであれば、党内の最重要ポストではなく、党外の重要ポスト、例えば国会議長職や、後に金大中政権でそうなるように国務総理職に任命することで遇しても良かったはずである。党内で圧倒的多数を占める盧泰愚派の反感を買ってでも、党内の最重要ポストに弱小勢力しか持たない金鍾泌を任命したことは、論功行賞では説明できない。また、仮に論功行賞によるものだったとしても、それだけでその後度々沸き起こった更迭論をはね除けてまで2年半、すなわち5年である自身の大統領任期の半分にもおよぶ期間に亘って、代表とし続けることは無いであろう。

　普通に考えれば、党内自治の観点からは、圧倒的最大勢力である盧泰愚派の幹部を代表職に取り立てるのが自然であろう。実際、金鍾泌の後は李春九

（이춘구）、金潤煥という盧泰愚派の幹部を党代表に据えている。

　それを考えたとき、金鍾泌を党代表に据えたことには別の意図を感じざるを得ない。金泳三は党内で少数勢力を率いていたに過ぎなかったが、金大中に対抗できる強い候補ということで大統領の座を獲得することには成功した。しかし、その後の政権運営においては、その「少数勢力」ということが頭をもたげてくることは明白であった。これは、盧泰愚が過半数を確保しなくても大統領には成れたが、その後の国会運営に四苦八苦したのと同じである。

　金鍾泌に接着剤と成ってもらうことで、最大勢力盧泰愚派と結びつくことに成功し、少数勢力の領袖から大統領にまで上り詰めることに成功した金泳三である。大統領に成った後でもその成功モデルを再び行ったと考えるのは難しいことではない。逆にそうでなければ、数々の逆風を押しのけて金鍾泌を代表に据え続ける理由が説明できないとさえ言える。

　それではどうして突然金鍾泌の解任に踏み切ったのであろうか。それは今述べた、金鍾泌を党代表に据え続けた理由から考えれば容易である。金鍾泌を党代表に据えたのは盧泰愚派対策であった。金泳三が権力基盤を固める中で、盧泰愚派の中で金泳三に反抗的な人士は次々と党内から脱落していた。それでも勢力の上からは盧泰愚派が圧倒的多数であったが、自身に反抗するものがいなくなれば、接着剤無しでも剥れることはない。盧泰愚派の幹部をナンバー２に据えることで直接一体化することが可能になったのであった。

　そして、金鍾泌には、上で挙げた国務総理や国会議長にも類する副総裁職という名誉職を当てることとした。このように、党内の最大派閥からナンバー２を出し、支持勢力は少数だが実力を持つものに名誉職に当てるというのは、上で述べたように本来順当な姿と言えた。

　金泳三は親金泳三系盧泰愚派と同様、金鍾泌も自身に従ってくれると考えたが、そのようなことは金鍾泌の矜持が許さなかった。接着剤としての役割が失われたとき、「接着剤モデル」で結びついていた連合が瓦解するのは必然であった。

註

100）【統一民主党　党憲　第九条】（筆者訳）

　　第一項　総裁1人と副総裁若干名を置く。

　　第二項　総裁は全党大会で選出する。副総裁は総裁が全党大会で指名し、欠員が生じた場合は総裁が指名補充する。

　　第三項　総裁は党を代表し、副総裁と協議して党務を統轄すると共に、政務会議の議長となる。

101）【新民主共和党　党憲　第二条】（筆者訳）

　　我々の党は、自由民主主義を理念とし、福祉社会を建設し、党の宣言、網領、政策その他の党議を実践することで、祖国の平和的民主統一に寄与することを目的とする。

102）【新民主共和党　党憲　第二十二条】（筆者訳）

　　第一項　総裁は、党の最高責任者として、党を代表し、党務を統括する。

　　第二項　総裁は、党務会議の提請によって、全党大会で選出する。

103）"与"党が"小"さく"野"党が"大"きい、すなわち少数与党の状態のことの韓国での一般的な言い方。

104）"与"党が"大"さく"野"党が"小"きい、すなわち多数与党の状態のことの韓国での一般的な言い方。

105）三党合同連合結成前の各党の議席を単純に合計すると221議席であった。しかし、統一民主党内から軍事勢力との連合を拒否する議員が5人出たため、実際に連合が成立した後の議員数は216議席となった。

106）この派閥別当選者数は資料によって多少のずれがある。例えば、ハンギョレ新聞（1992.03.26）では盧泰愚派116、金泳三派24、金鍾泌派9、ソウル新聞（1992.03.26）では盧泰愚派114、金泳三派24、金鍾泌派11、世界日報（1992.03.26）では盧泰愚派113、金泳三派24、金鍾泌派12となっている。ここでは各資料の平均値に近い韓国日報（1992.03.26）のものを用いた。

107）民主自由党における党ナンバー2の役職名。日本の政党でいうところの幹事長に相当する。与党である、日本の自民党において、総裁は首相であり、党務、特に選挙対策は幹事長に任されてきたのと同様に、与党であった民主自由党においても、それらは代表最高委員に任されていた。

　　【民主自由党　党憲　第二十三条】（筆者訳）

　　第一項　代表最高委員は、最高委員を代表し、最高委員と合意して党務の執行を総轄する。

　　第二項　代表最高委員は、総裁が最高委員の中から指名する。総裁はこれを全党大会で発表し、全党大会の召集が困難な場合はその受任機構で発表する。

108）註20および註22参照。

109）註21参照。

110）第 14 代大統領選挙では、ここに挙げていない候補もそれなりに得票を得ており、総投票数としては 2,400 万票弱となっている。

111）1993 年 4 月 9 日の党憲改定により、役職名は「代表最高委員」から「代表委員」に変更となっている。

　【民主自由党　党憲　第二十二条】（1993 年 4 月 9 日改正）（筆者訳）
　第一項　代表委員は、総裁の命を受け、党務を統括し、指揮・監督する。
　第二項　代表委員は、総裁が指名し、全党大会の同意を受けて任命する。ただし、代表委員が欠位になり、又は事故により職務を遂行することができない時は、総裁が、中央常務委員会　運営委員会の同意を受けて任命する。

第七章

DJT連合

（金大中政権期）

第一節　DJT連合の成立

1995年3月、与党・民主自由党を離脱した金鍾泌は新党・自由民主連合[112]を立ち上げた。この党には金鍾泌派に加え、反金泳三派となり同じく与党を離脱してきた一部の反金泳三系盧泰愚派の人士が合流した。これに親金泳三

自由民主連合結党（1995.3.30）
写真提供：雲庭財団

系盧泰愚派を抱え込んだ金泳三の新韓国党と、金大中派による新政治国民会議の3勢力によって、翌1996年4月の第15代総選挙は戦われることとなった。

　この選挙において、野党2党は大きく躍進した（自由民主連合は31から51議席、新政治国民会議は52から79議席）。自由民主連合は忠清地域の議席をほぼ総取りした上に、TK地域で10議席を確保した。しかし、縁故地域以外では京畿道の5議席と江原道の2議席しか取れなかった。新政治国民会議も湖南地域はほぼ総取りしたが、それ以外には首都圏でしか議席は取れなかった。そして、どちらも過半数である150議席にはまったく届かない議席であった。

　翌1997年には金泳三の次の大統領を選ぶ第15代大統領選挙が控えていたが、第15代総選挙の結果から、金鍾泌も金大中も単独では到底大統領選挙を戦えないことは明白であった。5月末には、ソウルのポラメ公園において、自由民主連合と新政治国民会議の共同主催による、与党の議員引き抜きを糾弾する大会が行われた。9月の補欠選挙では、選挙史上初となる野党統一候補を押し立て、金鍾泌と金大中は並んで応援演説を行った〔金鍾泌（2017:613）〕。

　これらにより、1996年秋頃より、金鍾泌と金大中の間で、大統領候補の

金大中と共同大会を開催（1996.5.26）

写真提供：雲庭財団

DJP連合の成立（1997.11.3）
写真提供：雲庭財団

単一化が模索されるようになった。単一化の最大のネックは、金鍾泌が強く
主張し続けてきた議院内閣制への改憲を金大中が呑むかどうかということで
あった。これに関して、金大中は 10 月、雑誌のインタビューで「政権交代
のためには野党候補単一化が必要であり、そのためには議院内閣制も受け入
れる」と語り、金鍾泌に秋波を送った。11 月 3 日、両者は金大中大統領－
金鍾泌国務総理体制や、1999 年末までの議院内閣制への改憲などで合意し
た。また、この連合は金鍾泌と金大中のそれぞれの下の名前のイニシャルで
ある JP（Jong-Pil）と DJ（Dae-Jung）を組み合わせて「DJP 連合」と呼ばれた。

　この連合は、その名の通り、金鍾泌と金大中の 2 人（2 派）による連合と一
般的には見なされている。しかし、朴泰俊を加えて「DJT 連合」とも呼ばれ
るように、金鍾泌派、金鍾泌派に加えて盧泰愚派（反金泳三系）による 3 派連
合であった。この盧泰愚派は「付け足し」ではなく、実は連合形成に当たっ
て非常に重要な意味を持っていた。金鍾泌は当然のように自由民主連合の総
裁であった。しかし、朴泰俊が入党すると、総裁[113]の職を朴泰俊に譲り、
自身は名誉総裁[114]となった。

　朴泰俊を重要視していたのは、金大中も同じであった。金大中は自身の回
顧録の中で、

自民連は忠清南北道を基盤にしており、そこへ大邱・慶北地方から滋養分を得ている政党である。いちいち名前を挙げなくても、大邱・慶北地方で大きな信頼を得ている政治家たちがそこで活動している。そのうえ連合が実現すれば、朴泰俊という実物経済に優れ、慶北地方だけでなく全国的にも大きな尊敬を受けている政治家が参加する。私はそうした点を高く買っていた。〔金大中（2000：242-243）〕

自民連との連合をつうじて、私が密かに期待していたことがもう一つある。その事実を告白することにしよう。それは私とは比較的遠い存在であった朴泰俊氏を私の陣営に引き寄せることである。
（中略）
　そのようなわけで私は自民連と連合し、また朴泰俊氏とも手を握った。〔金大中（2000：244-245）〕

と述べている。金大中は DJT 連合を金大中と朴泰俊の連合とした〔金大中

朴泰俊の自由民主連合入党（1997.11.4）
写真提供：雲庭財団

DJT連合の成立（1997.11.6）

写真提供：雲庭財団

表22　第15代大統領選挙における地域別得票数（単位：万票）と得票率

		李會昌	金大中	李仁濟
	合計	993.6（38.7%）	1,032.6（40.3%）	492.6（19.2%）
首都圏	ソウル市	239.4（40.9%）	262.7（44.9%）	74.8（12.8%）
	仁川市	47.1（36.4%）	49.8（38.5%）	29.8（23.0%）
	京畿道	161.2（35.5%）	178.2（39.3%）	107.2（23.6%）
TK	大邱市	96.6（72.7%）	16.7（12.5%）	17.4（13.1%）
	慶尚北道	95.3（61.9%）	21.0（13.7%）	33.5（21.8%）
PK	釜山市	111.7（53.3%）	32.0（15.3%）	62.4（29.8%）
	蔚山市	26.9（51.4%）	8.1（15.4%）	14.0（26.7%）
	慶尚南道	90.9（55.1%）	18.2（11.0%）	51.6（31.3%）
湖南	光州市	1.3（ 1.7%）	75.4（97.3%）	0.5（ 0.7%）
	全羅北道	5.3（ 4.5%）	107.9（92.3%）	2.5（ 2.1%）
	全羅南道	4.2（ 3.2%）	123.2（94.6%）	1.8（ 1.4%）
忠清	大田市	19.9（29.2%）	30.7（45.0%）	16.4（24.1%）
	忠清北道	24.3（30.8%）	29.6（37.4%）	23.2（29.4%）
	忠清南道	23.5（23.5%）	48.3（48.3%）	26.2（26.1%）
その他	江原道	35.9（43.2%）	19.7（23.8%）	25.7（30.9%）
	済州道	10.0（36.6%）	11.1（40.6%）	5.6（20.5%）

出所：「韓国中央選挙管理委員会歴代選挙情報システム」のデータをもとに筆者作成。

（2000 : 241）〕。つまり、金鍾泌よりも朴泰俊の方が本命であるというわけである。このように DJT 連合の肝は朴泰俊を代表とした盧泰愚派（反金泳三派）の人士であった。

　1997 年 12 月に行われた第 15 代大統領選挙は金大中の勝利に終わった。金大中と李會昌の票差はわずか 39.1 万票であったが、これは金鍾泌派の縁故地域である忠清地域における両候補の得票数の差である 40.8 万票とほぼ同数であった。まさに DJT 連合の力によって金大中は当選を果たしたのであった〔金鍾泌（2017 : 625）〕。

DJT 連合による金大中の大統領当選
写真提供：雲庭財団

第二節　DJT 連合の綻び

　金大中は 1998 年 2 月 25 日に大統領に就任した。それに伴い、本来であれば約束通り金鍾泌が即座に国務総理に就任するはずであった。

　韓国では大統領選挙と国会の総選挙は連動しておらず、新たな大統領が就任したとしても国会の体制は以前のままである。このため、政権が変わっても国会の体制は旧与党であり新韓国党から名称を変えていたハンナラ党が相

国務総理 "代理" に就任 （1998.3.4）

写真提供：雲庭財団

　変わらず過半数を確保しており、同党の同意なしに国会運営は成り立たなかった。ハンナラ党が金鍾泌の国務総理任命に同意しなかったため[115]、金鍾泌は「国務総理代理」となった〔『国会史　第 15 代国会史　編』pp.756-757〕。金鍾泌が正式な国務総理に任命されたのは、金大中体制がスタートしてから半年近くが過ぎ去った 1998 年 8 月 18 日のことであった。金鍾泌は朴正熙政権、金泳三政権に続き、ナンバー 2 としてやはり苦難の道を歩まされることとなったわけである。

　ところで、金大中が大統領に当選出来た理由は、前節で述べたように金鍾泌の協力によって忠清地域の票が入ったからである。しかし、DJT 連合にはTK 勢力が加わっているにもかかわらず、第 15 代大統領選挙において、TK地域からは金大中にはほとんど金大中に票は入っていなかった。姜熙渟（2014:330）はこれを「DJP 連合は成功したが、DJT 連合は失敗した」とした。第二章第一節でも指摘したように、DJT 連合の一翼を担ってはいたものの、

朴泰俊はあくまでも反金泳三系盧泰愚派のまとめ役に過ぎなかった。金大中、そして金鍾泌の期待とは異なり、朴泰俊はTK地域の「ボス」とは成れなかったのである〔姜熙涇（2014:330-331）〕。

　前節で掲示した表22を見ると、慶尚北道（13.7%）こそ慶尚南道（11.0%）よりもわずかに多く入れられていたが、反金泳三系盧泰愚派の縁故地中の縁故地と言える大邱市（12.5%）における金大中の得票率は蔚山市（15.4%）はおろか、金泳三のお膝元である釜山市（15.3%）すら下回っていた。一方李會昌はPK地域においていずれも5割強の得票率となっていたが、大邱市では7割、慶尚北道では6割とPK地域を超える得票率を確保していた。

表23　第14代および第15代大統領選挙における地域別得票率

		嶺南勢力		湖南勢力		第三勢力	
		金泳三	李會昌	金大中	金大中	鄭周永	李仁濟
全国		42.0%	38.7%	33.8%	40.3%	16.3%	19.2%
TK	大邱市	59.6%	72.7%	7.8%	12.5%	19.4%	13.1%
	慶尚北道	64.7%	61.9%	9.6%	13.7%	15.7%	21.8%
PK	釜山市	73.3%	53.3%	12.5%	15.3%	6.3%	29.8%
	慶尚南道	72.3%	54.2%	9.2%	12.1%	11.5%	30.2%
忠清	大田市	35.2%	29.2%	28.7%	45.0%	23.3%	24.1%
	忠清北道	38.3%	30.8%	26.0%	37.4%	23.9%	29.4%
	忠清南道	36.9%	23.5%	28.5%	48.3%	25.2%	26.1%

出所：「韓国中央選挙管理委員会歴代選挙情報システム」のデータをもとに筆者作成。

　表23は各縁故地域における第14代（左列）および第15代大統領選挙（右列）における地域別得票率である。なお、第三章第一節で説明したように両選挙の間である1997年7月15日に蔚山市が慶尚南道から独立している。そのため、表22でも示したように、第15代大統領選挙では慶尚南道とは別に蔚山市の項が存在するが、ここでは第14代との比較のため、蔚山市の票は慶尚南道に含めて計算している。第14代と第15代大統領選挙では金大中以外の候補者は別の者となっているが、金泳三と李會昌は同じ嶺南勢力による政党からの大統領候補である。また、第三勢力は勢力からして異なるものとなって

いるが、どちらも嶺南地域を支持基盤とする候補であり、嶺南勢力出身候補の票を裂く効果を持っていた。そのため、比較分析をする上である程度の公平性を認めることが出来る。

　両選挙を比較すると、確かにTK地域において金大中の得票率は上昇している。しかし、PK地域でも上昇しており、その間には大きな差はない。また、全国的には金大中は6.5％得票率を上昇させており、それと比較すると、両地域の上昇率はいずれも下回る水準となっていた。一方、金鍾泌派の縁故地である忠清地域では、大田市が28.7％から45.0％、忠清北道が26.0％から37.4％、忠清南道28.5％から48.3％といずれも全国平均を大幅に上回る上昇率を見せており、DJT連合による忠清地域とTK地域の票の動員力には決定的な差が存在した。

　DJT連合におけるTK地域の票の動員力の無さはその後も続いた。1998年4月2日に、国会の再・補欠選挙が行われた。選挙区は、大邱、慶尚北道（2議席）、釜山とすべて嶺南地域であった。大統領選挙、そして新政権の樹立直後であるため、当然DJT連合側に有利なはずであったが、全議席でハンナラ党が勝利を収めた。

　続いて6月4日には第2回統一地方選挙[116]が行われた。この結果を示したのが表24である。これは広域自治体の首長の所属政党および同自治体議会における第一党の議席比率、そして基礎自治体の首長の比率を一覧にしたものである。

　ここから湖南地域は金大中派が、忠清地域は金鍾泌派が順当に勝利を収めたが、TK地域は金泳三派のお膝元である、PK地域ともどもハンナラ党が完全に掌握してしまっていることが分かる。

　第2回統一地方選挙の直後から金大中派が主張しだしたのが、新政治国民会議と自由民主連合の合併であった。1998年6月7日、金大中大統領は韓国日報の創刊インタビューの中で「政権再編は地域的支持基盤を拡大することが出来る方向で推進することだ」と話した。これについて、韓国日報は、

表24　第2回統一地方選挙の選挙結果

		広域首長	広域議会	基礎首長
首都圏	ソウル市	新政治国民会議	新政治国民会議（79%）	新政治国民会議（76%）
	仁川市	自由民主連合	新政治国民会議（80%）	新政治国民会議（90%）
	京畿道	新政治国民会議	新政治国民会議（68%）	新政治国民会議（90%）
T K	大邱市	ハンナラ党	ハンナラ党（93%）	ハンナラ党（87%）
	慶尚北道	ハンナラ党	ハンナラ党（93%）	ハンナラ党（60%）
P K	釜山市	ハンナラ党	ハンナラ党（93%）	ハンナラ党（68%）
	蔚山市	ハンナラ党	ハンナラ党（52%）	ハンナラ党（60%）
	慶尚南道	ハンナラ党	ハンナラ党（86%）	ハンナラ党（70%）
湖南	光州市	新政治国民会議	新政治国民会議（94%）	新政治国民会議（100%）
	全羅北道	新政治国民会議	新政治国民会議（89%）	新政治国民会議（64%）
	全羅南道	新政治国民会議	新政治国民会議（81%）	新政治国民会議（68%）
忠清	大田市	自由民主連合	自由民主連合（94%）	自由民主連合（80%）
	忠清北道	自由民主連合	自由民主連合（70%）	自由民主連合（54%）
	忠清南道	自由民主連合	自由民主連合（88%）	自由民主連合（73%）
その他	江原道	ハンナラ党	ハンナラ党（49%）	ハンナラ党（72%）
	済州道	新政治国民会議	新政治国民会議（58%）	新政治国民会議（50%）

出所：小針進（1998:63）。

第1段階として、地域主義の縁故地域ではない、首都圏と江原道地域の国会議員を与党に取り込み、第2段階として、TK 地域の取り込みであると分析した〔韓国日報（1998.06.09）〕。

　大統領選挙に続いての再・補欠選挙、第2回統一地方選挙でも TK 地域からの支持が得られていないことに金大中派は我慢の限界が来てしまったのである。

　DJT 連合が金大中派と金鍾泌派の連合が主軸で、盧泰愚派は付け足しなのであれば、このような事態にはなっていなかったはずである。第六章第五節において、党を合併した後に行われた第14代総選挙で金鍾泌派と金泳三派が惨敗した姿を見てきた。金大中が李會昌を破って大統領職に就けたのは金鍾泌の協力によって忠清地域の票が入ったからであることは間違いない。第2回統一地方選挙でも忠清地域では手堅く金鍾泌派が勝利を収めており、党

を合併して、金鍾泌派の票を失う危険性をわざわざ冒す必要は無かったからである。

　自由民主連合内にいる盧泰愚派を当てにしていてはままならない。それだけを頼るのではなく、自身で積極的に再編に取り組んでいく必要があると金大中は判断したのである。

　その第一歩として、同年8月には、新韓国党の党内大統領候補選で李會昌に敗れた李仁濟が設立していた、国民新党を吸収していた。1999年3月19日には記者団との懇親会で「私が関心を持った政界再編は、各政党の全国政党化と、高い志を持った若者が政界に入って、新しい血を輸血して新しい気風を起こすこと」だと語っている〔朝鮮日報（1999.03.20）〕。

　全国政党化には、地域連合の色彩も持っていたDJT連合の政党合併が一番であった。しかし、金鍾泌からすれば、実質的に吸収合併であり、メリットのある話ではなかった。註26でも註解したように、DJT連合を結成するに当たって、三党合同連合の時の様な党の合併を選ばなかったのは、金泳三の背信行為に対する反省からであった〔チョン・ビョンギ（2018:86）〕。金鍾泌にとって、連合結成時に敢えて選ばなかった党合併をこの期に及んで選ぶ選択肢は存在しなかった。当然として、金鍾泌は金大中派側からこの話が出るたびに否定し、時には不快感も示した。例えば、4月8日、金令培（김영배）新政治国民会議次期総裁代行は「新政治国民会議と自由民主連合の党合併は必ず必要である」と発言し、金鍾泌を始めとする自由民主連合の人々から非難を受けた〔朝鮮日報（1999.04.09）〕。これに対し、翌日金大中は金鍾泌に対して直接謝罪し、両党の合併論の再発防止を約束することを余儀なくされている〔朝鮮日報（1999.04.10）〕。金鍾泌は7月に別件での対立から、金大中に対して、この金令培総裁代行を解任させているが、この党合併発言がその遠因にもなっている。

　7月20日には、金鍾泌が金大中と「2党＋α」での新党創設に合意したとの報道が流れたが、これに対し金鍾泌は国務総理職の辞任を示唆した。この金鍾泌の辞任発言に驚いた金大中は翌日会談の場を設けた。この会談は金大

中、金鍾泌に朴泰俊も加えた3者によるものであった。このような連合の運命を左右するような重要な場に朴泰俊が呼ばれていることからも、盧泰愚派が金大中派、金鍾泌派と同格の扱いをされていることが分かる。

　1999年12月20日、金鍾泌と金大中は党を合併させないことで最終的に合意した。しかし、それでも新政治国民会議の体制のままでは2000年4月の選挙での勝利はおぼつかないと判断した金大中は、自由民主連合の合流無しに、2000年1月20日に新政党・新千年民主党を結党した。この新党の選挙対策委員長には昨年、新政治国民会議に合流していた李仁済が就任した。さらに新千年民主党は4月の選挙において、その李仁済が自由民主連合の縁故地域である忠清地域から出馬することを発表した。

　自由民主連合との党合併がなくなった新千年民主党は単独で全国政党化することを余儀なくされていたわけであり、それに忠清地域が含まれるのは致し方が無いとも言える。しかし、これでは連合が形骸化しているとも言わざるを得ないであろう。これを受けて、2月24日、金鍾泌は金大中との連合関係の解消を宣言した。これは忠清地域を縁故地域として守るためであった〔共に民主党創党60年記念事業推進委員会（2016:619）〕。

第三節　第16代総選挙

　金鍾泌が金大中との連合関係を解消した直後の2000年4月13日に行われたのが、第16代総選挙である。

　この第16代総選挙の結果を地域別にまとめたのが表25である。第2回統一地方選挙と同様、今回も地域主義が色濃く出ている。この結果で着目すべき点は2つある。まずは、忠清地域の結果である。自由民主連合は縁故地域であるはずの忠清地域においても、全24議席中その半分にも満たない11議席を確保するに留まり、前回も3議席を獲得していたハンナラ党はおろか、前回は1議席も確保出来ていなかった新千年民主党にも議席を奪われてし

表25　第16代総選挙における当選者数と地域主義

地域		選挙区数	ハンナラ党	新千年民主党	自由民主連合
首都圏	ソウル	45	17	28	0
	仁川	11	5	6	0
	京畿道	41	18	22	1
TK	大邱	11	11	0	0
	慶尚北道	16	16	0	0
PK	釜山	17	17	0	0
	蔚山	5	4	0	0
	慶尚南道	16	16	0	0
湖南	光州	6	0	5	0
	全羅北道	10	0	9	0
	全羅南道	13	0	11	0
忠清	大田	6	1	2	3
	忠清北道	7	3	2	2
	忠清南道	11	0	4	6
その他	江原道	9	3	5	0
	済州道	3	1	2	0
小計		227	112	96	12
全国区		46	21	19	5
合計		273	133	115	17

出所：森康郎（2011:118）をもとに筆者作成。

まっている。その中には、忠清南道の論山市から出馬した李仁済も含まれていた。李仁済は、当選挙区の現職議員であった自由民主連合の候補を蹴落としての当選であった。この点から金鍾泌にとって、連合を組んでいる意味がなくなっていたことが改めて証明されたと言える。一方、忠清地域においては、地域政党から全国政党への脱皮を目指した金大中にとって、その目論見は忠清地域においては成功したと言える。

　次に着目すべきはTK・PKの嶺南地域である。前回の第15代総選挙時には自党に所属するTK勢力によって、自由民主連合は大邱で8議席、慶尚北道で2議席を確保していたが、今回は1議席も確保出来なかった。そして新千年民主党は、全国政党と成るのであれば、嶺南地域でもある程度議席を確

保する必要があったが、1議席も獲得出来なかった。ハンナラ党の本拠地とも言える釜山において、新千年民主党はベテランであり釜山出身でもある、盧武鉉を立てたが、牙城を崩すことは出来なかった。一方、ハンナラ党はTK地域の全議席を独占してしまっており、PK地域と同様、完全にハンナラ党の縁故地域としてしまっている。結局新千年民主党は忠清地域で少し勢力を伸ばしただけで、「全国政党化」は夢に終わり、相変わらず首都圏と湖南地域に依存する地域政党のままであった〔共に民主党創党60年記念事業推進委員会（2016:621）〕。金大中は地域

**第16代総選挙での当選
（2000.4.13）**

写真提供：雲庭財団

主義本位から政策本位への転換を目指し、その一環として、この選挙の3日前に南北首脳会談の合意書を発表したが、まったく効果はなかった。

　この結果、新千年民主党は選挙前の98議席から115議席へと17議席勢力を伸ばしたものの、過半数（137議席）の確保はおろか、第一党の座もハンナラ党（133議席）から奪取することは出来なかった。金大中の任期は折り返し地点にも到達していないが、任期中にはもう総選挙は無い。つまりこのまま行けば、政権樹立直後のような不安定な国会運営を3年近い残り任期中ずっと余儀なくされる可能性もあった。

　その一方で、自由民主連合の17議席を加えれば132議席となり、全体としてハンナラ党を抜いて最大勢力となることや過半数の確保も視野に入る状況であった。このようなことから、金大中にとって金鍾泌との連合体制の復元を目指さざるを得なかった〔共に民主党創党60年記念事業推進委員会（2016:621）〕。

第四節　院内交渉団体への復帰

　金鍾泌は三党合同連合の状態で迎えた第 14 代総選挙は別として、第 13 代総選挙時〔金鍾泌（2017:552）〕も第 15 代総選挙時〔金鍾泌（2017:614）〕も自派が「キャスティング・ボートを握る」と前向きであった。今回の選挙においても、ハンナラ党も新千年民主党も過半数を確保していない状況であった。金鍾泌としては今回も自派がキャスティング・ボートを握れる！と肯定的に捉えることが可能な状況であったはずである。しかし、第 16 総選挙の結果に関する回顧録の記述からはそのような前向きな気持ちは読み取れず、むしろ重苦しささえ感じさせる内容となっている。

　　　2000 年 4 月の総選挙で私の自民連は議席数が 17 に減る惨敗をした。（中略）総選挙での敗北は有権者たちが自民連にしっかりせよと鞭を打ったのであるから私は謙虚に受け入れようとした。

　　　政治をしていると多くの起伏と試練があるものである。私は「数が少ないとしてもやれることがあるはずだ」という覚悟で再起を模索した。しかし、国会の院内交渉団体（定足数 20 議席）に達しない状態で党の立場が苦しくなると、内部の動揺と外部の誘惑が絶えなかった。〔金鍾泌（2017:647）〕

　第六章第五節で述べたように、第 14 代総選挙時も大敗北であった。しかし、この時もその大敗北を受けて自宅に蟄居もしたが、このような悲壮感は無かった。これは、院内交渉団体の資格を確保出来ているかどうかの差であった。第 14 代総選挙時は金鍾泌派は三党合同連合によって巨大与党の一部であり、同じく大敗しているとはいえ、この時は院内交渉団体の資格喪失とは無縁だったのである。院内交渉団体の資格を回復するためには国会法の改正が必要であり、そのためには二大政党に頭を下げて協力を仰がねばなら

なかった。とてもではないが、両党よりも上位に立ってキャスティング・ボートを握れるような状況では無かったのである。

　それどころか、金鍾泌にはその協力の求め先の選択権すら無かった。金大中の新千年民主党との関係がこじれた金鍾泌にとって、国会で攻防を繰り広げてきた相手であり、元々良好な関係とは言えなかった李會昌のハンナラ党に対してそれを求めざるを得なかった。しかし、李會昌はその金鍾泌からの秋波を無視し続けた〔金鍾泌（2017：647）〕。両者の会談が漸く実現したのは選挙から3カ月以上も経った7月22日のことであった。

　この日、2人はゴルフ会談を行うはずであったが、突然の大雨でゴルフは行わず、クラブハウスで話をすることになった。李會昌にとって、金鍾泌の自由民主連合が院内交渉団体の資格を回復し、立場が強化された場合、ハンナラ党内の不満分子や非主流派を誘引する非常に面倒な存在となるだけであり、失うものはあったも得るものはないという考えであった〔李會昌（2017b：357-358）〕。当然として、このゴルフ会談で金鍾泌は李會昌の協力を取り付けることは出来なかった。

　ハンナラ党の協力を得ることに失敗した金鍾泌は、大見得を切って連合の解消を宣言したにもかかわらず、金大中の新千年民主党に頼らざるを得ない立場へと追い込まれた。

　両者の歩み寄りの第一幕は、不動産名義疑惑により、辞任に追い込まれた朴泰俊の後任問題であった。金鍾泌は連合解消宣言時にも、朴泰俊国務総理をはじめとする閣僚に辞任はさせず、そのまま留め置いていた。しかし、辞任させないという不作為と後任を選出するという作為行為とでは次元が異なる。結局、金鍾泌は李漢東自由民主連合総裁を後任の国務総理に指名した。これによって、DJT連合は復元され、金大中は安定的な国会運営を手に入れることに成功した〔李漢東（2018：334）〕。

　これで一応DJT連合は回復されたが、金鍾泌をより一層しっかりとつなぎ止めるために第二幕が行われた。これは院内交渉団体の要件を20人から10

人に引き下げることであった。この国会法の改正案は金大中の新千年民主党の主導のもと運営委員会において可決されたものの、その強硬な手法はハンナラ党の強い反発を招き、本会議には上程されなかった〔沈之淵（2017:482）、金鍾泌（2017:648）〕。

　ハンナラ党の強い反発の前に、DJT連合の復元努力は年末まで小康状態を余儀なくされた〔沈之淵（2017:482）〕。金鍾泌のつなぎ止めに失敗することを危惧した金大中は、大胆な策に打って出た〔金大中（2011b:333）〕。これが第三幕である。

　それは、金大中の新千年民主党から自由民主連合へ議員を3人“貸し出す”というものであった。17人に3人を加えて20人という院内交渉団体の資格は回復出来たかに見えたが、自由民主連合所属議員の1人がこの動きに反発し除名処分となったため、またしても院内交渉団体に復帰することは出来なかった。この状況に、金大中はさらに1人の議員を追加で貸し出し、2001年1月10日、漸く金鍾泌の自由民主連合は院内交渉団体に復帰することが出来た。このような状況を受けて、2001年1月8日、金鍾泌は金大中との連合関係が復元されたことを公式に宣言した。

　このように議員を借り受けるというのは金鍾泌にとっては屈辱であるということは想像に難くない。しかし、それを甘んじて受け入れざるを得ないほどに院内交渉団体への復帰は重要事項であったのである。同時に金大中にとってもこのように自党議員を他党へ貸し出すというのは自らの支持者に説明を行いにくい事柄である〔金大中（2011b:333）〕。それでも国会運営のためにはDJT連合の復元が必須だったのである。

　このようにして、1年近い時を経て、DJT連合は完全に復元された。本節で見てきたように、そのやり方はかなり強引な手法でもって行われた。これはそれだけ連合の必要性が認められたとも言える。しかし、連合復元の目的は金鍾泌は20議席確保、金大中は過半数確保というお互いに「議席のため」という目の前に差し迫った問題の解決のためでしかなかった。今まで見てき

たように、「接着剤モデル」による連合が成立するために重要なのは「数」ではなかったはずである。宣言に当たって、金鍾泌と金大中は1997年の連合結成時の初心に戻るとした〔金大中（2011b:333）〕。しかし、実際には2人は連合結成時に本当に必要だったことには目をつぶっていた。連合の復元に当たっては1年前に連合を解消することになった根本的原因は何も解決されていなかった。このような場当たり的な復元では、すぐに再び亀裂が入ることは明白であった。

第五節　DJT連合の終焉

　前節で見たように、2001年1月、金鍾泌と金大中、特に金大中は1年もの時間をかけ、またかなり強引な手法によって連合を復元させた。それは、それほどまでにお互いを必要としていた証拠である。それだけに、連合体制は末永く安泰かとも思われた。しかし、連合体制はそれから1年にも満たない寿命であった。9月3日、野党・ハンナラ党が提出した林東源統一部長官の解任決議案に自由民主連合が賛成したことで、その関係はあっけなく終わ

林東源長官解任決議に対する自由民主連合の臨時総会
（2001.9.2） 写真提供：雲庭財団

りを告げたのである。

　この時、与党は新千年民主党の114議席に自由民主連合が20議席、同じく連合を組む民主国民党の2議席を合わせて136議席であった。これは在籍議員の過半数をかろうじて抑えた数字であり（定数273、欠員2により過半数は136議席）、自由民主連合の背信がなければ、同決議案は否決されるはずであった。また、林長官は「太陽政策の伝導師」〔共に民主党創党60年記念事業推進委員会（2016:622）〕と呼ばれていた。太陽政策は金大中大統領の政策の中でも中核をなすものである。金大中はこれについて、

> 　野党の攻勢はますます激しくなったが、統一の働き手を替えることはできなかった。彼は北朝鮮や中国の指導者らからも厚い信頼を受けていた。更迭すれば、国の内外に太陽政策の基調が揺らいでいるという印象を与える憂慮があった。統一政策後退のシグナルと解釈されることもあり得た。政治状況が困難だからといって南北関係で譲歩することはできなかった。林統一相は朝鮮半島の未来のために必要な人材だった。ましてや、01年後半期には中国の江沢民主席の北朝鮮訪問やブッシュ米大統領の訪韓など、朝鮮半島情勢をにらんだ重要な日程が待っていた。彼が私のそばにいなければならなかった。〔金大中（2011b:362）〕

と述べている。金鍾泌は「金大統領のいつもの慎重な姿勢から考えると、いかなる理由で林長官を頑なに守ったのか、私は今も疑わしく思っている」〔金鍾泌（2017:650）〕と述べたが、今見たように、金大中が林長官の解任を拒否するのは最初から明らかである。そして、その林長官の解任決議案に賛成するということは、連合体制の崩壊に繋がるということも明白であった。

　この連合の瓦解により、新千年民主党側も議席の過半数割れという損害を被った。しかし、自由民主連合側は与党からの離脱で、閣僚ポストなど、与党としてのメリットを失ったばかりか、貸し出しを受けていた議員が新千年

民主党へと戻ってしまったことにより、再び院内交渉団体の資格も失い、諸派へと転落するなどより損害は大きかった。

　このように、DJT連合が終焉を迎えた直接のきっかけは林東源統一部長官の解任決議案への自由民主連合の賛成にあった。これは、太陽政策の否定である。しかし、太陽政策は2001年になって始まったものではない。第一章第三節でも述べたように、北朝鮮観の違いは最初から歴然としていた。それでも連合を成立させたのである〔金鍾泌（2017:628-629）〕。また、金大中が南北首脳会談を行ったのは、DJT連合が一時破談していた2000年6月のことである。太陽政策を問題にするのであれば、その後に連合を復元させたことの説明がつかない。したがって、林東源統一部長官の解任決議案への賛成や太陽政策の否定はあくまでもきっかけに過ぎないと言える。

　第一節で見たように、盧泰愚派の存在はDJT連合の要であった。金大中が盧泰愚派を自分側に引き寄せたいがために、金鍾泌に接着剤役となってもらって連合が成立したのである。しかし、第二節で見たように、金大中にとって、その盧泰愚派が当てにならないことが明らかとなった。これが、金大中派の全国政党化への動きや自由民主連合の縁故地・忠清地域への侵食へと繋がり、DJT連合の解消へと繋がったのであった。そしてその盧泰愚派は第16代総選挙で壊滅的な打撃を受けてしまっており、問題はむしろ悪化してしまっていた。にもかかわらず、それに目を瞑って、目先の利益に走った連合が長続きするはずもなかったのである。

　第16代総選挙で大敗を喫した金鍾泌派であったが、その凋落はそれで収まらなかった。金大中の後任大統領を選ぶ第16代大統領選挙に金鍾泌は自身が出馬することはおろか、誰かへの支持表明を行うことすら出来ない立場に追い込まれていた。
　第16代の次の第17代総選挙は2004年4月に行われた。この選挙は、第

政界引退を宣言した金鍾泌
（2004.4.19）
写真提供：雲庭財団

16代大統領選挙で選出された盧武鉉大統領に対する弾劾という嵐の中で行われた。退勢の流れの中、金鍾泌自身もそれまでの忠清南道扶余郡からの地域区からの出馬を断念し、全国区一位での出馬を余儀なくされた。そして、そこまでしたにもかかわらず、金鍾泌の当選は成らなかった。金鍾泌派である自由民主連合としても4議席しか確保出来なかった。

　ことここに至り、金鍾泌は政界の引退を決断せざるを得ない状況にまで追い込まれた。半世紀近くに及ぶ金鍾泌の政治家人生が幕を閉じた瞬間であった。

　　弾劾の逆風は総選挙において自民連に致命傷を負わせた。大田・忠清北道では1議席も確保できず、忠清南道でのみ何とか4議席を得た。地域の有権者たちは忠清道圏に新行政首都を移転するという開かれたウリ党の政府を支持し、盧大統領の弾劾に賛成したように映った自民連に背を向けた。比例代表名簿の1位で出馬した私も落選した。当選

9回の私の国会議員選挙史上で初めての敗北であった。金泳三大統領と朴浚圭元国会議長が当選9回の同窓生であった。マスコミでは当選10回議員の誕生を予測したが、不発に終わった。衝撃であった。4日間蟄居し、気持ちを落ち着かせた。（中略）有権者は78歳の私の胸から金バッジをはぎとった。民心が私に最後のメッセージを送ったようであった。最初の敗北を最後の敗北にすることにした。世の中は変わり、私は最善を尽くした。眠りにつく前にもう何マイルかを進まなければならないが、進む余力を使い果たした。

2004年4月19日、ソウル麻浦区新水洞の自民連党本部。総選挙での当選者の集まりで、当選への祝辞を述べるとともに、私は政界引退を宣言した。〔金鍾泌（2017：662-663）〕

小括

以上、本章では分析対象期間中の2つ目の連合であった、「DJT連合」の成立から終焉までを見てきた。ライバル関係にあった金泳三は既に大統領の座をつかんでいた。そのようなことは金大中にとっては耐え難い屈辱であった。金泳三の後任大統領にはなんとしても自分が成らねばならなかった。しかし、湖南地域に限定されていた自身の支持基盤だけでは当選はおぼつかなかった。大統領の座を獲得するためには、盧泰愚派の協力が必要であった。しかし、三党合同連合が成立する前に盧泰愚から申し込まれた連合を拒絶したように、直接盧泰愚派と連合を組むことも出来なかった。そこで、金泳三と同様、金鍾泌に接着剤役となってもらって連合を成立させようとしたのである。これが第一節である。

ところが、第二節で見たように、金大中にとって、その盧泰愚派が当てにならないことが明らかとなったことで、連合に綻びが出始めることになった。湖南地域を押える自派に加え、忠清地域を押さえる金鍾泌派との連合だ

けでは過半数を押えることは出来ない。過半数確保のためには、新たに全国政党を作る必要があった。そして、その新党への合流を金鍾泌が拒むと、自派単独でそれを成らさなければならなくなり、金大中派による自由民主連合の縁故地・忠清地域への侵食へと繋がったのである。

　しかし、三党合同連合において、党代表から副総裁職への異動を拒んだ金鍾泌が金大中の作る新党に合流するはずが無かった。地域主義体制下において自らの力の源泉である忠清地域への浸食に至っては問題外である。DJT連合の瓦解は必然であった。

　本来はこの時にDJT連合は終焉を迎えるはずであった。しかし、第16代総選挙の結果がその運命を大きく変えることとなってしまったのである。2000年4月に行われた第16代総選挙では、金大中派は躍進はしたものの、全国政党には成れず、過半数はおろか第一党にも成れなかった。しかしながら、自由民主連合とのDJT連合を復元させれば過半数の確保も難しくない状況でもあった。一方、自由民主連合も躍進どころか選挙前勢力を大きく割り込み、院内交渉団体の資格すら維持出来ない17議席に終わってしまっていた。同資格の回復に当たって、ハンナラ党の協力を取り付けることに失敗した金鍾泌にとっては頼る相手は金大中しか残されていなかった。

　DJT連合は、盧泰愚派との連合を意図されたものであったはずである。その盧泰愚派はこの第16代選挙で壊滅的な打撃を受けてしまっていた。要が存在しないにもかかわらず、目先の利益のために連合を復元してしまったのである。「初心に戻る」と言いながら、実際にはその初心を忘れてしまった連合が長続きするはずもなかったのである。

註

112）【自由民主連合　党憲　第二条】（筆者訳）
　　　我々の党は、国民と共に永続する政党として、自由、民主、福祉、平和を理念とする新しい政治勢力の求心となり、真の責任政治の実現のために内閣責任制を推進し、皆がやり甲斐をもって生きる福祉国家を建設し、祖国の民主的統一を主導する。

113）註 24 参照。

114）註 25 参照。

115）【大韓民国憲法　第八十六条】(『現行韓国六法』訳)

　　第一項　国務総理は、国会の同意を得て、大統領が任命する。

116）日本における統一地方選挙は、その時に多くの地方自治体の選挙が行われるということに過ぎないが、韓国におけるそれはすべての地方選挙が一括して行われる。

終章

　本書では、弱小勢力に過ぎない金鍾泌派が常に政権内にあり、その領袖である金鍾泌が要職を歴任している要因の分析を行った。

　第一章では、金鍾泌が連合に参画し、要職を歴任した要因を分析するに当たって、連合政権理論によるモデルをはじめとした、2.5政党制モデルやかなめの党モデルなど、政治学における一般的な連合モデルをもって説明を試みた。これらのモデルはいずれも単独では説明を行うことは出来なかったが、その一方でいずれも全く無関係とも言えなかった。

　特に、「修正版イデオロギーによる連合政権理論モデル」における、「軍事勢力−民主化勢力」という視点は非常に重要な意味を持っていた。ここからは「盧泰愚派−金鍾泌派」、あるいは「金大中派−金泳三派」という連合組み合わせが成立し易いことが分かった。にもかかわらず、この２つの連合はどちらも成立しなかったのである。そして、その代わりに成立したのはより成立が困難であるはずの「軍事勢力−民主化勢力」の間の高い垣根を乗り越えた連合なのであった。

　第一章では韓国の実状を無視していたため、うまく説明が出来なかった。第二章では、その反省から韓国の政治文化に基づく「人間関係ネットワーク」を用いたモデルによって説明を試みた。しかし、その第二章の分析の結果、その「人間関係ネットワーク」は勢力"間"の連合形成に活用されるのではなく、勢力"内"のネットワーク構築に用いられていたことが分かった。また、三党合同連合に先立って、盧泰愚は金大中に最初に連合の話を持ち掛けていた。「人間関係ネットワーク」の観点からはこの連合は理想的であり、

また金大中にとっても望ましいものであるはずであった。しかしながら、金大中はこの申し出を断ってしまっているのである。本章の分析からはその「謎」が生まれたのであった。

　第三章では、第二章の経験を踏まえ、その「人間関係ネットワークに基づいて構築された各勢力の連合」という視点に立つことにした。その中でも、「地縁によるネットワーク」の上に形成された概念である、「地域主義」による「地域連合モデル」の検証を行った。

　「地域主義」は現代韓国政治を規定する大きな要素である。さらに分析対象の２つの連合が共に「地域主義」概念に基づいて成立した連合であるという先行研究も存在した。したがって、本モデルによって連合形成過程の実態を明らかにすることが出来るという期待は俄然と高まったが、最終的にその期待は裏切られることとなった。

　そして、金大中は最初にもちかけられた連合の申し出を断っておきながら、代わって成立した連合で自身が疎外されたことに恨みを持ち、その意趣返しの対象になぜか金泳三派を選んだということが分かった。このようにして、第二章で生まれた謎はますます深まったのであった。

　第四章では、本書における仮説である「接着剤モデル」の紹介を行った。「接着剤モデル」では、一般に連合形成に当たって重要視される「最小勝利連合」は重視されず、その連合が形成される前の時点で「接着剤役」と成る勢力が接着される側の両方の勢力と強いコネクションをもっていることが重要であるということが分かった。

　そして、連合形成に至るまでに「接着剤役」がここで分析対象期間中に成立した２つ連合は金鍾泌を「接着剤役」とした「接着剤モデル」で説明することは可能であるとの結論に至った。ただし、「接着剤モデル」は容易な組み合わせが成立しなかった際に初めて登場するモデルであることも分かった。そのため、この「容易な組み合わせ」が成立しなかった要因の解明と、接着される側の方が積極的であったことの確認という宿題が残った。

　今述べたように、「接着剤モデル」での説明を行うためには、連合が形成

される前の時点で「接着剤役」が接着される側の両方の勢力と強いコネクションをもっていることが重要である。そのため、第五章ではメインプレーヤーである三金を中心として、分析の対象期間の開始時である1988年に至る前の時期にどのような人間関係が構築されたのかということを詳しく見つめた。

　その結果、まず最初に民主化勢力である金大中と金泳三、特に金大中が軍事勢力からの激しい弾圧を受けていたということが分かった。次に、軍事勢力とはいいながらも金鍾泌は朴正熙政権終了後は民主化運動を行ったり、新興軍事勢力であり後に盧泰愚派と成る勢力から弾圧を受ける立場になっていたことが分かった。最後に、今述べたように同じ軍事勢力といっても金鍾泌派と盧泰愚派は必ずしも親密な関係には無く、そしてそれ以上に金大中派と金泳三派は同じ民主化勢力であったが故に激しい競争心を生み、関係性が断絶するに至ったことが分かった。

　これによって、今までの章で生み出されていた指摘や謎、課題といったものが解決されることとなった。第一章で指摘された、より成立が容易に見える「軍事勢力」「民主化勢力」内の連合はむしろ同属嫌悪によって成立が困難になっていたのである。第二章で金大中が盧泰愚からの連合の申し出を断ったのは、その長い軍事勢力から受けてきた強い弾圧によってであった。第三章で三党合同連合の結成によって疎外された金大中がその意趣返しを金泳三派に対して行ったのは、その強いライバル心からであった。第四章で宿題とされた、「容易な組み合わせ」が成立しなかった要因もこれで明らかとなった。

　同じく第四章で宿題となっていた接着される側の方が積極的であったことも、第六章と第七章において具体的な連合形成過程を見つめる中で確認された。民主化宣言後の駆け引きや、盧泰愚政権樹立された直後は金鍾泌が積極的に仲介を行っていたが、金大中や金泳三は協力関係の構築に積極的ではなかった。これがこの時期に連合が形成されなかった理由である。2人が盧泰

愚派との連合に踏み切らざるを得ず、その「接着剤役」として金鍾泌に白羽の矢を立てるまで連合は成立しなかったのである。

1987年の大統領選挙で勝利した盧泰愚は大統領に就任したが、直後に行われた国会の総選挙で単独過半数を獲得することに失敗し、少数与党となった。国会運営に苦労した盧泰愚は1989年に金大中に連合の打診を行ったが、金大中はその申し出を拒否した。しかし、金大中は1997年に結成されたDJT連合において盧泰愚派と連合を組んでいるのである。この両者の違いは後者には「接着剤役」としての金鍾泌派が存在したが、前者には存在しなかったことである。そして、金鍾泌自身も「接着剤」としての役割での参加でなければ連合に加わることは出来なかった。しかし、一方で、「接着剤役」は誰でも良かったというわけでもなかった。「接着剤役」は、金鍾泌以外では成しえなかったことが明らかとなった。

「DJT連合」においても、一見、金大中派と金鍾泌派による、2派連合に見えたが、その実態は本来は重要な存在であったはずの反金泳三系盧泰愚派が本来期待された役割を発揮出来ず、影が薄くなってしまったからに過ぎなかった。「DJT連合」も結局は金鍾泌を接着剤役とした3派連合であったのである。そして、接着剤役は接着する相手なくしては存在し得ない。「三党合同」前に盧泰愚派と金鍾泌派のみの2派連合が成立しなかったように、盧泰愚派を失った「DJT連合」も長続きはせず、終焉を迎えることとなったのである。

三金時代に存在した4勢力はいずれも単独で過半数を獲得出来なかった。このため、安定した政権運営のためには連合政権を設立する必要性に迫られていた。4勢力のうち民主化勢力であった金大中派は3割、金泳三派は2割の勢力規模を持っており、合算すれば全体の半数を押さえている状況にあった。つまり民主化勢力だけで政権の獲得が可能であった。三金時代は民主化を果たした時代である。民主化勢力が力を合わせるのが本来自然な形である。自分たちだけで政権を獲得出来る状況にあったのであるから、それはな

おさらのことである。しかし、金大中派と金泳三派は協力関係を築くどころ
か、軍事勢力そっちのけで互いをライバルとした熾烈な勢力争いを繰り広げ
ていた。

　金大中派と金泳三派はそれぞれ民主党新派、民主党旧派という勢力の系譜
に連なる勢力であるが、この2勢力の争いというものはこの時に始まったも
のではなかった。1度目は李承晩退陣後に成立した1960年の民主党政権内
部における勢力争いであった。そこを朴正煕と金鍾泌に突かれ、両氏による
軍事クーデターは成功し、民主党政権は瓦解した。2度目は1980年のソウ
ルの春の時である。朴正煕が暗殺されると、韓国には民主化の気運が高まっ
た。しかし、両派の代表格となっていた金大中と金泳三の対立でその運動は
一本化しなかった。そこを全斗煥と盧泰愚に突かれ、全斗煥による軍事独裁
政権が成立してしまった。

　3度目が1987年の大統領選挙であった。国民からの人気がなかった全斗
煥は後継者の盧泰愚に民主化宣言を出させ、次期大統領選挙を直接選挙で行
うことを発表させた。この時も、金大中と金泳三が協力していれば盧泰愚に
勝利し、民主化勢力が政権を獲得することも可能であった。しかし、両氏の
対立で民主化勢力の票は割れ、漁夫の利を得た盧泰愚に大統領の座を持って
行かれてしまったのである。上記の通り、民主化勢力が連合して政権を獲得
するのが自然なことであると誰しもが考える。当事者たちもそう考えてい
た。しかし、その連合体制の中での主導権争いに明け暮れ、軍事勢力に間隙
を突かれるということを繰り返していたのである。

　3度あったことは4度目もありえる。韓国は、ハンチントンが著書『第三
の波』（三嶺書房、1995年）の中で説いている、1974年から1990年にかけて
の「第三の波」の中で民主化した国の中の一つである。この時共に民主化を
経験した国の多くは不安定化し、その中のいくつかの国は「揺り戻しの波」
という再度の権威主義体制化も経験した。韓国においても盧泰愚の次の大統
領も軍事勢力である盧泰愚派から選出される可能性は十二分にあった。そう
なると、民主化時代であるにもかかわらず、軍事勢力から大統領が出続ける

という、民主化の形骸化が起こる危険性があった。さらには、金鍾泌らの旧軍部に取って代わって全斗煥、盧泰愚らの新軍部が台頭したように、第三の軍事勢力によるクーデターが勃発した可能性も否定出来ないだろう。

しかし、盧泰愚の後任大統領の座を射止めたのは民主化勢力出身の金泳三であった。4度目を防ぐことに成功した要因はどこにあるのであろうか。それまでとの違いはどこにあるのであろうか。

金泳三派と金大中派が互い以外で政権を獲得するためには、国会での勢力図からいって軍事勢力である盧泰愚派と手を組むしかなかった。三金時代における軍事勢力と民主化勢力の関係はそれまでのような弾圧を行う側と行われる側という関係ではなくなっており、軍事勢力と民主化勢力の間の「垣根」を越えて手を組むことも不可能ではなかった。しかし、そうは言っても盧泰愚派から弾圧を受けていたのは三金時代の直前の時代である全斗煥政権期のことであり、その「垣根」を乗り越えることは容易なことではなかった。

そこで登場するのが双方と関係の深い金鍾泌であった。金鍾泌は盧泰愚と同じく軍人出身である一方、金大中、金泳三とは共にソウルの春で民主化運動を行った間柄にあった。金鍾泌が「接着剤」としての役割を果たすことで、「垣根」を低くすることが出来、初めて民主化勢力同士以外での連合組み合わせが現実的な選択肢となったのである。この新しく生み出された組み合わせによる連合においても、連合内での主導権争いが無かったわけではない。しかし、それでも軍事勢力に間隙を突かれることは無くなり、そのループを3回までで食い止めることに成功したのである。

盧泰愚の後任として、大統領の職を先に手に入れたのは金泳三の方であった。民主化勢力出身の金泳三が大統領に就いたことによって、名実ともに韓国に民主化時代が到来したのである。しかし、金泳三の所属政党は盧泰愚と同じであり、政権を構成する勢力が交代したわけではなかった。これが果たされたのは金泳三の後任大統領として金大中が大統領に就任した時であった。

任爀伯（2004）は、韓国の民主主義の定着のキーポイントの中でこの2点を挙げている。金泳三も金大中も、金鍾泌が「接着剤」としての役割を果た

さなければ大統領には成れず、その重要なキーポイントも達成出来なかったのである。任爀伯（2004）では金鍾泌の関与について触れていないが、こういったことを考えると、韓国の民主主義の定着において、金鍾泌が果たした功績は非常に大きなものがあると言える。これが「第三の波」の後、不安定化し、再度権威主義体制に戻った国と、韓国の運命を分けた重要なポイントであると言えるだろう。

　金大中、金泳三両氏にとって、連合形成無くして大統領レースで勝利をつかむことは出来なかった。そして、その連合を形成するためには「接着剤」としての金鍾泌の存在は不可欠であった。そのため、両氏は金鍾泌に連合参加を要請することになった。そうやって、金鍾泌が連合に参加したおかげで、両氏は大統領レースで勝者となったのであるが、一方で金鍾泌の影響力は疎ましくもあった。両氏は金鍾泌の影響力を削ぐことに注力し、金鍾泌は両氏に請われて連合に参加したにもかかわらず、結局彼らとの権力争いによってその連合を離脱することになってしまっている。また、両氏は金鍾泌に連合に加わってもらう代わりの見返りとして約束した議院内閣制への改憲も結局反故にしてしまっている。これでは金鍾泌には主体性がなく、ただただ金大中、金泳三両氏に都合のいいように使われただけにしか見えない。

　しかし、金鍾泌派は国会での勢力が1割規模であるということを忘れてはならない。この勢力規模では、単独与党は勿論のこと、第一野党に成ることさえも困難である。実際金鍾泌派は三党合同連合を結成するまで[117]、三党合同連合が瓦解しDJT連合を結成するまで[118]、DJT連合が瓦解した後[119]の3回の期間において野にいたが、一度として第一野党には成れていない。第二野党以下では、議会運営において極めて限定的な影響力しか及ぼすことは出来なし、存在感をアピールする場も限られてしまう。それが「接着剤」としての役割を果たすことによって政権入りし、要職を手に入れたのである。これだけでも連合参加の十分な「果実」と言える。

　勢力が約1割しかないということは、特に注意しなければならない事項が

ある。韓国国会の議員定員が 299 人ないし 273 人[120]であるということと、註 19 で註解した、院内交渉団体の定数が 20 人であるということを合わせて考察すると、勢力が 1 割を少し下回るとたちまち院内交渉団体の資格を失ってしまうということである。勢力規模が約 1 割というのは、そのような大変危うい水準であるということである。実際、第六章第五節および第七章第三節で述べたように、金鍾泌派は第 14 代総選挙では 11 人[121]、第 16 代総選挙では 17 人と、20 人を割り込んでいる。第七章第四節で述べたように、李會昌・ハンナラ党総裁に 17 人でも院内交渉団体として認めてもらえるように要請しなければならないという屈辱も味わっている。

　しかしながら、結局どちらの時も院内交渉団体の資格は保持出来たのである。これは前者が三党合同連合による民主自由党という大政党の一部であったためであり、後者は DJT 連合により金大中の新千年民主党から議員の貸し出しを受けることが出来たからである。連合に参加していなければ、院内交渉団体の資格を失い、「その他」扱いに転落してしまっていたところである。連合に参加することによって、これを回避するだけでなく、三金時代の全政権に参画し、要職を歴任したというのは最大限の「果実」を手にしたと言えるであろう。

　また、最終的には果たせなかったとはいえ、議院内閣制への改憲を大統領勢力に迫ることが出来たのもこの「接着剤」という力の源泉を持っていたから故である。

　このように、金鍾泌は金大中、金泳三両氏に都合のいいように使われていたわけではなかったが、主体性が無かったわけでもなかった。普通の勢力にとっても、野にいるのと政権を獲得するのとでは大きな違いがある。今まで今述べてきたように、勢力規模が 1 割しかない金鍾泌派にとってその差はさらに大きなものがあるが、同時に政権の獲得というものは単独では到底望み得ない夢物語でしかない。それを現実のものとするためには他勢力との連合しかない。そして、連合の形成に当たっては、連合相手から「接着剤」としての役割を期待されていた。第四章で見てきたように、「接着剤」を用いた

連合が上手く成立するためには、「接着剤」役は「受動的」である必要があった。つまり、「接着剤」という役割を上手く果たし、その後に待っている「果実」をしっかりと受け取るために、自ら"積極的"に「受動的」な姿勢を取ったのである。

　そして、自ら積極的に「受動的」な姿勢を取ることが出来たというのは、他の韓国の政治家とは異なる、金鍾泌の特徴でさえあった。

　三金時代が始まったとき、存在したのは軍事独裁政権であった全斗煥政権の与党を引き継いだ、つまり軍事勢力である盧泰愚派と、全斗煥政権に対して民主化運動を繰り広げていた、つまり民主化勢力である金大中派と金泳三派であった。そんな中、金鍾泌は朴正煕政権時代に与党として自らが設立した「民主共和党」の名前を引き継いだ、「新民主共和党」という名称の政党を設立した。つまり、新軍部勢力による全斗煥政権の政治を良く思わない国民の中で、民主化勢力の方に流れるのではなく、旧軍部勢力による朴正煕政権時代を懐古する層を受け止める勢力、すなわち旧軍部勢力というラベルでスタートしたのである〔金鍾泌（2017:549）、小谷豪治郎、金石野（1997:324）〕。

　しかし、そのような軍事勢力－民主化勢力という政治空間では、金大中、金泳三にとっては相手との間での差別化が出来ない。先に述べたように、金大中派、金泳三派にとって、軍事勢力に勝つことよりも相手に勝つことの方が重要であった。両派がお互いを出し抜いて勝利するためには、「嶺南－湖南」という地域対立による政治空間の方が都合がよく、その中で選挙戦は戦われることとなった〔大西裕（2004:191-192）〕。この政治空間の中で金鍾泌派は旧軍部勢力としてではなく、忠清勢力というラベルで生き抜くこととなった。そして、その次にやってきたのが連合形成に当たっての「接着剤」役だったのである。

　金鍾泌にはその時々の政治空間を自ら作り出す力は無かった。しかし一方で、その他者によって作り上げられた政治空間の中で、自身の政治権力を最大化する術には非常に長けた政治家であったのである。

　これは、朴正熙政権期に磨かれたものである。朴正熙政権は金鍾泌と同じ旧軍部勢力による政権である。また、大統領である朴正熙は自らがクーデターの旗頭として担ぎ上げた人物であり、妻の叔父という縁戚関係にあった。であるならば、自らの立場は安泰かのように見えるが、実際にはその影響力に脅威を覚えた朴正熙によって何度も迫害を受けることになった。しかし、金鍾泌の力は必要でもあった朴正熙は金鍾泌を完全に排除することはなく、起用と弾圧が繰り返された。そうした中で金鍾泌の生き残り術は磨かれていったのである。

　三金時代は民主化された時代である。独裁政権期と違って誰にでも大統領に成るチャンスがあった。大統領を夢見た韓国の政治家たちは、大統領レースを能動的に一直線に突き進んでいった。彼らにとって、守りに入るというのは、負けを認めるのに等しかった。しかし、守りを知らない彼らの多くは一度レースから脱落すると、二度と再起することは出来なかった。猪突猛進に突き進むばかりでなく、その時々の状勢を冷静に分析し、緩急剛柔をうまく使い分けることが出来たのが、生き馬の目を抜くような韓国の政界の中にあって[122]、金鍾泌が半世紀に亘って生き延び続けることを可能とした「処世術」なのである。

　実際、金鍾泌は常に「受動的」であったわけではなかった。連合の形成時は２度とも「受動的」であったが、どちらの連合もその終焉は、金鍾泌が離脱、すなわち「主動的」に動いたことによって迎えたものであった。連合、そして政権内にいることで得られる果実もあったものの、それよりも失われるものが多い、と判断しての行動であった。特に、１回目の三党合同による連合から離脱し、野党という立場で臨んだ1996年４月の第15代総選挙では、彼の自由民主連合は選挙前の31議席から50議席へと大躍進を遂げたのである。これが金鍾泌が１割に過ぎない弱小勢力を率いながら、異なる系譜の勢力による全政権に参画し、さらに要職を得ることに成功した理由である。

　また、最終的に反故にされてしまった議院内閣制への改憲であったが、彼

が議院内閣制への改憲で得ようとしていた「果実」は何であったのであろうか。大統領制であれば、大統領になった勝者が総取りし、それ以外の敗者は何も得られないのが通常である。だからこそ皆大統領レースに躍起になるのである。しかし、国民からの直接選挙で最多得票を得るのは金鍾泌には困難な事柄であった。一方、議院内閣制であれば、首相は国会内での駆け引きの中で選ばれる。ベテラン政治家である金鍾泌にもチャンスはあり、また首相に成れなかったとしても、政権に与していれば、一定の「果実」を得ることが可能である〔大西裕（2004:190-191）〕。金鍾泌は悲願とも言える議院内閣制への改憲は果たすことは出来なかった。しかし、「接着剤」役として政権に参画したことによって、実質的に議院内閣制への改憲で得ようとしていた「果実」は得ていたのである。結局は金泳三が射止めたが、金鍾泌も盧泰愚の後任大統領の座を狙える立場にあった。そして、政権に参画していたことで、既に述べてきたような多くの「果実」を手に入れてきたのである。したがって、議院内閣制への改憲という「名」は得られなかったものの、「実」はしっかりと手に入れていたのである。そのようなしたたかさを兼ね備えていたのが金鍾泌という政治家なのであった。

　「接着剤モデル」による連合というものは、容易に成立するものではない。それは裏を返せば「接着剤モデル」による連合が求められる状況というのは、あまり良い連合の選択肢が残されていない状況であると言える。したがって、「接着剤モデル」による連合が成立しなかった場合、不安定な政治運営を余儀なくされ、民主主義が定着していない場合、それの危機に直面する可能性も高まることとなる。実際、三金時代の韓国において、「接着剤モデル」による連合以外では連合は成立しなかった。その結果、金泳三も金大中も大統領に成れなかった可能性も高く、民主化時代であるにもかかわらず、軍事勢力である盧泰愚派から大統領が出続けるという事態になっていたかもしれない。しかし、その盧泰愚派も単独では過半数を押さえていなかったため、国会運営は行き詰まり、金鍾泌の旧軍部勢力、盧泰愚の新軍部勢力のどちら

でもない、新たな軍事勢力による3回目の軍事クーデターを引き起こしていた可能性もある。「接着剤モデル」による連合は、そのような政治的危機に陥る一歩手前で立ち止まることを可能とする選択肢なのである。

　本書は、1990年代に日本政治の中で登場した「接着剤モデル」という連合形態を韓国政治への適用を試みたものである。「接着剤モデル」で重要なポイントとなった「人間関係」について、服部民夫 (1992:264) は韓国 (朝鮮) や日本を含む多くのアジア諸国の政治文化において見いだすことが出来ると述べている。したがって、「接着剤モデル」には地域性が影響を与えている可能性もある。

　また、日韓における2つずつの「接着剤モデル」による連合が出現したのは、いずれも90年代のことである。日韓共にその後も「接着剤モデル」による連合が期待される場面もあったがいずれも成立には至っていない。このようなことから「接着剤モデル」には時代性も影響を与えている可能性がある。これらの検討は今後の課題である。

註

117) 1988年2月～1990年1月。この時の第一野党は金大中派の平和民主党である。

118) 1995年1月～1998年2月。この時の第一野党は金大中派の新政治国民会議である。

119) 2001年9月～2003年2月。この時の第一野党は金泳三派の流れを汲むハンナラ党である。

120) 三金時代末期の第16代国会 (2000年5月～2004年5月) の期間は定数が削減されて273人であった。それ以外の第15代国会以前および第17代国会以降における議員定数は299人である。

121) 註106でも註解したように、公的な資料には表れない、党内派閥の人数であるので必ずしも正確ではない。

122) 熾烈な生存競争が繰り広げられていたのは大統領レースだけではない。縄倉晶雄によると、概して韓国では地域区における現職再選率は6割程度に過ぎない〔縄倉晶雄 (2020:71)〕。実際、服部民夫の分析によると、民主化後2回目となる第14代総選挙において地域区で当選した237人のうち、1回目の第13代から連続して当選したのは121人 (51.1%) に過ぎなかった。なお、36人 (15.2%) が12代以前に議

員の経験がある元職であり、80 人（33.8％）が新人であった〔服部民夫（1992:253-254）〕。現職再選率 6 割を単純に当てはめると、三金時代に行われた 4 回の総選挙において最初から最後まで地域区で勝ち残り続けることが出来た確率は 1 割強（0.13＝0.6⁴）でしかない。

金鍾泌は三金時代最後の総選挙となった 2000 年の第 16 代総選挙こそ全国区での当選であったが、それ以前の第 13 ～ 第 15 代総選挙は一貫して忠清南道扶余郡の地域区からの選出である。全体を通してみると、9 回の当選回数のうち 6 回は地域区からの選出である。また、落選したのは 2004 年の第 17 代総選挙が最初で最後であり、全斗煥政権下で政治活動が認められておらず出馬出来なかった第 11 代（1981 年）と第 12 代（1985 年）を除いて、最初に出馬した 1963 年の第 6 代総選挙から第 16 代総選挙までの全ての総選挙で勝利を収めている。

あとがき

　私が、韓国という国を初めて知ったのは10歳の時に行われた、1988年の
ソウルオリンピックの時であった。それはまさに三金時代が始まった時で
あった。過去の歴史の人物ではなく、現役の大統領として初めて知ったのも、
その時の大統領であった盧泰愚氏であった。

　しかし、私の人生は三金時代と共に歩むどころか、むしろ韓国と全く接す
ることなく歩むこととなった。今触れたソウルオリンピックも10歳の少年
にとっては、普段視ているテレビ番組が全部潰されたため、さっさと終わっ
て欲しい存在でしかなかった。三金時代が終わりを迎えようとしていた
2002年に行われた、サッカーの日韓ワールドカップの時は、既に大人に成っ
ていたため、ソウルオリンピックの時のような理由で忌み嫌ったりはしな
かった。しかし、多くの日本人が韓国に赴いて観戦した一方、私は実家から
近く子どもの頃から慣れ親しんだ長居スタジアムが会場となり、さらに日本
代表戦があったにもかかわらず、現地で観戦することはなかった。それどこ
ろか、テレビ観戦ですら一試合も行わなかった。サッカーに興味が無かった
のである。

　学問としても、私が最初に大学で専攻したのは物理学であり、この時には
韓国の「か」の字も出てこなかった。二番目の専攻となった法学では、日本
法のみならず各国の法制度に興味を持ったため、韓国法の授業も受講した
が、受講した多くの国の中の一カ国に過ぎなかった。

　私が親しく韓国に接するようになったのは、立命館大学の国際関係研究科
に入学した後のことである。どこの国の研究をするか定めないまま入学した
私が、韓国政治を専攻するようになったのは、「韓国はどう？」という、あ
る先輩からの何気ない一言からであった。上記の通り、それまで韓国と全く
接してこなかった私にとって、その時点で韓国について知り得ていたこと

は、「盧武鉉という人が大統領らしい。トップが大統領なんだから大統領制の国なんだろう」というレベルであった。その程度の予備知識しか持ち得ていなかった韓国が、私の研究地域選択の俎上に載っていたはずもなく、その先輩の一言がなければ韓国研究者としての今日の私は無かった可能性が高い。

　研究地域選択の俎上に載せてみたところ、非常に興味深い国であることを知った私は、当時の指導教官であった安藤次男先生にその日のうちに研究地域を韓国にすることを報告していた。安藤先生は突然のことに驚き、当然韓国語も全く話せない私に対し、いかに困難な道であるかを説き再考を促した。しかし、もはや私には他の地域に変える考えはなく、その日以降、韓国研究に邁進し続け今日に至っている。

　先日、北東アジア学会の学会誌である「北東アジア地域研究　第26号」において、朴一大阪市立大学大学院経済学研究科教授の著書『20世紀のポリティカルエコノミー』（晃洋書房、2019年）の書評をさせていただいた。同書は同氏の研究者人生を総括するものであり、「あとがき」にてその研究者人生が振り返られている。

　一方、本書は私の研究者人生の出発点とも言える本であり、総括するにはまだ早い。しかし、一区切りつけるものであるとは言える。

　上述のように、私の最初の専攻は物理学であった。この時私が研究していたのは、「セル・オートマトン（cellular automaton）」の一モデルである「ライフゲーム（Game of Life）」であった（少し脱線するが、"Game of Life" を「人生ゲーム」と訳すと〈大学での友人からはよくそう言われていた〉、哲学など文系分野っぽくなる。文系分野の研究である本書におけるモデル名が、理系分野っぽい「接着剤」であることを合わせて考えると、なんだか面白い）。これは、生物集団によるものをはじめとした多くの自然現象を、単純化したモデルを用いることによって説明を試みるというものである。本書をお読みいただいた方ならお分かりだと思うが、「ライフゲーム」の研究で行ったことと本書で行ったことは同じである。

「セル・オートマトン」と同じく、フォン・ノイマン（von Neumann）によって生み出された「ゲーム理論」が、今日では政治学でも広く用いられているのはよく知られているところであろう。他の人からすると、私の物理学から政治学への専攻の変更は、大いなる転向に見えるだろう。しかし、本書での研究に当たって直接的に「ライフゲーム」や「セル・オートマトン」を用いたわけではないものの、今述べたように研究手法でみれば、何らの転向も行っていないのである。

また、政治学における専攻においても、当初私が行いたかったのは「政軍関係」であった。本書での研究はそれには当たらないが、本書で描いてきたのは軍事勢力と民主化勢力との関係についてであり、無縁の話ではない。したがって、外形的には大きく変化しているように見えても、結局のところ同じ人間であり、興味関心がある事柄というものは変化していないということであろう。

しかしながら、それでは私が当初夢描いた将来像通りにことが進んできたのかと言われれば、そんなことは全くなく、紆余曲折の連続であった。金鍾泌氏は現在に至るまでの韓国政治の歴史において、誰よりも長い期間その中枢に居続けた人物であろう。そして、それは今後も容易に破られることはないであろう。しかし、もはや本人に確認することは出来ないが、その歩みは恐らくはご本人が夢描かれていた将来像とはかなり違ったものだったのではなかろうか。

本書の執筆を行っていた 2020 年は、COVID-19 の出現によって、世界中のすべての人にとって、事前には予想だにしなかった一年となった。「人生、一寸先は闇」という言葉は、私や金鍾泌氏に限らず、誰しもに当てはまる言葉と言えよう。

そう考えたとき、上述書において朴一氏が締めくくりで後進に向けて送った "It is no use crying over spilt milk." という言葉は、より一層深く感じる。この言葉を胸に刻みつつ、今後も研究を続けていきたい。

　本書は、筆者が2019年度に提出・受理された博士論文「韓国政治における金鍾泌の役割―三金時代（1988〜2003）の分析―」に大幅に加筆・修正したものを、「立命館大学大学院　博士論文出版助成制度」による助成を受けて刊行したものです。本助成のおかげにより博士論文が受理されてから短期間で刊行にこぎ着けることが出来ました。立命館大学並びに関係各位には厚くお礼申し上げます。

　本書の出版に当たり、文理閣の黒川美富子代表および山下信編集長は、出版に不慣れな私に対して、非常に丁寧な指導をしてくださいました。また、同出版社と私との仲介の労を執っていただいた編集工房メビウスの石沢春彦さんは、年末年始や週末でも厭うことなく快く相談に乗ってくださいました。御三方をはじめとする皆様のおかげで本書を世に送り出すことが出来ました。ありがとうございました。

　本書における研究を進めるに当たり、中戸祐夫、文京洙、南野泰義、本名純の各立命館大学国際関係学部教授から多くのご指導を受けました。厚く感謝を申し上げます。

　小針進静岡県立大学国際関係学部教授は、私の研究のために多くの時間を割いてくださり、多岐に亘ってご指導ご鞭撻をたまわりました。感謝の念に堪えません。

　川口智彦日本大学国際関係学部教授（北東アジア学会、2度）、木宮正史東京大学大学院総合文化研究科教授（現代韓国朝鮮学会）、近藤康史名古屋大学大学院法学研究科教授および横田貴之明治大学情報コミュニケーション学部専任准教授（日本比較政治学会）は学会における私の各学術発表においてコメンテーターを務めて下さいました。先生方からは多くの貴重なコメントを頂戴いたしました。厚く御礼を申し上げ、感謝する次第です。

　木村幹神戸大学大学院国際協力研究科教授、朴一大阪市立大学大学院経済学研究科教授、金早雪大阪商業大学経済学部教授には、本研究を進めるに当たって、多くのご助力、ご意見をいただきました。それらが無ければ、本研

究を成就させることは出来ませんでした。ここで改めてお礼を申し上げます。

　咸成得高麗大学政経学部教授、康元澤ソウル大学政治外交学部教授には、現地韓国における研究活動へのご協力と多くのアドバイスを頂きました。それらが無ければ、外国の地での研究活動がままならなかったことを考えると感謝の言葉しかありません。

　金鍾泌氏の資料・記録物の整理管理団体であり、同氏の雅号を冠した「雲庭財団」からは同氏に関する貴重なご意見と写真等の資料を多数提供いただきました。金振鳳理事長、申文泳事務総長をはじめとする皆様にお礼を申し上げます。

　立命館大学大学院国際関係研究科における学友であり、同じく韓国に関する研究を行っている申鉉昢、宋基栄、李善英の各氏からは共に学びながら、多くの刺激と協力を受けました。それに感謝申し上げると共に、これからも変わらぬ関係を続けてくださることをお願い申し上げます。

　そして、私の研究者としての礎を作り、導いてくださったにもかかわらず、本研究の成就を見ることなく早世されてしまわれた、恩師故安藤次男立命館大学国際関係学部名誉教授に本書を捧げたい。また、先生の逝去後その代わりを務めてくださった、片岡幸彦グローバルネットワーク21代表（元立命館大学国際関係学部教授、元ハノイ国家大学客員教授・学長顧問）に感謝申し上げます。

　それ以外にも多くの方々のご協力が無ければ、私の研究はここまでたどり着きませんでした。ひとまとめで恐縮ですが、お礼の言葉を申し上げさせていただきます。また、それとともに本書の内容の責任はすべて私にあることを記しておきます。

　最後に、私の研究活動に理解を示し、陰に陽に支援し続けてくれた両親・家族にこの場を借りて心からの感謝の気持ちを述べさせていただきます。

　本書のメインプレーヤーである金鍾泌氏は、研究の最終段階であった
2018 年 6 月 23 日に逝去されてしまわれました。ここでお悔やみの言葉を述
べさせていただきたい。

【参考文献】

《公的資料》

『韓国中央選挙管理委員会歴代選挙情報システム』http://info.nec.go.kr/

『第 13 代大統領選挙総覧』中央選挙管理委員会、1988 年。

『第 15 代大統領選挙総覧』中央選挙管理委員会、1997 年。

『第 13 代国会議員選挙総覧』中央選挙管理委員会、1988 年。

『国会史　第 14 代国会　資料編』国会事務所、2006 年。

『国会史　第 15 代国会　資料編』国会事務所、2007 年。

『第 16 代国会史』国会事務所、2011 年。

『第 6 共和国実録　盧泰愚大統領政府 5 年　1. 政治』広報処、1992 年。

『変化と改革―金泳三政府　国政 5 年資料集　1. 政治／外交／統一／国防』国政弘報処、
　　　1997 年。

『国民の政府 5 年　国政資料集　1. 政治／外交／統一／国防』国政弘報処、2003 年。

『党規集』民主共和党、1974 年。

『党憲・党規集』民主自由党、1990 年。

『政党の党憲沿革集：消滅政党』中央選挙管理委員会、1992 年。

『党憲・党規集』民主自由党、1993 年。

『党憲・党規集』自由民主連合、1998 年。

《辞書類》

『斗山百科』（NAVER 知識百科）https://terms.naver.com/list.nhn?cid=40942&categoryId=
　　　40942【韓国語】

政治学大辞典編纂委員会編『政治学大辞典（上）』アカデミーリサーチ、2002 年【韓国語】

政治学大辞典編纂委員会編『政治学大辞典（下）』アカデミーリサーチ、2002 年【韓国語】

『韓国 Web 六法』http://www.geocities.co.jp/WallStreet/9133/【日本語】
　　　（註：サイトを設置していた Yahoo! ジオシティーズのサービス終了に伴い、2019
　　　年 3 月末でサイトは消滅している）

化学用語辞典編集委員会編『第三版　化学用語辞典』技報堂、1992 年【日本語】

政治学事典編集部編『政治学事典』平凡社、1954 年【日本語】

阿部斉他編『現代政治学小辞典』有斐閣、1978 年【日本語】

大学教育社編『現代政治学事典』ブレーン出版、1991 年【日本語】

大学教育社編『新訂版現代政治学事典』ブレーン出版、1998 年【日本語】

内田満編『2005 年度版　現代日本政治小辞典』ブレーン出版、2005 年【日本語】

阿部齋他編『現代政治学小辞典〔新版〕』有斐閣、1999 年【日本語】

猪口孝他編『〔縮刷版〕政治学事典』弘文堂、2004 年【日本語】

浅野一郎他編『新・国会事典〔第 2 版〕』有斐閣、2008 年【日本語】

参議院総務委員会調査室編『議会用語辞典』学陽書房、2009 年【日本語】

『現代用語の基礎知識』自由国民社、1990〜2016 各年版【日本語】

『現代用語の基礎知識　2019』(Japan Knowledge Lib) https://japanknowledge.com/【日本語】

『情報知識 imidas』集英社、1990〜2007 各年版【日本語】

『イミダス　2018』(Japan Knowledge Lib) https://japanknowledge.com/【日本語】

『知恵蔵』朝日新聞社、1990〜2007 各年版【日本語】

『ウェブ版知恵蔵』(コトバンク) https://kotobank.jp/【日本語】

和田春樹、石坂浩一編『岩波小辞典 現代韓国・朝鮮』岩波書店、2002 年【日本語】

大韓民国行政安全部自治制度課監修『大韓民国地名便覧　2012 年版』日本加除出版、2011 年【日本語】

韓国六法編集委員会編『現行韓国六法』ぎょうせい、2019 年【日本語】

《新聞・雑誌》

朝日新聞【日本語】

読売新聞【日本語】

雲庭　各巻 (雲庭財団)【韓国語】

韓国日報【韓国語】

国民日報【韓国語】

世界日報【韓国語】

ソウル新聞【韓国語】

中央日報【韓国語】

朝鮮日報【韓国語】

東亜日報【韓国語】

ハンギョレ新聞【韓国語】

嶺南日報【韓国語】

《回顧録等》

高建 (2017)『高建回顧録―公人の道』ナナム。

　　　(고건 (2017)『고건 회고록―공인의 길』나남.)

金大中 (2018a)『金大中　対話録 1　1971-1987』行動する良心。

　　　(김대중 (2018a)『김대중 대화록 1　1971-1987』행동하는양심.)

金大中 (2018b)『金大中　対話録 2　1988-1993』行動する良心。

234

（김대중 (2018b)『김대중 대화록 2　1988-1993』행동하는양심 .)

金大中 (2018c)『金大中　対話録 3　1994-2002』行動する良心。

　　（김대중 (2018c)『김대중 대화록 3　1994-2002』행동하는양심 .)

金大中 (2018d)『金大中　対話録 4　2003-2007』行動する良心。

　　（김대중 (2018d)『김대중 대화록 4　2003-2007』행동하는양심 .)

金大中 (2018e)『金大中　対話録 5　2007-2009』行動する良心。

　　（김대중 (2018e)『김대중 대화록 5　2007-2009』행동하는양심 .)

金泳三 (2000a)『金泳三回顧録　1：民主主義のための私の闘争』栢山書堂。

　　（김영삼 (2000a)『김영삼 회고록 1：민주주의를 위한 나의 투쟁』백산서당 .)

金泳三 (2000b)『金泳三回顧録　2：民主主義のための私の闘争』栢山書堂。

　　（김영삼 (2000b)『김영삼 회고록 2：민주주의를 위한 나의 투쟁』백산서당 .)

金泳三 (2000c)『金泳三回顧録　3：民主主義のための私の闘争』栢山書堂。

　　（김영삼 (2000c)『김영삼 회고록 3：민주주의를 위한 나의 투쟁』백산서당 .)

金泳三 (2001a)『金泳三大統領回顧録（上）』朝鮮日報。

　　（김영삼 (2001b)『김영삼 대통령회고록 (상)』조선일보 .)

金泳三 (2001b)『金泳三大統領回顧録（下）』朝鮮日報。

　　（김영삼 (2001b)『김영삼 대통령회고록 (하)』조선일보 .)

盧泰愚 (2011a)『盧泰愚回顧録　上巻―国家、民主化、私の運命』朝鮮ニュースプラス。

　　（노태우 (2011a)『노태우 회고록　상권―국가 민주화 나의 운명』조선뉴스프레스 .)

盧泰愚 (2011b)『盧泰愚回顧録　下巻―転換期の大戦略』朝鮮ニュースプラス。

　　（노태우 (2011b)『노태우 회고록　하권―전환기의 대전략』조선뉴스프레스 .)

朴哲彦 (2005a)『正しい歴史のための証言 1―5 共、6 共、3 金時代の政治秘事』ランダム
ハウス中央。

　　（박철언 (2005a)『바른 역사를 위한 증언 1―5 공 , 6 공 , 3 김시대의 정치 비사』랜덤하우
스중앙 .)

朴哲彦 (2005b)『正しい歴史のための証言 2―5 共、6 共、3 金時代の政治秘事』ランダム
ハウス中央。

　　（박철언 (2005b)『바른 역사를 위한 증언 2―5 공 , 6 공 , 3 김시대의 정치 비사』랜덤하우
스중앙 .)

雲庭金鍾泌記念事業会 (2015)『雲庭　金鍾泌―韓国現代史の証人 JP 画報集』中央日報。

　　（운정김종필기념사업회 (2015)『운정 김종필―한국 현대사의 증인 JP 화보집』중앙일보 .)

李基澤 (2017)『牛行―我が道を歩く』理想メディア。

　　（이기택 (2017)『우행―내 길을 걷다』이상미디어 .)

李萬燮 (2014)『政治は胸で―国会議長李萬燮の人生告白』ナナム。

　　（이만섭 (2014)『정치는 가슴으로―국회의장 이만섭의 인생고백』나남 .)

李鍾贊 (2015a)『森は静かではない―李鍾贊回顧録　1』ハンウル。

　　（이종찬 (2015a)『숲은 고요하지 않다―이종찬 회고록 . 1』한울 .)

李鍾賛 (2015b)『森は静かではない─李鍾賛回顧録　2』ハンウル。
　　　(이종찬 (2015b)『숲은 고요하지 않다─이종찬 회고록 . 2』한울 .)
李漢東 (2018)『政治は重業だ─李漢東回顧録』スンヨン社。
　　　(이한동 (2018)『정치는 중업이다─이한동 회고록』승연사 .)
李會昌 (2017a)『李會昌回顧録　1:我が人生我が信念』キムヨン社。
　　　(이회창 (2017a)『이회창 회고록　1:나의 삶 나의 신념』김영사 .)
李會昌 (2017b)『李會昌回顧録　2:政治家の道』キムヨン社。
　　　(이회창 (2017b)『이회창 회고록　2:정치인의 길』김영사 .)
全斗煥 (2017a)『全斗煥回顧録　1.混沌の時代 (1979-19801988)』シラカバの森。
　　　(전두환 (2017a)『전두환 회고록 1. 혼돈의 시대 (1979-1980)』자작나무숲 .)
全斗煥 (2017b)『全斗煥回顧録　2.青瓦台の時節 (1980-1988)』シラカバの森。
　　　(전두환 (2017b)『전두환 회고록 2. 청와대 시절 (1980-1988)』자작나무숲 .)
全斗煥 (2017c)『全斗煥回顧録　3.荒野に立つ (1988-現在)』シラカバの森。
　　　(전두환 (2017c)『전두환 회고록 3. 황야에 서다 (1988-현재)』자작나무숲 .)

金大中 (2000)
　　　金大中著、金淳鎬訳『金大中自伝─わが人生、わが道』千早書房、2000 年。
金大中 (2011a)
　　　金大中著、波佐場清、康宗憲訳『金大中自伝（Ⅰ）死刑囚から大統領へ─民主化への道』岩波書店、2011 年。
金大中 (2011b)
　　　金大中著、波佐場清、康宗憲訳『金大中自伝（Ⅱ）歴史を信じて─平和統一への道』岩波書店、2011 年。
金泳三 (2006)
　　　金泳三『金泳三（元大韓民国大統領）オーラルヒストリー』中京大学、2006 年。
金泳三 (2008)
　　　金泳三『金泳三（元大韓民国大統領）オーラルヒストリー記録』中京大学、2008 年。
金鍾泌 (2017)
　　　金鍾泌著、木宮正史監訳、若杉美奈子、小池修訳『金鍾泌証言録』新潮社、2017 年。

《日本語一般文献》
浅川博忠 (2002)
　　　浅川博忠『自民党幹事長というお仕事─300 億のカネ、800 のポスト』亜紀書房、2002 年。
浅羽祐樹 (2010)
　　　浅羽祐樹「韓国の大統領制─強い大統領と弱い政府の間」粕谷祐子編『アジアにお

ける大統領の比較政治学―憲法構造と政党政治からのアプローチ』ミネルヴァ書房、2010 年、pp. 39-60。

浅羽祐樹（2011）

　　浅羽祐樹「韓国における政党システムの変容」岩崎正洋編『政党システムの理論と実際』おうふう、2011 年、pp. 255-282。

浅羽祐樹（2019）

　　浅羽祐樹「韓国という『国のかたち』」新城道彦、浅羽祐樹、金香男、春木育美『知りたくなる韓国』有斐閣、2019 年、pp.74-96。

浅羽祐樹、大西裕、春木育美（2010）

　　浅羽祐樹、大西裕、春木育美「韓国における選挙サイクル不一致の政党政治への影響」『レヴァイアサン』（47）、2010 年、pp. 65-88。

浅羽祐樹、木村幹（2017）

　　浅羽祐樹、木村幹『だまされないための「韓国」あの国を理解する「困難」と「重み」』講談社、2017 年。

五百旗頭真他編（2006）

　　五百旗頭真、薬師寺克行、伊藤元重編『90 年代の証言 小沢一郎 政権奪取論』朝日新聞、2006 年。

石坂浩一（2002）

　　石坂浩一「同姓同本禁婚」和田春樹、石坂浩一編『岩波小辞典　現代韓国・朝鮮』岩波書店、2002 年、p. 194。

出水薫（1998）

　　出水薫「韓国国政選挙における地域割拠現象再論―第 15 代大統領選挙を対象として」『政治研究』、1998 年、pp. 61-85。

磯崎典世（2002）

　　磯崎典世「地域感情」和田春樹、石坂浩一編『岩波小辞典　現代韓国・朝鮮』岩波書店、2002 年、p. 154。

板垣英憲（1996）

　　板垣英憲『後藤田正晴 男の美学―永遠のナンバー2』近代文芸社、1996 年。

任爀伯（2004）

　　任爀伯著、川村祥生訳「三金時代における韓国民主主義の定着化―成果・失敗・残された課題」小林良彰、任爀伯編『日本と韓国における政治とガバナンス―変化と持続』慶應義塾大学、2004 年、pp. 309-356。

岩崎育夫（2001）

　　岩崎育夫『アジア政治を見る眼―開発独裁から市民社会へ』中央公論新社、2001 年。

梅田皓士（2014）

　　梅田皓士『現代韓国政治分析―「地域主義・政党システム」を探る』志學社、2014 年。

梅田皓士（2018）

梅田皓士『分裂の韓国政治―政治的エリートによる政治的亀裂の形成』志學社、2018年。

梅津実他（1998）

　　梅津実、坪郷実、山田真裕、森脇俊雅、後房雄『比較・選挙政治―90年代における先進5カ国の選挙』ミネルヴァ書房、1998年。

梅津実他（2004）

　　梅津実、坪郷実、後房雄、大西裕、森脇俊雅『新版 比較・選挙政治―21世紀初頭における先進6カ国の選挙』ミネルヴァ書房、2004年。

大熊由紀子（2007）

　　大熊由紀子「介護保険物語（第35話）　犬猿の仲を結んだキラリと光る縁結び」『介護保険情報』7（11）、2007年。

大西裕（2004）

　　大西裕「韓国の場合―地域主義とそのゆくえ」梅津実、坪郷実、後房雄、大西裕、森脇俊雅『新版 比較・選挙政治―21世紀初頭における先進6カ国の選挙』ミネルヴァ書房、2004年、pp.173-220。

大西裕（2008）

　　大西裕「『強い大統領』という韓国政治の幻想―国務総理任命と大統領秘書室」伊藤光利編『政治的エグゼクティヴの比較研究』早稲田大学、2008年、pp.131-153。

大西裕（2014）

　　大西裕『先進国・韓国の憂鬱』中央公論新社、2014年。

岡﨑晴輝（2016）

　　岡﨑晴輝「サルトーリ再考」『年報政治学　2016（2）』木鐸社、2016年、pp.56-77。

岡沢憲芙（1997）

　　岡沢憲芙『連合政治とは何か―競合的協同の比較政治学』日本放送出版協会、1997年。

奥島貞雄（2005）

　　奥島貞雄『自民党幹事長室の30年』中央公論新社、2005年。

奥村牧人（2009）

　　奥村牧人「大韓民国の議会制度」『レファレンス』59（8）、2009年、pp.97-125。

小倉紀蔵（2012）

　　小倉紀蔵編『現代韓国を学ぶ』有斐閣、2012年。

鬼塚尚子（2004）

　　鬼塚尚子「日本における政党―中小政党の連立参加戦略と有権者の投票行動に関する計量分析」小林良彰、任爀伯編『日本と韓国における政治とガバナンス―変化と持続』慶應義塾大学、2004年、pp.3-31。

加藤秀治郎（2004）

　　加藤秀治郎「政党制」加藤秀治郎編『西欧比較政治―データ／キーワード／リーディ

ングス』一藝社、2004 年、pp. 152-155。

菊池正史（2013）

　　菊池正史『官房長官を見れば政権の実力がわかる』PHP 研究所、2013 年。

木宮正史（2003）

　　木宮正史『韓国―民主化と経済発展のダイナミズム』筑摩書房、2003 年。

木宮正史（2012）

　　木宮正史『国際政治のなかの韓国現代史』山川出版社、2012 年。

木宮正史（2017）

　　木宮正史「現代韓国史における金鍾泌」金鍾泌著、木宮正史監訳、若杉美奈子、小
　　池修訳『金鍾泌証言録』新潮社、2017 年、pp.820-828。

金玉斗（1999）

　　金玉斗著、太刀川正樹訳『政権交代―韓国大統領金大中が闘い抜いた謀略戦』悠飛
　　社、1999 年。

金浩鎮（1993）

　　金浩鎮著、李康雨訳『韓国政治の研究』三一書房、1993 年。

金浩鎮（2007）

　　金浩鎮著、小針進、羅京洙訳『韓国歴代大統領とリーダーシップ』柘植書房新社、
　　2007 年。

木村幹（2008a）

　　木村幹『民主化の韓国政治―朴正熙と野党政治家たち 1961 ～ 1979』名古屋大学、
　　2008 年。

木村幹（2008b）

　　木村幹『韓国現代史―大統領たちの栄光と蹉跌』中央公論新社、2008 年。

木村幹（2012）

　　木村幹「第 5 共和国の対民主化運動戦略―全斗煥政権は何故敗れたか」『国際協力論
　　集』20（1）、2012 年、pp. 63-91。

木村幹（2013）

　　木村幹「支配政党に見る朴正熙政権から全斗煥政権への連続と断絶」『国際協力論
　　集』20（2/3）、2013 年、pp. 105-127。

高源（2012）

　　高源著、清水敏行訳「2010 年における韓国の地方選挙と連合政治の争点」『札幌学
　　院法学』28（2）、2012 年、pp. 281-309。

河野勝（2004）

　　河野勝「かなめの政党」猪口孝他編『〔縮刷版〕政治学事典』弘文堂、2004 年、pp.
　　192-193。

小谷豪治郎、金石野（1997）

　　小谷豪治郎、金石野『韓国危うし―朴正熙と金鍾泌を再評価する』光文社、1997 年。

五島隆夫（1990）

　　五島隆夫『盧泰愚政権を支配する慶北マフィア』アイペックプレス、1990 年。

小針進（1998）

　　小針進「韓国の地域主義文化と金大中政権」『海外事情』46（10）、1998 年、pp. 52-69。

小針進（1999）

　　小針進『韓国と韓国人―隣人たちのほんとうの話』平凡社、1999 年。

小針進（2000）

　　小針進「韓国の地域主義と地域感情―金大中政権の人事政策と第 16 代国会議員選挙を中心に」『東亜』（399）、2000 年、pp. 48-70。

小針進（2012）

　　小針進「韓国の政治」小倉紀蔵編『現代韓国を学ぶ』有斐閣、2012 年、pp. 151-184。

小林慶二（1992）

　　小林慶二『金泳三―韓国現代史とともに歩む』原書房、1992 年。

孔義植、鄭俊坤、李鎔哲（2020）

　　孔義植、鄭俊坤、李鎔哲『韓国現代政治の理解』芦書房、2020 年。

サルトーリ（2000）

　　ジョヴァンニ・サルトーリ著、岡沢憲芙、川野秀之訳『現代政党学―政党システム論の分析枠組み』早稲田大学、2000 年。

篠原一編（1984a）

　　篠原一編『連合政治Ｉ』岩波書店、1984 年。

篠原一編（1984b）

　　篠原一編『連合政治Ⅱ』岩波書店、1984 年。

清水敏行（2011）

　　清水敏行『韓国政治と市民社会―金大中・盧武鉉の 10 年』北海道大学出版会、2011 年。

新川敏光（2005）

　　新川敏光「はじめに」日本比較政治学会編『日本政治を比較する』早稲田大学、2005 年。

慎斗範（1993）

　　慎斗範『韓国政治の現在―民主化へのダイナミクス』有斐閣、1993 年。

慎斗範（1999）

　　慎斗範『韓国政治の五十年―その軌跡と今後の課題』ブレーン出版、1999 年。

申栄錫（2011）

　　申栄錫著、中戸祐夫、李虎男訳『韓国歴代政権の統一政策変遷史』明石書店、2011 年。

鄭栄国（1997）

　　鄭栄国著、黄昭淵訳「政党と選挙制度」孔星鎮、川勝平太編『韓国の政治―南北統

　　　　一をめざす新・先進国』早稲田大学出版部、1997 年、pp.40-62。

徐仲錫（2008）
　　　　徐仲錫著、文京洙訳『韓国現代史 60 年』明石書店、2008 年。

徐勝、中戸祐夫（2009）
　　　　徐勝、中戸祐夫『朝鮮半島の和解・協会 10 年―金大中・盧武鉉政権の対北朝鮮政策の評価』御茶の水書房、2009 年。

崔章集（1997）
　　　　崔章集、中村福治訳『現代韓国の政治変動―近代化と民主主義の歴史的条件』木鐸社、1997 年。

崔章集（2012）
　　　　崔章集著、磯崎典世、出水薫、金洪楹、浅羽祐樹、文京洙訳『民主化以後の韓国民主主義―起源と危機』岩波書店、2012 年。

池東旭（1997）
　　　　池東旭『韓国の族閥・軍閥・財閥―支配集団の政治力学を解く』中央公論新社、1997 年。

池東旭（2002）
　　　　池東旭『韓国大統領列伝―権力者の栄華と転落』中央公論新社、2002 年。

池東旭（2004）
　　　　池東旭「ネガとポジのコリア・ルポ（87）　三金のラスト走者・金鍾泌」『世界週報』85（7）、2004 年、pp.31-33。

趙甲済（1990）
　　　　趙甲済著、黄民基訳『韓国のニューリーダー』講談社、1990 年。

デュベルジェ（1970）
　　　　モーリス・デュベルジェ著、岡野加穂留訳『政党社会学』潮出版社、1970 年。

中北浩爾（2014）
　　　　中北浩爾『自民党政治の変容』NHK 出版、2014 年。

縄倉晶雄（2020）
　　　　縄倉晶雄「民主化後の韓国における地域主義政党システム存続の要因―公選政治家の視点から」『北東アジア地域研究』26、2020 年、pp.69-83。

朴永圭（2015）
　　　　朴永圭著、金重明訳『韓国大統領実録』キネマ旬報社、2015 年。

橋本五郎（2018）
　　　　橋本五郎『官房長官と幹事長』青春出版社、2018 年。

河信基（1990）
　　　　河信基『朝鮮が統一する日―盧泰愚大統領の挑戦』日本評論社、1990 年。

服部民夫（1992）
　　　　服部民夫『韓国―ネットワークと政治文化』東京大学、1992 年。

韓丘庸（2002）

　　韓丘庸「本貫」和田春樹、石坂浩一編『岩波小辞典　現代韓国・朝鮮』岩波書店、2002 年、p. 255。

ハンチントン（1995）

　　サミュエル・P・ハンチントン著、坪郷実、中道寿一、薮野祐三訳『第三の波―20 世紀後半の民主化』三嶺書房、1995 年。

福井治弘、李甲允（1998）

　　福井治弘、李甲允「日韓国会議員選挙の比較分析」『レヴァイアサン』23 号、木鐸社、1998 年、pp. 50-77。

ヘンダーソン（1997）

　　グレゴリー・ヘンダーソン著、鈴木沙雄、大塚喬重訳『朝鮮の政治社会―朝鮮現代史を比較政治学的に初解明』サイマル出版会、1997 年。

御厨貴、牧原出（2012）

　　御厨貴、牧原出編『聞き書 野中広務回顧録』岩波書店、2012 年。

文京洙（2005）

　　文京洙『韓国現代史』岩波書店、2005 年。

文京洙（2015）

　　文京洙『新・韓国現代史』岩波書店、2015 年。

森康郎（2011）

　　森康郎『韓国政治・社会における地域主義』社会評論社、2011 年。

森山茂徳（1998）

　　森山茂徳『韓国現代政治』東大出版会、1998 年。

山崎拓（2016）

　　山崎拓『YKK 秘録』講談社、2016 年。

尹誠國（2012）

　　尹誠國『韓国における地方分権改革の分析―弱い大統領と地域主義の政治経済学』公人の友社、2012 年。

尹昶重（1995）

　　尹昶重著、平井久志訳『金泳三大統領と青瓦台の人々―韓国政治の構造』中央公論社、1995 年。

尹龍澤（1988）

　　尹龍澤「韓国第六共和国憲法の制定経過について」『創大アジア研究』(9)、1998 年、pp. 133-178。

吉村正（1981）

　　吉村正「序」宮崎吉政『No.2 の人―自民党幹事長』講談社、1981 年、pp. 1-4。

李甲允（2004）

　　李甲允「韓国政党制変化の特性と要因― 1987-1997 年」曽根泰教、崔章集編『変動

期の日韓政治比較』慶應義塾大学、2004 年、pp. 229-261。

李分一（1999）

　　李分一『現代韓国と民主主義』大学教育出版、1999 年。

レイプハルト（2005）

　　アレンド・レイプハルト著、粕谷祐子訳『民主主義対民主主義—多数決型とコンセ
　　ンサス型の 36 ヶ国比較研究』勁草書房、2005 年。

レイプハルト（2014）

　　アレンド・レイプハルト著、粕谷祐子、菊池啓一訳『民主主義対民主主義—多数決
　　型とコンセンサス型の 36 カ国比較研究（原著第 2 版）』勁草書房、2014 年。

渡辺重範（1992）

　　渡辺重範「政党と選挙制度」大西健夫編『ドイツの政治—連邦制国家の構造と機能』
　　早稲田大学、1992 年、pp. 53-80。

《韓国語一般文献》

康元澤（2012）「3 党合同と韓国政党政治」『韓国政党学会報』11（1）、pp. 171-193。

　　（강원택（2012）「3 당 합당과 한국 정당 정치」『한국정당학회보』11（1）, pp. 171-193.）

姜熙涇（2014）『忠北の選挙と地域アイデンティティ』忠北大学校。

　　（강희경（2014）『충북의 선거와 지역 정체성』충북대학교 .）

権栄基他（1998）「深層取材　政府主要部署室・局長人事総点検—『嶺南人の聖域』であり
　　『湖南人の禁域』だった核心補職も大部分掌握」『月刊朝鮮』218 号（1998 年 5 月号）、
　　朝鮮日報社、pp. 104-129。

　　（權榮基外（1998）「정부 주요부처 실・국장 人事 총점검—『영남인의 聖域』이자『호남인
　　의 禁域』이던 핵심보직도 대부분 장악」『月刊朝鮮』218（1998.5）, 조선일보사 , pp. 104-
　　129.）

金萬欽（1997）『韓国政治の再認識』プルビッ。

　　（김만흠（1997）『한국정치의 재인식』풀빛 .）

キム・メンニョン（2018）「白球百想—金鍾泌元総理のゴルフ愛」『週間東亜』1145 号（2018
　　年 7 月 4 日）、東亞日報社、p. 67。

　　（김맹녕（2018）「白球百想—김종필 전 총리의 골프 사랑」『주간동아』1145（2018.7.4）,
　　동아일보사 , p. 67.）

キム・ビョンムン（2012）『彼らが韓国の大統領だ』ブックコリア。

　　（김병문（2012）『그들이 한국의 대통령이다』북코리아 .）

金永雄（1985）『雲庭　金鍾泌の昨日と今日』教音社。

　　（김영웅（1985）『운정 김종필의 어제와　오늘』교문사 .）

キム・ヨンチョル、チ・チュンナム、ユ・ギョンハ（2018）『現代韓国政治の理解』マイン
　　ドタップ。

　　（김용철 , 지충남 , 유경하（2018）『그들이 한국의 대통령이다』마인드탭 .）

金容浩（2001）『韓国政党政治の理解』ナナム。

　　（김용호（2001）『한국정당정치의 이해』나남 .）

金鍾泌（1971）『J.P. コラム』瑞文堂。

　　（김종필（1971）『J.P. 칼럼』서문당 .）

金鍾泌（1980）『新しい歴史の鼓動―80 年代のための私の設計』瑞文堂。

　　（김종필（1980）『새 역사의 고동― 80 년대를 위한 나 설계』서문당 .）

金鍾泌（2018）『残っているあなたたちに―人生と苦悩、悟りそして 92 年の旅程から』ス
　　ノー・フォックス・ブックス。

　　（김종필（2018）『남아 있는 그대들에게―삶과 고뇌 , 깨달음 그리고 92 년의 여정으로부터』
　　스노우폭스북스 .）

共に民主党創党 60 年記念事業推進委員会（2016）『共に民主党 60 年史―国民と共に、民主
　　60』青い庭園。

　　（더불어민주당 창당 60 년 기념사업추진위원회（2016）『더불어민주당 60 년사―국민과 함
　　께 , 민주 60』푸른정원 .）

白和鍾（2002）『喪主より悲しく慟哭する人の社説―白和鍾の 3 金時代政治観戦記』ナナム。

　　（백화종（2002）『상주보다 서러운 곡쟁이의 사설―백화종의 3 김시대 정치관전기』나남 .）

孫浩哲（1997）『3 金を越えて』青い森。

　　（손호철（1997）『3 김을 넘어서』푸른숲 .）

沈之淵（2017）『第 3 次増補版　韓国政党政治史―危機と統合の政治』栢山書堂。

　　（심지연（2017）『제 3 차 증보판 한국 정당 정치사―위기와 통합의 정치』백산서당 .）

呉効鎭（1987）『三金と盧泰愚』世宗出版。

　　（오효진（1987）『三金과 노태우』세종출판 .）

雲庭金鍾泌記念事業会（2015）『雲庭　金鍾泌―韓国現代史の証人 JP 画報集』中央日報。

　　（운정김종필기념사업회（2015）『운정 김종필―한국 현대사의 증인 JP 화보집』중앙일보 .）

尹泳虎他（1998）「政府部署十一大核心要職に湖南人事大浮上― DJ 政権 45％、YS 政権 0％」
　　『新東亜』464 号（1998 年 5 月号）、東亞日報社、pp.138-167。

　　（윤영호등（1998）「정부 부처 11 대 핵심 요직 호남 인맥 대부상― DJ 정권 45％ , YS 정권
　　0％」『新東亞』464（1998.5）, 東亞日報社 , pp.124-179.）

ユン・ジョンソク（2015）『韓国の権力エリート、どのように補充するのか』ナノック。

　　（윤정석（2015）『한국의 권력 엘리트 , 어떻게 충원하나』나눅 .）

尹正錫、申命淳、沈之淵編（1998）『韓国政党政治論』法文社。

　　（尹正錫、申命淳、沈之淵編（1998）『한국정당정치론』법문사 .）

李甲允（1998）『韓国の選挙と地域主義』オルム。

　　（이갑윤（1998）『한국의 선거와 지역주의』오름 .）

イ・ダルスン（2012）『現代政治史と金鍾泌』博英社。

　　（이달순（2012）『현대정치사와 김종필』박영사 .）

イ・ヨンホ（2005）『変革的リーダーシップの観点からの歴代国務総理リーダーシップに関

する比較研究—金鍾泌、李漢東、高建前総理を中心に』修士論文 (漢陽大学校行政大学院)。

　(이용호 (2005)『변혁적 리더십 관점에서 역대 국무총리 리더십에 관한 비교연구—김종필 , 이한동 , 고건 전총리를 중심으로』석사논문 (한양대학교 행정대학원) .)

李在烈、姜熙涇、薛東勳 (2004)『忠清地域の社会意識と地域アイデンティティ』栢山書堂。

　(이재열 , 강희경 , 설동훈 (2004)『충청지역의 사회의식과 지역정체성』백산서당 .)

李在遠 (2007)『大韓民国の国務総理』ナナム。

　(이재원 (2007)『대한민국의 국무총리』나남 .)

李在遠 (2014)『大韓民国の国務総理』伝統文化研究会。

　(이재원 (2014)『대한민국 국무총리』전통문화연구회 .)

任爀伯 (2011)『1987 年以後の韓国の民主主義—3 金政治時代とその後』高麗大学校。

　(임혁백 (2011)『1987 년 이후의 한국 민주주의— 3 김 정치시대와 그 이후』고려대학교 .)

チャン・ミョンス (2015)「韓国現代史に永遠に記憶される巨木」雲庭金鍾泌記念事業会『雲庭　金鍾泌—韓国現代史の証人 JP 画報集』中央日報、p.8。

　(장명수 (2015)「한국 현대사에 길이 기억될 거목」운정김종필기념사업회『운정 김종필— 한국 현대사의 증인 JP 화보집』중앙일보 , p.8.)

チョン・ビョンギ (2018)『政党体制と選挙連合—ヨーロッパと韓国』嶺南大学校。

　(정병기 (2018)『정당 체제와 선거연합—유럽과 한국』영남대학교 .)

チョン・ヘグ (1995)『代案はないのか?』トゥリ。

　(정해구 (1995)『대안은 없는가?』두리 .)

チョ・ソンホ (2018)「『最後の 3 金』金鍾泌去る」『月刊朝鮮』461 号 (2018 年 8 月号)、朝鮮日報社、pp.276-285。

　(조성호 (2018)「' 마지막 3 金' 金鍾泌 지다」『月刊朝鮮』461 (2018.8) , 조선일보사 , pp.276-285.)

チェ・ピョンギル (2007)『大統領学—大統領を見れば国が見える』博英社。

　(최평길 (2007)『대통령학—대통령을 보면 나라가 보인다』박영사 .)

韓国社会学会編 (1990)『韓国の地域主義と地域葛藤』星苑社。

　(한국사회학습편 (1990)『한국의 지역주의와 지역갈등』성원사 .)

咸成得 (2016)『第 3 版　大統領学』ナナム。

　(함성득 (2016)『제 3 판 대통령학』나남 .)

咸成得 (2017)『帝王的大統領の終焉—韓国の大統領はなぜ失敗を繰り返すのか』ソンエンソン。

　(함성득 (2017)『제왕적 대통령의 종언—한국의 대통령 왜 계속 실패하는가』섬앤섬 .)

ファン・ソンウ (2015)『花火—現代史に風を追い立てた風雲児　金鍾泌一代記』産学研総合センター。

　(황선우 (2015)『불꽃—현대사에 바람을 몰고온 풍운아 김종필 일대기』산학연종합센터 .)

《洋書一般文献》

Axelrod, Robert(1970) *Conflict of Interest: A Theory of Divergent Goals with Applications to Politics*, Markham.

Blondel, Jean(1968) "Party systems and patterns of government in Western democracies," *Canadian journal of political science*, 1, (2), pp. 180-203.

Blondel, Jean(1978) *Political Parties: A Genuine Case for Discontent?*, Wildwood House.

De Swaan, Abram(1973) *Coalition Theories and Cabinet Formations*, Elsevier Scientific.

Elgie, Robert(2007) "What is semi-presidentialism and where is it found?," in Robert Elgie and Sophia Moestrup eds., *Semi-Presidentialism Outside Europe: A Comparative Study*, Routledge, pp. 1-13.

Kang, Won-teak(2012) "A Fortuitous Democratic Consolidation?: Roles of Political Actors and Their Unintended Consequences in South Korea," Korean Political Science Association and Japanese Political Science Association eds., *Governmental Changes and Party Political Dynamics in Korea and Japan*, Bokutakusha, pp. 193-212.

Kil, Soong Hoom and Chung-in Moon(2001) *Understanding Korean Politics: An Introduction*, SUNY.

Kim, Youngmi(2014) *The Politics of Coalition in Korea*, Routledge.

Leiserson, Michael(1970) "Coalition Government in Japan," in E.W. Kelley and Michael Leiserson eds., *The Study of Coalition Behavior: Theoretical Perspectives and Cases From Four Continents*, Holt, Rinehart and Winston, pp. 80-102.

Riker, William H. (1962) *Theory of Political Coalitions*, Yale University Press.

Shin, Doh C. (1999) *Mass Politics and Culture in Democratizing Korea*, Cambridge University.

Shugart, Matthew Søberg(2005) "Semi-Presidentialism: Dual Executive and Mixed Authority Patterns," *French Politics*, 3, (3), pp. 323-51.

Siaroff, Alan(2003) "Two-and-a-Half-Party Systems and the Comparative Role of the 'Half'," *Party Politics*, 9, (3), pp. 267-290.

著者紹介

生駒 智一（いこま ともかず）

大阪府出身
北里大学理学部卒業、立命館大学法学部卒業
立命館大学大学院国際関係研究科博士課程後期課程修了　博士（国際関係学）
現在　立命館大学コリア研究センター客員研究員、グローバルネットワーク21常任理事
専攻　複雑系、比較政治学、韓国政治

【主な研究実績】
翻訳「市民運動の多様な模索―韓国における環境運動の現況と課題」（川瀬俊治・文京洙編
　『ろうそくデモを越えて―韓国社会はどこに行くのか』東方出版、2009年）
「金鍾泌の政治権力闘争過程分析―1990年〜1992年における民主自由党党内闘争を中心
　に」（立命館国際関係論集12巻、2012年）
「地域主義と軍事-民主化勢力の勢力争いをめぐる金泳三の葛藤―金鍾泌民自党代表委員
　人事を中心に」（立命館国際研究27巻1号、2014年）
「金鍾泌-金大中連合政権の崩壊と地域主義」（立命館国際地域研究45巻、2017年）

韓国の連合政治
「接着剤モデル」からみる金鍾泌の生存戦略

2021年3月31日　第1刷発行

著　者　　生駒智一

発行者　　黒川美富子

発行所　　図書出版　文理閣
　　　　　京都市下京区七条河原町西南角 〒600-8146
　　　　　電話 (075) 351-7553　FAX (075) 351-7560
　　　　　http://www.bunrikaku.com

印　刷　　新日本プロセス株式会社

ISBN978-4-89259-884-5